KOEHLERS GUIDE **KREUZFAHRT 2015**

OLIVER P. MUELLER

Kreuzfahrt träume

HOCHSEE

Die Trends der neuen Kreuzfahrtsaison

FLUSS

Unterwegs zu den schönsten Fahrtgebieten

SERVICE

Alle maritimen Termine und Highlights vor der Haustür

EXKLUSIV

Über 280 Kreuzfahrtschiffe von Experten bewertet

KOEHLERS VERLAGSGESELLSCHAFT
HAMBURG

Aufbruch & Abschied

Die Börse boomt. Davon profitieren auch die führenden Kreuzfahrtunternehmen. Erst vor Kurzem verkündete NCL die geplante Übernahme von Regent Seven Seas und Oceania Cruises. Die Zahl der Neubauten wächst ebenfalls. Davon profitieren vor allem die Wachstumsmärkte. Aida und TUI investieren weiter. In England ist P&O die Triebfeder, und in Italien treibt mit MSC der einzige private Player das Wachstum voran.
Doch schon jetzt richtet sich der Blick nach Asien. China ist das Ziel. Kein Wunder also, dass der Marktführer Carnival jetzt sogar Teile seiner Führungscrew dort ansiedelt. Costa ist schon als einer der ersten vor Ort gewesen, und Royal Caribbean zeigt jetzt mit dem Neubau Quantum of the Seas Flagge in Fernost. Hinzu kommen neue Reedereien wie Viking Ocean Cruises, die die Wachstumsstrategie aus ihrem Flussbereich jetzt auf die Hochsee übertragen.

Aber auch an der Produktfront herrscht Aufbruchstimmung. Große Schiffe sprechen naturgemäß ein Massenpublikum an. Doch nicht jeder Luxus-Kunde möchte auf ein kleines Schiff. So sehen wir immer mehr „Schiff im Schiff"-Konzepte, die mehr Platz, Luxus und exklusive Bereiche auch auf den Megalinern bieten. Modelle wie den „MSC Yacht CLub" werden in Zukunft sicher auf fast allen großen Schiffen zu finden sein. Einen etwas anderen Weg versucht Costa mit der „Neo-Collection". Das „Slow-Cruise"-Konzept auf einem Teil der Flotte soll anspruchsvollere Kunden ansprechen, die mehr Zeit und Ruhe suchen.

Opfer des Wachstums finden sich unter den kleinen Anbietern, die nur ein Schiff in der Flotte haben. 2014 haben sich mit Ambiente und Passat Kreuzfahrten zwei Anbieter aus dem Markt verabschiedet. Ein deutliches Zeichen, dass dieses Geschäftsmodell in Zukunft mehr und mehr verschwinden wird. Die Zukunft der beliebten Delphin ist ungewiss, wenn auch viele Fans auf eine Auferstehung unter anderer Flagge hoffen.

Abschied nehmen müssen wir auch von unserem geschätzten Kollegen Peter Tönnishof. Ein Pionier unsere Branche, der für mich immer ein offenes Ohr und einen kollegialen Rat hatte. Tschüs Peter...

Oliver P. Mueller

HERAUSGEBER

DIE DEUTSCHLAND
MAI 2015 - APRIL 2016

HOCHSEE

SEGELN

Jeder Fluss mündet ins Meer. Meine Reise mündet in Begeisterung.
Pulsierende Metropolen, zauberhafte Naturschauspiele und jeden Tag eine neue Stadt: Buchen Sie jetzt Ihre Kreuzfahrt mit A-ROSA und reisen Sie mit dem Tarif SELECT Premium alles inklusive entlang der schönsten Flussufer Europas. Einen kleinen Vorgeschmack finden Sie in unserem neuen Katalog.
Buchen Sie jetzt in Ihrem Reisebüro oder bei A-ROSA unter Tel. 0381-202 6014 oder auf www.a-rosa.de.
aROSA
Schöne Zeit
KREUZFAHRTEN 2015
AUF
Donau – Rhein/Main/Mosel – Rhône/Saône
Jetzt den neuen A-ROSA Katalog 2015 anfordern.
A-ROSA Flussschiff GmbH, Loggerweg 5, D-18055 Rostock
aROSA
Schöne Zeit

FÄHREN

FLUSS

EXKLUSIV

DIE HÄFEN

EINZIGARTIGKEIT
IN IHRER SCHÖNSTEN FORM
MS EUROPA
Auf den Schiffen von Hapag-Lloyd Kreuzfahrten werden persönliche Reiseträume wahr: Wie wäre es mit der EUROPA, Ihrer schönsten Yacht der Welt. Als weltweit einziges Kreuzfahrtschiff wurde die EUROPA zum vierzehnten Mal in Folge mit der Höchstnote 5-Sterne-plus* ausgezeichnet. Genießen Sie die perfekte Kombination aus individuellem Service und exklusiven Programmen, exzellenter Küche und eleganter Ausstattung. Und wohin es Sie auch zieht – immer ist schon der Aufenthalt an Bord ein ebenso luxuriöses wie außergewöhnliches Erlebnis.
*Lt. Berlitz Cruise Guide 2014.
Hapag-Lloyd
Kreuzfahrten
Mehr im Reisebüro • 0800 2255556 (gebührenfrei)
www.hl-kreuzfahrten.de

KALENDER

SPECIAL

Platz für Ihre Kreuzfahrten 2015: das Bordbuch in Koehlers Guide Kreuzfahrt.

GUTE GRÜNDE MIT MSC ZU REISEN
✓ Genießen Sie die mediterrane Lebensart an Bord unserer modernen Flotte
✓ Ein All-inclusive-Urlaubserlebnis mit Angeboten für jeden Geschmack
✓ Luxuriöse, gut ausgestattete Flotte mit komfortablen Kabinen, die meisten davon mit Balkon
✓ Zahlreiche À-la-carte- und Buffet-Restaurants halten für jeden Geschmack etwas bereit, inklusive Service am Platz
✓ Erleben Sie einzigartige Entertainment-Angebote: von der Kinderbetreuung bis hin zu Musicals
✓ Bleiben Sie fit mit unserem Sport- und Wellnessprogramm
KINDER REISEN FREI*
Beratung und Buchung in Ihrem Reisebüro oder unter
www.msc-kreuzfahrten.de
MSC
KREUZFAHRTEN

Costa
Wie sagt man **Urlaub** auf Italienisch?
[Costa]
COSTA DIADEMA
Die italienische Art, die Welt zu entdecken.
Weitere Informationen und Buchung:
Im Reisebüro, telefonisch unter 040/570 12 13 14
oder auf **www.costakreuzfahrten.de**

360° HOCHSEE

SEABOURN CRUISE LINE

In der Welt zu Hause

Der Name Seabourn steht für Luxus auf dem Meer. Auch in der Kreuzfahrtsaison 2015/2016 nimmt die Reederei ihre Gäste wieder mit auf Reisen zu außergewöhnlichen, kleinen Häfen rund um den Globus. Jede Kreuzfahrt auf den drei mehrfach ausgezeichneten Schiffen Seabourn Odyssey, Seabourn Sojourn und Seabourn Quest ist ein besonderes Highlight, denn auf den zehn- bis 97-tägigen Cruises werden 25 neue Häfen angefahren. Ziele in Südkorea, China und Japan an Bord der Seabourn Sojourn stehen dabei ebenso auf dem Kreuzfahrtkalender wie paradiesische Inseln im Südpazifik mit der Seabourn Odyssey. Aber auch die Antarktis, Südamerika, Australien, Neuseeland, Südostasien, der Panamakanal und die Karibik, die seit Jahren zu den Favoriten von Kreuzfahrtkunden gehören, sind in der Saison 2015/2016 wieder im Programm. Besondere Höhepunkte sind die Stopps in Destinationen mit UNESCO-Welterbestätten, zu denen exklusive und von Experten geführte Ausflüge angeboten werden.

Die eleganten Yachten von Seabourn sind auf spannenden Routen rund um den Globus unterwegs.

LOUIS CRUISES

Mit neuen Marken unterwegs

Die schnittige Cristal kreuzt im Winter in den warmen Gewässern rund um Kuba.

„Mit Louis Cruises verbindet uns jetzt eine enge Partnerschaft, gemeinsam wollen wir die beiden Marken Cuba Cruises und Celestyal Cruises erfolgreich im deutschsprachigen Markt etablieren", sagt Thomas Kusch vom Generalagent der Reederei H&H Touristik.
Die Kuba-Kreuzfahrten im Winter rund um die Karibikinsel werden unter dem Slogan „Kubanische Lebensfreude hautnah" vermarket, der für die Einzigartigkeit dieser Kreuzfahrten steht.
Im September 2014 wird die neue Marke Celestyal Cruises offiziell eingeführt. Abgeleitet von der Wortbedeutung „Sternenhimmel" wird das Versprechen einer himmlischen Kreuzfahrt-Erfahrung gegeben, auf das sich die Gäste freuen können. Das wahre griechische Lebensgefühl steht dabei im Mittelpunkt. Und wer könnte das besser umsetzen als eine traditionsreiche, renommierte Reederei aus Griechenland? Im Sommer werden die Schiffe unter der Marke Celestyal Cruises in der Ägäis unterwegs sein. 2015 werden darüber hinaus auch die Adria und die Dalmatinische Küste ins Programm aufgenommen.

COSTA KREUZFAHRTEN

„La Pizza Originale"

Gäste der Costa-Schiffe müssen nicht einmal reservieren, um in der Pizzeria zu speisen, sondern kommen vorbei, wann immer sie der Hunger zwischen 18.30 Uhr und 23 Uhr einholt. Als besonderes Highlight konnen die Kreuzfahrer ihren kulinarischen Horizont an Bord erweitern: Show Cookings, akrobatische Pizza-Demonstrationen sowie Pizza- und Tiramisu-Workshops sind eine gute Möglichkeit, gastronomische Erfahrungen zu sammeln. Die Pizzerien an Bord der Costa-Schiffe garantieren ihren Gästen 100%igen italienischen Pizzagenuss in 14 verschiedenen Variationen. Die speziell an der „Accademia Italiana della Pizza" ausgebildeten Pizzabäcker sorgen fur kulinarische Authentizität.

Das neue Angebot gilt auf insgesamt zwölf Schiffen der Costa-Flotte.

Mein Schiff.
„Mein Schiff lädt mich ein. Jeden Tag."
PREMIUM
ALLES INKLUSIVE
Ohne Aufpreis
▪ Über 100 Markengetränke
▪ Spitzengastronomie
▪ Service am Platz
▪ Genießen rund um die Uhr
▪ Sauna und Fitness
▪ Entertainment
▪ Kinderbetreuung
Mehr unter tuicruises.com/pai
Mein Schiff sorgt dafür, dass Ihr Urlaub nicht nur besonders, sondern einzigartig wird. Genießen Sie persönlichen Service und Premium Alles Inklusive an Bord – rund um die Uhr ohne Extrakosten. Auf all unseren Routen. Wann entdecken Sie, was Wohlfühlen wirklich bedeutet?
Mehr unter www.tuicruises.com oder in Ihrem Reisebüro.
Mein Schiff
Mein Schiff Wohlfühlen
TUI Cruises
TUI Cruises GmbH · Anckelmannsplatz 1 · 20537 Hamburg

Schwimmende Fiat 500 begrüßen die MSC Divina in Miami.

MSC KREUZFAHRTEN

USA-Premiere der MSC Divina

Der Empfang war einer echten Diva würdig: Eine Flotte schwimmender Fiat 500 geleitete die MSC Divina nach ihrer 18-tägigen Atlantiküberquerung am 19. November 2013 mit einer spektakulären Show in den Hafen von Miami. Von hier aus werden nun ganzjährig Kreuzfahrten durch die Karibik angeboten. Schon vom Abfahrtshafen Venedig an war als Reminiszenz an die Heimat des Kreuzfahrtunternehmens ein metallicroter Cinquecento mit an Bord.

Darüber hinaus gibt es an Bord für die Gäste der MSC Divina weitere zahlreiche Neuerungen: In Kooperation mit der italienischen Restaurantkette Eataly ergänzen das gehobene Ristorante Italia sowie das Eataly Steakhouse das mediterrane Gastronomie-Angebot. Aktive Urlauber haben erstmals die Möglichkeit, Aqua Cycling auf hoher See auszuprobieren. Zudem feiert der exklusive MSC Yacht Club in der Karibik Premiere.

Ein Erstanlauf der besonderen Art: Im Hafen von Miami präsentieren sich die italienischen Marken bei einem einmaligen Event.

HAMBURG-APP

Kostenloser Reiseführer mit vielen Tipps

Mit der „Hamburg Tourismus App" bietet die Hamburg Tourismus GmbH (HHT) einen innovativen und interaktiven Reisebegleiter. Das Angebot für mobile Geräte hat zahlreiche nützliche Funktionen und ist als Reiseplaner, Tour- und Audioguide, Schiffsfinder sowie Ticketschalter anwendbar. Die Allround-App, die für internationale Gäste auch auf Englisch vorliegt, begleitet Hamburg-Besucher von der Planung bis nach ihrer Reise in die Hansestadt.

So sind Informationen zu rund 1.500 Sehenswürdigkeiten und 35 interaktiv erlebbare Entdeckertouren durch die Stadt abrufbar, strukturiert nach den jeweiligen Interessen und Bedürfnissen des Nutzers. Praktisch sind der kostenlose Offline-Stadtplan, der auch bei schlechtem mobilen Empfang beste Orientierung bietet, ein Fußgängerroutenplaner sowie die Live-Fahrplanauskunft für den Öffentlichen Nahverkehr. Ein Highlight sind die Audioguides, die wie Minihörbücher die 30 interessantesten Sehenswürdigkeiten beschreiben. Nicht nur für Schiffsliebhaber interessant ist der integrierte Schiffsfinder, der alle Informationen zu den sich derzeit im Hamburger Hafen befindlichen Ozeanriesen anzeigt. Wer möchte, kann sich nicht nur einen individuellen Reiseplaner mit einer Liste der Planungsliste der Sehenswürdigkeiten zusammenstellen, sondern auch das intelligente Empfehlungsmanagement nutzen und sich auf interessante Angebote in der Umgebung hinweisen lassen. Selbst Tickets für Angebote wie Musicals, Museen oder Veranstaltungen sind mit diesem außergewöhnlichen Reiseführer buchbar, der in den App-Stores für iOS und Android kostenlos heruntergeladen werden kann. Per In-App-Kauf kann auch ein weiteres Erfolgsmodell der HHT erworben werden: die Hamburg-CARD, die es als 1-, 3- oder 5-Tage-Karte für Einzelpersonen und Gruppen bis fünf Personen gibt. Mit der Hamburg-CARD, die es ab 9,50 Euro gibt, sind Besucher kostenlos mit Bus, Bahn sowie Hafenfähren mobil und bekommen bis zu 50 Prozent Ermäßigung bei mehr als 130 Hamburg-Highlights wie Musicals, Hafen- und Stadtrundfahrten, Ausstellungen, Museen und Veranstaltungen. Ein tolles Geschenk auch für Hamburger, die ihrem Besuch die Hansestadt näherbringen möchten.

Günstig unterwegs und mobil informiert mit der Hamburg-CARD und App.

Beliebter Klassiker: die Berlin von FTI Cruises.

FTI CRUISES

Wintersaison im Roten Meer

Zwischen 16. November 2014 und 8. Februar 2015 ist die Berlin auf zwölf jeweils einwöchigen Fahrten in den Häfen von Hurghada/El Gouna, Safaga, Aqaba und Ain Sukhna unterwegs. Unterwegs erleben die Passagiere neben dem Komfort an Bord auf den Landausflügen UNESCO-Welterbestätten wie die Felsenstadt Petra, Wadi Rum, Jerusalem, Theben mit dem Karnak Tempel und das Tal der Könige. In El Gouna können die Passagiere Lifestyle-Flair genießen und auf einem Schnorchel-Ausflug die bunte Unterwasserwelt des Roten Meers kennenlernen. Während des zweitägigen Aufenthalts im jordanischen Hafen Aqaba besuchen die Passagiere mit der antiken Felsenstadt Petra die größte Touristenattraktion Jordaniens. Ein weiteres Highlight ist das Wadi Rum: Das etwa 100 mal 60 Kilometer große Wüstengebiet beeindruckt Besucher mit seinem Labyrinth aus Felsformationen, die bis zu 1.750 Meter hoch sind. Weltweit bekannt wurde das Wadi Rum durch den Filmklassiker „Lawrence von Arabien" von 1962, der größtenteils dort gedreht wurde.

Von Florida aus starten die Schiffe von Holland America zu den Trauminseln der Karibik.

HOLLAND AMERICA LINE

Große Karibiksaison

Im Oktober beginnt die Karibiksaison 2014/2015 bei Holland America Line. Acht der 15 Schiffe der Reederei starten dann von Fort Lauterdale oder Tampa in Florida zu Kreuzfahrten in die südliche, östliche oder westliche Karibik. 126 verschiedene Cruises, darunter auch Teilpassagen durch den Panamakanal, stehen Passagieren zur Auswahl, die den kalten Winter lieber in warmen Gefilden verbringen möchten. Die mittelgroßen Schiffe von Holland America Line besuchen auf ihren Routen 30 verschiedene Häfen.

SILVERSEA

19 neue Häfen im Programm

Exotische Destinationen und spannende Expeditionen stehen auf dem Programm von Silversea für 2016.

Exotische Länder, versteckte Inselparadiese, kaum befahrene Wasserstraßen sowie 19 neue Häfen in Kanada, USA, auf Martinique und in vielen anderen Ländern sind die Highlights für Reisende, die auf luxuriösen Kreuzfahrten außergewöhnliche Destinationen entdecken wollen. Für ihre acht Schiffe hat die Reederei Silversea 177 exklusive Voyages zu 845 verschiedenen Destinationen für Gäste kreiert. Dafür wurden 19 neue Häfen in das Angebot aufgenommen, die in Zukunft angefahren werden sollen. Darunter Summerside auf der Prince-Edward-Insel in Kanada, Rockland in Maine, Le Marin auf Martinique, Shimizu in Japan sowie Rijeka und Rab Island in Kroatien, Bremerhaven in Deutschland, Ullapool in Schottland und Kalmar in Schweden.

Im Expeditionsbereich kreuzt die Silver Galapagos auch 2016 wieder auf unvergesslichen Reisen durch die Wiege der Evolution, die Galapagos-Inseln. Passagiere der Silver Discoverer erleben Reisen mit exotischen Stopps an der australischen Kimberly Coast, in Afrika, Neuseeland, Indonesien, Melanesien, Mikronesien, Russlands Fernem Osten sowie Alaska. Neu im Programm ist eine 15-tägige Reise von Phuket nach Male sowie eine 17-tägige Voyage zu den Seychellen, über die Malediven nach Mosambik und Tansania. Das Highlight dieser Reise ist der Besuch des Korallenatolls Aldabar, das zum UNESCO-Welterbe ernannt wurde.

Erkundung des Weißen Meeres, Grönlands und der Arktis Die Silver Explorer hält währenddessen an den bereits. etablierten Reisen in die Antarktis, Süd- und Zentralamerika, die Britischen Inseln, Nordkanada, Grönland und die norwegische Arktis fest. Erwähnenswert sind außerdem zwei neue Routen: eine zwölftägige Expedition durch das Weiße Meer sowie eine 18-tägige Voyage, die sich auf Grönland und die kanadische Arktis konzentriert. Insgesamt werden die drei Expeditionsschiffe über 500 Destinationen auf 95 Expeditionskreuzfahrten bereisen.

Ganz und gar nicht atemlos: Helene Fischer zeigt bei der Taufe ihre akrobatischen Fähigkeiten und schwebt zum Bug des Neubaus.

TUI CRUISES

DIAMANT – TRIFFT PERLE

Helene Fischer tauft die Mein Schiff 3 in Hamburg

Während die Taufgäste an Bord eine Runde durch den Hamburger Hafen drehen, singt Helene Fischer am Fischmarkt auf dem kostenlosen Konzert.

E

AN LAND UND AUF DEM WASSER HAT SICH TUI

„Meine größte Angst war, dass die Flasche nicht kaputt geht. Aber alles hat fantastisch geklappt und ich bin sehr stolz auf mein neues Patenkind", so Helene Fischer. Als Glücksbringer überreichte Matrose Mihai Catalin Feraru den Flaschenhals an Helene Fischer. Für Feraru ist dies eine besondere Auszeichnung für seine langjährige, gute Arbeit an Bord der Mein-Schiff-Flotte.

Vor rund 1.700 geladenen Gästen aus Politik, Wirtschaft und Gesellschaft sowie zahlreichen Schaulustigen fand die glanzvolle Taufzeremonie unter dem Motto „Diamant trifft Perle" an der Pier des Hamburg Cruise Center statt. So erwiesen unter anderem Unternehmer Albert Darboven, Flughafenchef Michael Eggenschwiler, Hamburgs Tourismuschef Dietrich von Albedyll sowie prominente Persönlichkeiten wie Mariella Ahrens, Rainer Calmund, Jorge Gonzales, Hardy Krüger Junior und Judith Rakers der Mein Schiff 3 die Ehre. „Es macht mich und das ganze Unternehmen TUI Cruises sehr stolz, unseren ersten Neubau mit all unseren Gästen in Hamburg zu taufen. Die Rückmeldungen zum Schiff sind durchweg positiv. Das spricht für den Erfolg unseres Produktes", so Richard Vogel, CEO von TUI Cruises.

EIN GESCHENK AN DIE STADT UND IHRE BÜRGER

Rund um das Taufmotto „Diamant trifft Perle" bekamen Gäste und Zuschauer eine einzigartige Show geboten, die ganz auf die Heimat von TUI Cruises, die Hansestadt Hamburg zugeschnitten war.

VIEL EINFALLEN LASSEN - EIN TAUFEVENT FÜR ALLE HAMBURGER

Quer durch die Stadt ging es mit unterschiedlichen Show-Acts. Von der Reeperbahn bis zum Fußball-Derby zwischen dem HSV und St. Pauli reichte der Bogen, der mit Lotto King Karls emotionaler Hymne „Hamburg meine Perle" seinen Höhepunkt fand. Während des Taufaktes schwebte dann Patin Helene Fischer vor dem begeisterte Publikum an einem riesen Ballon zum Schiff hinauf, um die obligatorische Champagnerflasche am Schiffsbug zerschellen zu lassen.

Am Abend feierten Zehntausende Mein-Schiff-Fans den Neubau vor maritimer Kulisse auf dem St. Pauli Fischmarkt. Zu dem kostenlosen Open-Air-Konzert hatte TUI Cruises geladen. „Dieses Konzert ist unser Geschenk an alle Fans und die Stadt Hamburg. Wir sind beeindruckt, wie viele Menschen unserer Einladung ge-

Geschafft:
Der Neubau heißt jetzt auch offiziell Mein Schiff 3.

Das Wohlfühlen steht laut Reederei im Mittelpunkt. Dafür bietet die Mein Schiff 3 viel Platz.

folgt und so Teil dieses für uns so besonderen Tauftages geworden sind", so Vogel. Für beste Stimmung sorgte die Hamburger Band Sarajane mit mitreißendem High Energy Soul. Höhepunkt des Abends war der Auftritt von Helene Fischer, Taufpatin der Mein Schiff 3. Mit einem rund eineinhalbstündigen Livekonzert gratulierte die Künstlerin ihrem neuen Patenkind mit Songs wie „Mitten im Paradies", „Und morgen früh küss ich Dich wach" und ihren aktuellen Hits „Atemlos durch die Nacht" und „Marathon". Für Gänsehaut pur sorgte dann um 22.20 Uhr ein großes Feuerwerk, welches die Mein Schiff 3 vor dem St. Pauli Fischmarkt zum Glänzen brachte.

TYPENSCHIFF SETZT NEUE MASSTÄBE

Beim Bau des 294 Meter langen und 36 Meter breiten Schiffs wurden verschiedene innovative und effiziente Schiffsbaukonzepte angewendet. Hervorzuheben ist die modulare Bauweise beim Schiffsrumpf: 77 einzeln vorgefertigte Stahl-Blockmodule wurden hierbei miteinander verbunden. Auch im Bereich Umweltfreundlichkeit ist das Schiff durch den Einsatz von modernsten schadstoffreduzierenden Technologien auf dem neuesten Stand. Damit setzen TUI Cruises und die Werft STX Finland Oy neue Maßstäbe. Mit dem kombinierten Abgasnachbehandlungssystem, das Schadstoffabgaben reduziert, werden Schwefelemissionen bis zu 99 Prozent und Partikel-Emissionen um rund 60 Prozent gesenkt. Zudem verbraucht die Mein Schiff 3 mit einer Größe von 99.500 Bruttoregistertonnen etwa 30 Prozent weniger Energie als vergleichbare Kreuzfahrtschiffe. „Der Zeitplan für den Bau dieses Kreuzfahrtschiffs war ausgesprochen

ERLEBEN UND GENIESSEN

Der Diamant am Heck des Schiffes beheimatet die À-la-carte-Optionen wie das „Richard's" oder das „Surf & Turf" und ein Kaffehaus .

Das Restaurant „Atlantik" bietet nun auf drei Ebenen drei verschiedene Menüs.

Im Theater setzt TUI Cruises auf seine eigenen Shows, die in Berlin produziert werden. Daneben bietet das „Klanghaus" als erster Konzertsaal auf See musikalische Events.

eng. Mit guter Kooperation, hoher Motivation und einer Menge harter Arbeit Tausender Mitarbeiter von zahlreichen verschiedenen Firmen haben wir dieses Projekt erfolgreich durchführen können. Wir sind sehr zufrieden, dass wir dieses prächtige Schiff heute an TUI Cruises übergeben können, und wir sind davon überzeugt, dass es ein großer Erfolg auf dem deutschen Kreuzfahrtmarkt sein wird", sagt Jari Anttila, stellvertretender CEO von STX Finland Oy.

Modern und behaglich: Die Mein Schiff 3 trägt eine klare gestalterische Handschrift von der Lounge im Spa-Bereich bis hin in die Kabinen und Suiten.

Das Schiff verfügt über insgesamt 1.253 Passagierkabinen. 90 Prozent davon sind Außenkabinen. Insgesamt 82 Prozent der Kabinen sind zudem mit Balkon ausgestattet. Dadurch bietet das Schiff seinen Gästen viele ungestörte Stunden auf dem eigenen Balkon. Durch die große Vielfalt von Kabinenkategorien, darunter Kabinen für Familien und SPA-Fans, wird bestens auf die individuellen Bedürfnisse und das Wohlbefinden der Gäste an Bord eingegangen. Besondere Highlights sind die zehn Himmel- und Meer-Suiten, die sich über zwei Ebenen erstrecken und jeweils über eine eigene 29 Quadratmeter große Dachterrasse verfügen.

KLANGHAUS, DIAMANT UND 25-METER-POOL

Ein Design-Highlight des dritten Wohlfühlschiffes ist der Diamant mit seiner etwa 167 Quadratmeter große Glasfassade am Heck. Sie erstreckt sich an der Außenseite des Schiffs über insgesamt zwei Decks und verleiht dem ersten Neubau von TUI Cruises einen ganz unverwechselbaren Charakter. Aber die Mein Schiff 3 hat noch eine Menge mehr zu bieten. Im lichtdurchfluteten Innenbereich ist die „Große Freiheit" eingebettet. Hier werden die Gäste kulinarisch verwöhnt: mit gehobenen Spezialitäten-Restaurants wie dem "Richards – Feines Essen", dem „Surf & Turf" – Steakhouse sowie einem modernen Kaffeehaus und einer exklusiven Bar. Darüber hinaus bietet das gesamte Schiff eine große Vielfalt an verschiedenen Restaurants, Bars und Lounges sowie einen Nachtklub, der speziell auf die Wünsche der deutschen Gäste ausgerichtet ist.

Eine der Stärken der Mein-Schiff-Flotte findet sich aktuell auf dem jüngsten Neuzugang: Der der Spa&Sport-Bereich mit dem ersten 25-Meter-Pool, der jemals auf einem Kreuzfahrtschiff eingebaut wurde. Die vielfältige Saunalandschaft mit Relax-Bereichen drinnen und draußen und den ausgewählten Behandlungen von maritim bis exotisch.

Die Outdoor-Arena mit einem großen LED-Bildschirm bietet viel Platz für sportliche Aktivitäten und Kino-Veranstaltungen im Freien. Dass das auch klappt, zeigte kurz nach der Taufe der „Härtetest" Flußball-WM, bei dem vor vollem Haus die Siege der deutschen Mannschaft bejubelt wurden. Für Unterhaltung an Bord sorgen zusätzlich ein Theater, das sich über drei Decks erstreckt und mit der neuesten Licht-, Ton- und Bildtechnik ausgestattet ist, sowie das Klanghaus, die erste kammermusikalische Philharmonie auf hoher See überhaupt.

Erstanlauf: Hafenkapitän Jörg Pollmann, Senator Frank Horch und Hafenagent Alexander Napp heißen Kapitän Kjell Holm und TUI-Chef Richard J. Vogel offiziell in Hamburg willkommen.

DIE FAKTEN
MEIN SCHIFF 3

★★★★ ELITE

BEWERTUNGSPUNKTE 572

Baujahr	2014
BRZ	99.520
Länge	294 m
Breite	36 m
Decks	12
Passagiere	2.798
Crew	996
Passagiere/Crew	2,8 : 1
Passagiere/Raum	35,6

Bordsprache Deutsch

Dresscode sportlich, leger

Restaurants/Bars 11/12

Pools/Whirlpools 2/3

Kabinen 1.253 Kabinen und Suiten von 17 bis 54 m^2. Die Balkone verfügen zum Teil über Hängematten. Die Suiten bieten einen exklusiven Zugang zur X-Lounge mit weiteren Annehmlichkeiten. Modernste Technik – Flachbildfernseher, WLAN, sowie eine Nespresso Maschine.

Highlights Der 25-Meter-Pool ist einzigartig auf dem Ozean. Mit dem Klanghaus erhält das Unterhaltungsangebot eine neue Facette und die Duplex-Suiten auf den oberen Decks setzen neue Maßstäbe in dieser Klasse.

Info www.tuicruises.com

Trend 2015 Adria mit Kroatien, 7 Nächte ab/bis Malta von April bis Oktober 2015 ab 998 Euro.

Malta

TUI CRUISES

MUSEUM AUF SEE

Mein Schiff 3 und das Internationale Maritime Museum Hamburg präsentieren das weltweit erste maritime Museum auf hoher See

Blick in das maritime Museum auf Deck 4 der Mein Schiff 3: „Meerleben“ präsentiert Exponate der Sammlung von Prof. Peter Tamm und nimmt die Passagiere mit in die Tiefen der Weltmeere.

Den interaktiven Globus kann der Besucher bewegen und in die Weltmeere eintauchen, um zum Beispiel besondere Meeresbewohner aufzuspüren oder sich auf die Spuren der großen Entdecker zu begeben.

INTERAKTIVE ERLEBNISWELT

Am 8. Juni lief das neue Kreuzfahrtschiff der TUI Cruises Mein Schiff 3 erstmals Hamburg an. An Bord präsentierte Richard J. Vogel, Geschäftsführer TUI Cruises, zusammen mit Prof. Peter Tamm und Prof. Dr. Karin Lochte, Vorsitzende des Konsortiums Deutsche Meeresforschung und Direktorin des Alfred-Wegener-Instituts – Helmholtz-Zentrum für Polar- und Meeresforschung, ein echtes Novum auf einem Kreuzfahrtschiff: „Meerleben" – das weltweit erste maritime Museum auf hoher See.

Die interaktive Dauerausstellung ist eine Kooperation von TUI Cruises und dem Internationalen Maritimen Museum Hamburg. Unterstützt wird sie vom Konsortium Deutsche Meeresforschung (KDM), in dem alle großen Forschungsinstitute und Einrichtungen der Meeres-, Polar- und Küstenforschung aktiv sind.

Besonders mitgewirkt an „Meerleben" haben folgende KDM-Mitglieder: Alfred-Wegener-Institut – Helmholtz-Zentrum für Polar- und Meeresforschung, GEOMAR Helmholtz-Zentrum für Ozeanforschung Kiel, Helmholtz-Zentrum Geesthacht, Leibniz-Institut für Ostseeforschung Warnemünde und das MARUM Zentrum für Marine Umweltwissenschaften an der Universität Bremen. „Meerleben" umfasst insgesamt rund 300 Quadratmeter, eine sehr großzügige Fläche auf einem Schiff, wo Platz besonders wertvoll ist.

Prof. Peter Tamm freute sich über die gelungene Ausstellung: „Nur als gute Crew kann man auf hoher See den Kurs halten. Dabei entscheidet das WIR-Gefühl

Richard J. Vogel, Geschäftsführer TUI Cruises, Hamburgs Wirtschaftssenator Frank Horch, Prof. Dr. Karin Lochte, Vorsitzende des Konsortiums Deutsche Meeresforschung und Direktorin des Alfred-Wegener-Instituts, und Prof. Peter Tamm mit dem Modell der Polarstern.

immer über den Erfolg einer Unternehmung. Die Crew der TUI Cruises hat mich überzeugt, und ich freue mich sehr, dass WIR einige Schätze aus meiner Sammlung mit der Mein Schiff 3 auf See schicken können."

DIE HIGHLIGHTS DER AUSSTELLUNG

Den interaktiven Globus kann der Besucher eigenständig bewegen und über einen Screen in die Weltmeere eintauchen, um zum Beispiel Tiefseegräben zu erkunden, besondere Meeresbewohner aufzuspüren oder sich auf die Spuren der großen Entdecker zu begeben.

Wertvolle Exponate aus aller Welt nehmen die Gäste mit auf eine Reise von den Anfängen der Schifffahrt bis hin zur modernen Meeresforschung. Der Blick der Forscher in die Meere wird deutlich durch eine Reihe wissenschaftlicher Geräte, z. B. einen Gleiter, der selbstständig durch die Meere „segelt", Daten erhebt und sie direkt auf die Rechner der Wissenschaftler sendet. Highlight-Exponat aus dem Lebensraum Meer sind Teile eines echten Black Smokers aus der Tiefsee, die einen Blick auf die heißen Quellen am Meeresgrund bieten.

Das „Meereskino" zeigt den Ausblick der Forscher bei ihren Einsätzen mit dem Tauchroboter. An einem interaktiven Tisch können die Gäste mit Forscherteams sogar auf Expedition gehen. Hören, wie z. B. Jacques Cousteau und Elisabeth Mann Borgese das Meer erlebten, und dem Klang des Meeres lauschen kann der Passagier auf den Sonic Chairs. Als besonderes Exponat übergaben Prof. Dr. Karin Lochte und Prof. Peter Tamm zur Eröffnung von „Meerleben" das Modell des Forschungseisbrechers „Polarstern" an die Reederei TUI Cruises.

Mein Schiff 3, das erste Mal in Hamburg. Das Kreuzfahrtschiff wurde am 12. Juni 2014 von Helene Fischer getauft.

KREUZFAHRTSTANDORT HAMBURG

KURS ZUKUNFT

Cruise Gate Hamburg übernimmt Vermarktung und Liegeplatzvergabe

Michael Eggenschwiler, Vorsitzender der Geschäftsführung der Flughafen Hamburg GmbH, Wirtschaftssenator Frank Horch, Iris Scheel, Geschäftsführerin der Terminaleigentumsgesellschaft, und Jens Meier, Vorsitzender der Geschäftsführung der Hamburg Port Authority .

In den vergangenen Jahren hat sich Hamburg zu einer der beliebtesten Kreuzschifffahrtsdestinationen in Europa entwickelt. Um von diesem Wachstumspotenzial zu profitieren, plant die Stadt, den Kreuzfahrtstandort zu erweitern, und hat die Hamburg Port Authority gemeinsam mit Hamburg Airport beauftragt, ein drittes Kreuzfahrtterminal zu errichten. Der Auftrag umfasst neben dem Bau des Terminalgebäudes, der Flächenherrichtung mit Parkplätzen und Zufahrtswegen sowie der Verstärkung der Kaimaueranlagen auch den Betrieb dieses dritten Terminals sowie der bereits bestehenden in Altona und der HafenCity. Für beide Vorhaben fungiert Hamburg Airport als starker Partner, der vor allem seine Expertise für die Bereiche Terminalbetrieb sowie die Gepäckabfertigung mitbringt.

Das neue Terminal am Kronprinzkai auf Steinwerder entsteht auf einer Fläche von rund zwei Fußballfeldern. Nach der Inbetriebnahme können dort 8.000 Passagiere pro Anlauf abgefertigt werden. Damit die Gepäckmengen reibungslos bewältigt werden können, sollen Ein- und Ausstiegsbereiche voneinander getrennt werden. Wahrend im östlichen Gebaude abgereist wird, können gleichzeitig neue Gäste über das westliche Gebäude an Bord gehen. Der Hamburger Hafen rüstet sich damit für die Zukunft. Unser Autor Ingo Thiel hat dazu die Akteure, den Präses der Behörde für Wirtschaft, Innovation und Verkehr, Seantor Frank Horch und den Chef der Hamburg Port Authority, Jens Meier, getroffen.

Herr Senator, wie beurteilen Sie das Kreuzfahrtjahr 2014 und wie sehen die Planungen für den Kreuzfahrtstandort Hamburg aus?

Mit knapp 200 Anläufen und um die 600.000 Passagiere hatten wir ein sehr gutes Jahr. Man muss dabei ja auch die gewaltige Steigerung der vergangenen zehn Jahre im Blick haben, in denen wir die Zahlen vervierfachen konnten und angefangen haben, Hamburg auch als Ganzjahresdestination zu etablieren. Die Kreuzfahrt ist zu einem starken Wirtschaftszweig innerhalb des Hafens geworden und beflügelt den Tourismus in der Stadt. Aus diesem Grund investiert die Stadt in den Kreuzfahrtstandort, im Zuge des Baus des dritten Kreuzfahrtterminals sind wir auch dabei, das gesamte Kreuzfahrtmanagement in Hamburg weiter zu professionalisieren. Die Hamburg Port Authority (HPA) und der Flughafen werden da ihre Kernkompetenzen einbringen.

Wie sollen sich die angesprochenen Kernkompetenzen denn auswirken?

Zunächst einmal möchten wir bei allen drei Terminals eine Zusammenführung der Managementseite. Es soll alles aus einer Hand vermarktet und gemanagt werden, wir haben uns zum Ziel gesetzt, das gesamte Kreuzfahrtgeschäft weiter zu öffnen und für jede interessierte Reederei damit einen einzigen Ansprechpartner zu haben, ohne dass sich jemand benachteiligt fühlt. Die neue Cruise Gate Hamburg, deren Gesellschafter die HPA und der Flughafen sind, soll den Wettbewerb öffnen und das internationale Kreuzfahrtgeschäft vorantreiben. Eine Reederei soll freie Wahl beim gesamten Handling und allen Dienstleistungen haben, die bei einem Anlauf in Hamburg anfallen. Die HPA wird mit ihrer nautischen Kompetenz und der profunden Kenntnisse der Abläufe im Hafen das gesamte operative Geschäft betreuen.

Und welche Rolle übernimmt der Flughafen?

Mit der Expertise bei der reibungslosen Abfertigung von vielen Passagieren in kurzer Zeit und den umfangreichen Erfahrungen beim Gepäckhandling ist der Flughafen die optimale Ergänzung als Partner. Wir möchten mobile und IT-gestützte Systeme in den Verkehr bringen. Kreuzfahrtpassagiere, deren Gepäck auf dem Flughafen oder dem Bahnhof in Hamburg ankommt, sollen ihre Koffer erst auf der Kabine wiedersehen. Das bedeutet größtmöglichen Service für Passagiere, weil niemand mehr schwere Koffer selber schleppen muss. Und es schafft gleichzeitig neue Arbeitsplätze für die Logistik- und Transportbranche in Hamburg.

Wie viele Arbeitsplätze in Hamburg hängen mit den Anläufen von Kreuzfahrtschiffen zusammen?

Im direkten Geschäft sind das ca. 1.500 Arbeitsplätze und rd. 270 Millionen Euro Umsatz. Dazu kommen noch die ganzen Zulieferbetriebe. Die Neuorganisation und der geplante Ausbau des Kreuzfahrtgeschäftes sind aber auch eine große Chance für kleinere und mittelgroße Betriebe, wie zum Beispiel die angesprochenen Logistiker.

Reedereien beklagen vergleichsweise hohe Kosten bei Hamburg-Anläufen. Wird sich daran durch die neue Struktur etwas ändern?

Senator Frank Horch:
„Wir können nicht nur auf Zahlen schauen, die Stadt hat auch eine ökologische und gesellschaftliche Verpflichtung."

Ja, wir denken darüber nach, wie Hamburg für Reedereien auch kostenseitig attraktiver werden kann und wir noch wirtschaftlicher arbeiten können. So soll zum Beispiel eine Rabattierung bei häufigeren Anläufen eine Rolle spielen. Wer mehrmals oder gar regelmäßig hier anlegt, soll pro Anlauf günstiger wegkommen als jemand, der nur einmal im Jahr kommt. Auch in der bislang schwächeren Wintersaison muss es Vorteile geben und bei der Verteilung in der Woche. Wer beispielsweise dienstags anlegt, müsste dann weniger bezahlen als an den begehrten Wochenendterminen.

Das dritte Kreuzfahrtterminal liegt in Steinwerder auf der anderen Elbseite. Die meisten Reedereien wollten lieber in die HafenCity. Warum hat die Stadt an Steinwerder festgehalten?

Wir können die gesamte Entwicklung mit der Nachfrage der Reedereien nach leistungsstarken Terminalkapazitäten nicht nur in der HafenCity durchführen. Wir müssen auch an die Anwohner dort denken, zum Beispiel bei der Belästigung durch höheres Verkehrsaufkommen. In Steinwerder haben wir eine sehr gute Infrastruktur mit optimalem Verkehrsmanagement, allein 1.500 Parkplätze. Dazu wird es eine neue Fährverbindung geben, nur acht Minuten bis Landungsbrücken. Und was man häufig vergisst: Passagiere haben von dort einen der schönsten Blicke auf Hamburg überhaupt.

Viele Diskussionen gab es um die geplanten Passagiergebühren von 9,25 Euro, die die Reedereien zahlen sollen. Warum wird die erhoben?

Hamburg investiert sehr viel, davon profitieren Reedereien und ihre Gäste. Wir bauen nicht nur das dritte Terminal, sondern optimieren auch die Standorte Altona und HafenCity, auch beim Umweltschutz. In der HafenCity zeichnet sich eine Lösungsmöglichkeit ab, das seit Langem geplante feste Terminal zu bauen und das bisherige Provisorium am Grasbrook aufgeben zu können. Dafür soll dann auch dieses Geld verwendet werden. Das dritte Terminal in Steinwerder wird ganz auf die Bedürfnisse von Reedereien und Passagieren ausgelegt sein. HPA-Chef Jens Meier und sein Projektteam sind in regem Austausch mit Europas größtem Kreuzfahrthafen Barcelona und haben sich vor Ort die Abläufe angeschaut und daraus Lehren gezogen.

Was tut die Hansestadt in puncto Umweltschutz wegen der Emissionsbelastung durch Schiffe?

Wir sind fest entschlossen, die Emissionen der Kreuzfahrtschiffe während ihrer Liegezeit im Hafen zu reduzieren. In Altona entsteht derzeit für 10 Millionen Euro der erste Landstromanschluss für Kreuzfahrtschiffe in Europa mit einer Leistung von 12 Mega-Voltampere. Dafür wird extra ein eigenes Kabelzuführungssystem entwickelt, künftig wird Strom aus regenerativen Quellen den immensen Energiebedarf decken. Und mit der Barge, einer mobilen Versorgungseinheit auf dem Wasser, haben wir eine für jeden Schiffstyp zugängliche Lösung. Damit könnten nicht nur Kreuzfahrt-, sondern auch Container- oder andere Handelsschiffe ihren Strom aus umweltfreundlichem Flüssiggas (LNG) beziehen.

Sie gelten als sehr guter Revierkenner. Während der Deutschlandtage auf dem Traumschiff Deutschland sollen Sie die Ausfahrt aus dem Hafen so lebendig moderiert haben, dass dies für viele Gäste ein Highlight der Reise war.

Weil ich den Fluss seit meiner Kindheit kenne, kann ich sagen, dass ich ein tiefes Verständnis für die Elbe habe, auch in ökologischer Hinsicht. Den Hafen und seine Abläufe verfolge ich seit Jahrzehnten. Wenn andere gerademal ein Schiff erkennen, kann ich sagen, das ist dieser oder jener Schiffstyp, und weiß meist auch den Namen, weil

HAMBURG
Tourismus
Erlebnismetropole Hamburg
Ihr schönster Landgang beginnt schon vor dem ABLEGEN
Hamburg Tourismus App
www.hh-app.de
Diese Stadt sollten Sie sich nicht entgehen lassen.
Ihr individuelles Hamburg-Erlebnis buchen Sie bequem und direkt bei den Hamburg Experten – per Telefon oder online und natürlich inklusive persönlicher Beratung.
Foto: Ingo Boelter
JETZT HIER BUCHEN:
Tel: +49 (0)40-300 51 912 oder www.hamburg-tourismus.de/kreuzfahrt

ich schaue, wer alles so in unseren Hafen kommt. Und als Hamburger Senator kenne ich natürlich auch meine Stadt sehr gut.

Sie schauen in eine sehr positive Kreuzfahrtzukunft für Hamburg. Sehen Sie überhaupt irgendwelche Risiken?

Oh, doch. Wir haben ein hohes Maß an Verantwortung, auch und gerade in ökologischer und gesellschaftlicher Hinsicht. Wir dürfen diese riesige Begeisterung der Hamburger für Kreuzfahrtschiffe nicht beeinträchtigen, indem wir nur auf Wachstum setzen und auf Wirtschaftszahlen schauen. Gerade weil der Hafen so attraktiv mitten in der Stadt liegt, müssen wir darauf achten, dass wir das Maß an Belastung gering halten. Mit den Emissionsverringerungen durch Landstrom und Power Barge oder dem Umlenken der Verkehrsströme zum dritten Terminal haben wir klare Zeichen gesetzt. Bei der Energieversorgung von Kreuzfahrtschiffen befinden wir uns weltweit in einer Vorreiterrolle. Das ist uns wichtig, auch im Hinblick auf die Welthafenkonferenz, die im Juni 2015 in Hamburg stattfindet.

SMART GUY

JENS MEIER

Chef der Hamburg Port Authority

Wenn er über modernste Computertechnik redet und von der Vernetzung von Systemen erzählt, wird der sonst so ruhig und bedächtig wirkende Chef des Hamburger Hafens schlagartig quicklebendig und sehr engagiert. „smartPORT logistics" heißt das Pilotprojekt, das den Vorsitzenden der Geschäftsführung der Hamburg Port Authority (HPA) so fasziniert, weil es weltweit einzigartig ist und die Wettbewerbsfähigkeit des Hafens verbessert: Gemeinsam mit SAP und der Deutschen Telekom wurde eine IT-Plattform geschaffen und mit Apps kombiniert. So sind mit mobilen Geräten wie Smartphones oder Tablets Dienstleistungen rund um den Hafen und Verkehrsinformationen einfach und schnell abrufbar. So erhalten Lkw-Fahrer, die Waren zum Hamburger Hafen bringen oder dort abholen wollen, aktuelle, personalisierte Nachrichten zur Verkehrssituation und der optimalen Lieferzeit. Gleichzeitig können die Speditionen ihre Transporte in Echtzeit verfolgen, die Kommunikation zwischen Disponent und Fahrer erfolgt ebenfalls via App. Daraus resultieren optimierte Verkehrs- und Logistikabläufe, wodurch größere Gütermengen in kürzerer Zeit umgeschlagen und unnütze Irrfahrten oder Wartezeiten vermieden werden können. Jens Meier sieht den smartPORT als einen wesentlichen Vorteil, um den Hamburger Hafen weiter in der Weltspitze zu etablieren: „Dabei geht es nicht um Umschlagsmengen von

Container und Waren, da liegen asiatische Häfen weit vorn. Aber wir sind von der Verfügbarkeit her optimal aufgestellt, sehr gut ausgelastet und können so den Wirtschaftsverkehr für unsere Kunden wie Reeder oder Logistiker effizienter und kostengünstiger gestalten. Wenn es um Energieeffizienz und IT-Systeme geht, sind wir an der Weltspitze."

Die Möglichkeiten der Informationstechnologie haben den 47-Jährigen sein Leben lang fasziniert. Der Hamburger Jung, der in Fischbek im Süden der Hansestadt aufwuchs, war in der Schule in Mathematik und Naturwissenschaften immer einer der Besten. Das Talent für Zahlen und Technik führte zum Informatikstudium, als zweites Fach wählte er Betriebswirtschaftslehre; in den Semesterferien jobbte er beim Flugzeugbauer Airbus und programmierte Maschinen. Nach dem Studium begann Meier bei einer Softwareberatung und stieg schnell bis in die Geschäftsleitung auf. Die Firma förderte ihn und schickte ihn an das renommierte Management Zentrum St. Gallen sowie zu verschiedenen Aufenthalten in die USA: „Von diesen Erfahrungen und dem damals Gelernten profitiere ich noch heute. Mein Netzwerk hat sich erweitert, und das konnte ich immer wieder nutzen." Als Geschäftsführer bewies er sich als Sanierer und strukturierte Unternehmen mit guten Ideen um. Während dieser beruflichen Station lernte er den damaligen Hamburger Wirtschaftssenator Gunnar Uldall kennen, der die Logistikinitiative Hamburg ins Leben rief – Meier war Mitglied im Gründungskuratorium. Als 2007 der Chefposten der HPA zu vergeben war, rief Uldall Meier an. „Ich war begeistert von der Möglichkeit, etwas für meine Heimatstadt tun zu können. Mit dieser Aufgabe sind Entscheidungen mit einer Tragweite von Jahrzehnten verbunden." Das öffentliche Auswahlverfahren bestand er glänzend und wurde Chef des Hafens, einer der größten Warendrehscheiben Europas mit ca. 1.800 Beschäftigten.

Bei seinem Amtsantritt war das Modernisierungsprojekt „HPA 2010" bereits in vollem Gang, aber Meier konnte noch einige wichtige Nachjustierungen vornehmen. Meiers Vision war die Integration der Systeme, heute ist das IT-System auf den Terminals mit der IT der ankommenden Schiffe, der Hafenbahn und via smartPort auch mit Lkws verzahnt. „Man muss den Hafen als Ganzes verstehen, nicht als geteiltes Gebilde, das aus Straßen, Wasserwegen und Schienen besteht. Planung und Entwicklung hören nicht im Hafengebiet auf, Hamburg hat seine Stärke vor allem im Hinterlandtransport. Eine solche Bahnanbindung wie mit unserer Hafenbahn gibt es sonst nirgendwo."

Ein Faktor, der für den Wirtschaftsmotor Hafen immer wichtiger wird, ist das Kreuzfahrtgeschäft. Hamburg entwickelt sich zur Ganzjahresdestination, und Meier will weitere Anreize schaffen, um noch mehr Kreuzfahrtschiffe in die Hansestadt zu holen: „Wir haben uns weltweit Terminals angeschaut, um ein optimales Design zu finden. In Steinwerder gibt es eine optimale Anbindung mit einer vierspurigen Straße und die Verkehrsinfrastruktur ist mit großen Vorstau- und Versorgungsflächen perfekt." Vonseiten der Reedereien gab es wegen der Lage des neuen Terminals am anderen Elbufer viel Kritik, die Wege seien zu lang, Passagiere müssten erst durch unattraktives Industriegebiet und könnten nicht wie in der HafenCity direkt in die Innenstadt gehen. Meier versteht diese Vorbehalte, gibt aber zu bedenken, dass es keine Alternative gab, wie ohne hohen finanziellen Mehraufwand das dritte Kreuzfahrtterminal in einem marktgerechten Zeitraum ausgebaut werden konnte: „Passagiere möchten natürlich am liebsten direkt am Rathausmarkt aussteigen, aber logistisch gesehen ist das Terminal in Steinwerder nahezu optimal. Wir sind in der Lage, auch auf dem Wasser noch zusätzliche Möglichkeiten zu schaffen und planen einen Anleger für zusätzliche Fähren, damit Passagiere und Crew schnell in die City kommen." Am 1. Juni 2015 soll das dritte Terminal in Hamburg in Betrieb gehen, das Konzept wird laut Meier auf Turnaround-Schiffe mit der Möglichkeit zum schnellen, reibungslosen Passagierwechsel und optimaler Versorgung und Warenlieferung ausgelegt. Das bislang einzigartige Projekt smartPORTlogistics könnte dann zukünftig auch für Kreuzfahrtschiffe eingesetzt werden, bei Lieferung von Lebensmitteln oder anderen benötigten Waren, beim Busverkehr für Ausflüge oder Shuttles in die City.

Ich sitze frühmorgens auf dem Balkon vor meiner Kabine und schaue den Möwen und den Wolken nach, die von den ersten Sonnenstrahlen rötlich ausgeleuchtet werden. Das Schiff pflügt fast geräuschlos durchs Mittelmeer, und ich genieße das Gefühl, allein zu sein. Die See ist ruhig, ein milder, angenehm kühler Wind streichelt die Haut. Land kommt in Sicht, auf beiden Seiten der Straße von Messina, rechts Sizilien, der italienische Stiefel an Backbord. Kaum eine Stunde später stehen an der Pier der großen Hafenstadt ein Dutzend Busse und noch viel mehr Taxen bereit für die Landausflügler. Man konnte sich entscheiden: Taormina halbtags oder Sizilianisches Panorama ganztägig, noch zwei, drei Möglichkeiten mehr. Oder die Variante von Kennern und Genießern wie Mister Plimpson wählen.

Der alte Herr, Typ pensionierter Kolonialoffizier, ist etwa die Hälfte des Jahres auf den Weltmeeren unterwegs, an Land aber geht er nur selten. Er schaut gern der Abfahrt der Busse von der Reling aus zu.

QUEEN ELIZABETH

NONCHALANCE UND NOBLESSE

Die Namenspatronin reist immer mit. In verschiedenen Darstellungen begleitet ihr Porträt die Passagiere und genießt auch die Aufmerksamkeit der deutschen Gäste.

BARS UND BIBLIOTHEK: VERY BRITISH

Dann, so erzählt er mir am Abend im Commodore Club auf Deck 10, wo wir regelmäßig unseren Drink vor dem Dinner einnehmen, wenn also die Ausflügler nach britischer Sitte geduldig und geordnet von Bord gegangen sind, dreht er seine Runden in einem der beiden Pools, allein. Und wenn er doch mal Lust auf Leben außerhalb des vertrauten Bordalltags hat, schlendert er durch fremde Gassen, zum Beispiel auf der Suche nach einer Bar, wo er einen guten Sherry bekommen könnte.

Früher war es recht einfach, auf den großen Luxuslinern Charaktere wie Mr. Plimpson zu treffen. Oder wie Mrs. Leightman, die auf die neunzig zugeht und mit Wehmut von der „Queen Elizabeth 2" schwärmt, die in Dubai auf ihre Umwandlung in ein Hotelschiff wartet, das nie mehr ablegen wird. Mrs. Leightman wird wohl auch diesen runden Geburtstag auf einem Cunard-Dampfer feiern wie seinerzeit, als sie noch mit ihrem Mann die Küsten des Commonwealth bereist hat. Der ist schon lange tot, aber Mrs. Leightman findet immer Gesprächspartner, denen sie von ihren Reisen damals und von Mr. Leightman erzählen kann, der ihr genügend Geld hinterlassen hat, um die Tradition fortzuführen.

Später Vormittag, auf dem Wege nach Santorin. Im Britannia-Saal treffen sich die Amateurkünstler zum Malunterricht. Einige von ihnen, fast ausschließlich Engländer, waren vorher schon beim Bridgeturnier. Mr. Plimpson hingegen hat amüsiert einen Blick in den Queens Room

Passend zum Stil des Schiffes ist auch die gut ausgestattete Bibliothek auf Deck 3 ein Refugium von nobler Gediegenheit und britischer Klubatmosphäre.

Heute: Neugier und freudige Erwartung vor dem Landausflug, hier beim Einlaufen in den kleinen Hafen von Salerno in Süditalien. Morgen: Entspannung am Pool während eines ruhigen Seetages.

geworfen, wo der Anfängerkurs fürs Fechten begonnen hat. Ganz oben, auf dem Sportdeck, wird Shuffle Board gespielt und Rasen-Bowling, britischer geht es kaum. Oder doch? Acht Decks tiefer, im Golden Lion Pub, jubeln Fußballfans einem Spiel der Premier League zu, mit Fish`n`Chips und Guinness vom Fass.

Demnächst soll die Stimmung etwas internationaler werden. Wenn die Pläne der Hamburger Cunard-Niederlassung aufgehen, sollen auch auf der Queen Elizabeth mehr deutsche Passagiere einchecken. Bislang haben vier von fünf deutschen Cunard-Passagieren die Queen Mary 2 gebucht, nur 16 Prozent die Queen Elizabeth. Auch deutsches Fernsehen in den Kabinen und Fußball-Übertragungen der deutschen Mannschaft im Pub oder

Abwechslung zeichnet auch das Interieur der unterschiedlichen Restaurants aus. Es darf auch mal bunt und anregend im Stil der 1920er Jahre sein wie hier im À-la-carte-Restaurant Verandah.

GENTLEMEN AUF BRÜCKE UND TANZPARKETT

Kapitän Alistair Clark ist kein rauer Seebär, sondern ein freundlicher Herr, der Kompetenz und Vertrauen ausstrahlt. Neben ihm kontrolliert Rachel Howell aus Southampton, 3. Offizier, die Instrumente.

anderswo wird es dann geben. Aber es wird trotzdem, so darf man hoffen, ein durch und durch britisches Schiff bleiben. Ein Dampfer, der zum Beispiel Damen, ob alleinreisend oder in Begleitung ihrer tanzunlustigen Gatten, abends nicht einfach sitzen lässt. Dass sie stilvoll in Bewegung kommen, dafür sorgen so genannte Gentleman Hosts. Die Herren, allesamt gesetzten Alters, verfügen über erstklassige Manieren, können angeregt plaudern und, das vor allem, sehr gut tanzen.

Roger, pensionierter Lehrer aus Glasgow, 72, ist einer von fünf professionellen Gentlemen. Er sieht nicht aus wie George Clooney oder Richard Gere. Aber er ist charmant und schwebt, schwingt oder schwoft übers Parkett, Walzer links herum, Rumba, Rock`n`Roll, alles, was die meisten

Die majestätische Queen Elizabeth dominiert selbst die atemberaubende Caldera, den Krater der griechischen Vulkaninsel Santorin.

In der italienischen Hafenstadt Messina an der gleichnamigen Meerenge zwischen Festland und Sizilien legt das Schiff vor der Altstadt an.

Ein Treppenhaus wie in einem Grand Hotel der Belle Époque, ideale Kulisse für den Auftritt auf dem Weg zum Gala-Dinner.

ERINNERUNGEN AN DIE ZEIT DES EMPIRE

Maritime Dekoration: Schiffsglocken und ein Gemälde vom Einlauf der Lady in den Hafen von Sydney.

männlichen Passagiere nicht können oder wollen. Ein Honorar bekommt er dafür nicht, wohl aber dankbare Blicke sowie Kost und Logis frei.

Tradition prägt auf der Queen Elizabeth das Ambiente. Überall in den Salons, in der Lobby und den Klubs wird an die Zeiten erinnern, als Britannien die Weltmeere beherrschte. Zum Beispiel mit einer Uhr, die im Ton von Big Ben anschlägt, mit Gemälden aus der Geschichte der großen Cunardliner und mit Fotos ihrer prominenten Gäste von einst. Und wenn die Royal-Court-Sänger und -Tänzer im Theater ihre Musicals und Shows präsentieren, swingt auch künftig immer etwas von der Atmosphäre der Last Nights of the Proms mit.

Sogar auf der Brücke, wo ansonsten natürlich Computer den Kurs bestimmen, wärmt ein Bild der alten Mauretania die Herzen der Traditionalisten. Kapitän Alistair Clark ist kein rauer Seebär mit Vollbart, sondern ein freundlicher Herr mit Brille, der Kompetenz und Vertrauen ausstrahlt. Neben ihm kontrolliert eine junge Dame die Instrumente: Rachel Howell aus Southampton, im Rang eines 3. Offiziers, gerade 22 geworden.

Nur tief im Bauch des Schiffes, wo täglich 12.000 ganz unterschiedliche Mahlzeiten vorbereitet werden und wo tonnenweise Gemüse, Fisch und Fleisch lagern und Käse, Champagner oder Bier auf den Strich genau gekühlt werden, ist die Logistik allein mit Hightech zu bewältigen. Chefkoch und Proviantmeister sorgen dafür, dass drei- bis viermal am Tag um die 2.000 Gäste verköstigt werden, im Pub so gut wie im Queens Grill oder in der Verandah, wo gern mal fünf oder sechs Gänge serviert werden, Krebsfleisch mit Kaviar, Jacobsmuscheln in Limettenbutter, Bio-Rinderfilet mit sautierten Morcheln ...

Letzter Abend. Kusadasi, ein Hafen an der türkischen Ägäisküste, liegt hinter uns. Neben mir an der Reling steht Mr. Plimpson. Nein, er war nicht in Ephesus wie die meisten Passagiere, auch nicht in Milet oder Didyma. Er war überhaupt nicht an Land. Mit dem Fernglas hat er auf dem Hausberg von Kusadasi ein Atatürk-Denkmal ausgemacht. Danach hat er seine Runden im Pool gedreht und sich anschließend in der Bibliothek ein Werk über den trojanischen Krieg ausgeliehen, eines von über 6.000 Büchern, die dort in wuchtigen Regalen stehen, so wie daheim in seinem Club.

Eine frische Brise kommt auf, die Sonne fällt theatralisch ins Meer und setzt den Himmel im Brand. Zeit für den Sundowner im Commodore Klub.

DIE FAKTEN
QUEEN ELIZABETH

★★★★

BEWERTUNGSPUNKTE 522

BRZ	90.900
Baujahr	2010
Länge	294 m
Breite	32,3 m
Decks	12
Passagiere	2.547
Crew	996
Passagiere/Crew	2,6 : 1
Passagiere/Raum	35,7

★★★★★

BEWERTUNGSPUNKTE 565
IN DER GRILL-KLASSE

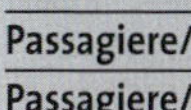
Bermudas

Bordsprache Englisch. An Bord befinden sich jedoch deutsche Hostessen. Bei Deutschland-Abfahrten oder -Anläufen findet zudem ein erweitertes deutsches Bordprogramm statt, und auf Landausflügen gibt es deutschsprachige Guides.

Dresscode sportlich, elegant, festlich

Restaurants/Bars 8/12

Pool/Whirlpool 2/5

Kabinen 1.046 Kabinen und Suiten, davon 820 mit Balkon. 20 barrierefreie Unterkünfte. Das Schiff bietet zwei Serviceklassen: Britannia-Klasse 14–44 m², Grill-Klasse 31–139 m². Die Restaurants Princess & Queens Grill nur für Passagiere der Grill-Klasse

Highlights an Bord The Verandah Restaurant und Broadway Musical Shows im Royal Court Theatre

Info www.cunard.de

Trend 2012 Weltreise der Queen Elizabeth, 111 Tage mit Hamburg als Abfahrtshafen und Ziel ab 14.990 Euro

Die norwegische Hafenstadt Bergen an der Westküste ist bekannt für seine vielen Regentage – doch während Bergen sich von seiner seltenen Sonnenseite zeigt, erleben wir unsere anderen Reiseziele vor allem von der trüb-nassen Seite.

HOLLAND AMERICA LINE

MIT DER EURODAM KURS NORWEGEN

Ein Naturparadies bei jedem Wetter

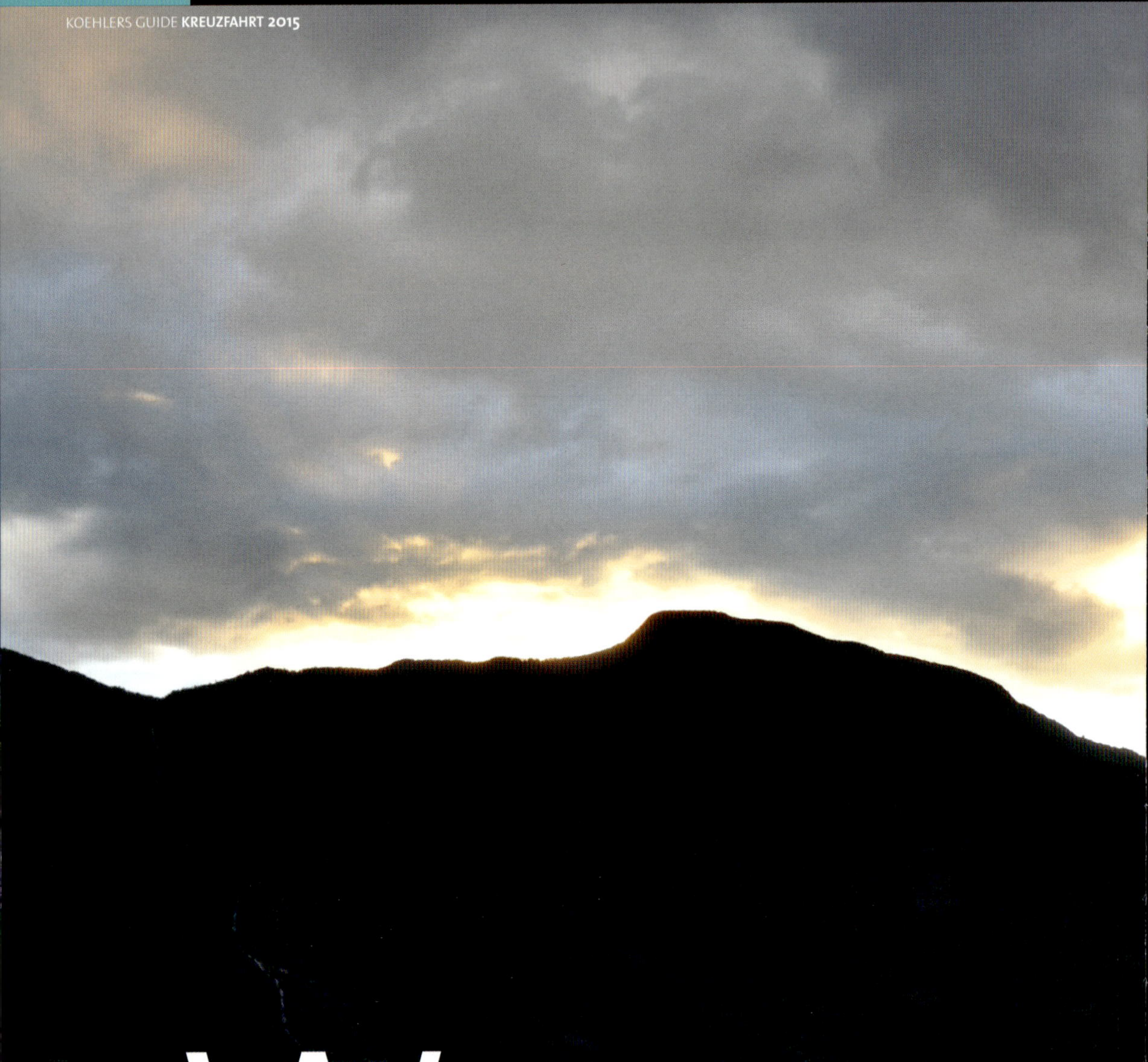

Wer an Norwegen denkt, sieht im Geiste vor allem imposante Fjorde, bergumrandete Seen und wunderschöne Natur vor sich. Vor unserer Kreuzfahrt mit der Eurodam der amerikanischen Reederei Holland America Line haben wir viel über Norwegen gehört und gelesen – die Leidenschaft des Tunnelbaus war nicht dabei. Mehr als 900 Verkehrstunnel mit insgesamt 750 Kilometer Länge durchziehen die von Gebirgen und Fjorden zerklüftete Landschaft Norwegens. Zusammen könnte man mit ihnen nahezu die Strecke zwischen Frankfurt nach Venedig untertunneln.

In einem davon sind wir auf unserer Rückkehr zum Schiff nach einem Ausflug ins Landesinnere. Dieses schwarze Loch will und will nicht enden. Als wir endlich wieder Tageslicht am Ende des Tunnels sehen und wieder ins Freie gelangen, können wir dies nur kurz genießen. Denn erneut steuern wir auf eine Röhre im Felsen zu.

Es waren nicht nur die Tunnel aus Stahl und Stein, die unsere Sicht auf das wunderschöne Land versperrten. Wir sind

EIN UNTERTUNNELTES LAND

Herb und doch so herrlich: Paradiesische Stille herrscht in den Fjorden bei Sonnenaufgang, während die Eurodam langsam entlang der schroffen, kaum bewachsenen Berge fährt.

zwar im August, zur besten Norwegen-Reisezeit, unterwegs. Dem Wetter nach zu urteilen befinden wir uns jedoch im Schmuddelwetter-Herbst. Unsere erste Station, die Hafenstadt Bergen, macht ihrem Ruf alle Ehre, regenreichste Stadt Europas zu sein. Es ist sicherlich eine der schönsten und sehenswertesten Schiffseinfahrten: die Fahrt durch den Herdlafjord, vorbei an den Vororten Bergens, unter der Askøy-Brücke hindurch – mit mehr als 1.000 Metern einer der längsten Hängebrücken der Welt – und direkt auf einen der sieben Hausberge, den Fløyen, zu. Doch draußen vermiest nasskaltes Nieselwetter schaulustigen Passagieren und ganz besonders den Fotografen die Freude an der Bilderbuchkulisse.

Dabei sind wir bei strahlendem Sonnenschein vor ein paar Tagen von den Niederlanden abgefahren, die für ihr Regenwetter berühmt sind. Glücklicherweise ist die Eurodam ein Schiff, das für alle Wetterlagen geeignet ist. Die Eurodam der Reederei mit den europäischen Wurzeln ist allerdings kein Vergnügungsschiff, sondern der klassischen Kreuzfahrt treu geblieben. Kultiviertes Bordprogramm, aus-

Die Holzkirche Holdhus ist im Stil der berühmten norwegischen Stabkirchen gebaut. Der nordische Wettergott präsentiert ein eindrucksvolles Schauspiel, denn er lässt während unseres Besuchs Blitz und Donner über dem Gotteshaus niedergehen.

POSTKARTENIDYLL GIBT ES DIESMAL NUR AUF POSTKARTEN

gezeichnetes Essen und das Meer spielen hier die Hauptrollen.

Obwohl der Blick nach draußen ebenso trüb wie die Wettervorhersage ist, lassen wir uns den Hardangerfjord nicht entgehen. Mit 179 Kilometer Länge ist er der drittlängste Fjord der Welt – der längste ist der Scoresbysund in Grönland und misst stolze 350 Kilometer. Es nieselt leicht, als wir vom Schiff in den Bus steigen und an der berühmten Altstadt von Bergen und dem Fischmarkt vorbei aus der Stadt fahren. Nach verregneter Busfahrt setzen wir mit einer Fähre über den Fusafjord hinweg, der das Grau des Himmels widerspiegelt. Wie gerne würden wir nun der Aufforderung der Ausflugsbeschreibung nachkommen, die wunderschöne Aussicht auf schneebedeckte Gipfel zu genießen, die den Fjord umsäumen. Es blitzt und donnert. Wir bleiben lieber in dem sterilen Aufenthaltsraum mit großen Panoramascheiben, oberhalb der Autos, und hoffen, beim nächsten Souvenirladen Postkarten von dem Idyll zu bekommen.

Erster Stopp ist an der Holzkirche Holdhus, die allerdings keine der Stabkirche aus dem Mittelalter ist, für die Norwegen berühmt ist. Während in Europa gigantische Kathedralen aus Stein errichtet wurden, schufen die Nordeuropäer Gotteshäuser aus dem Material, das ihnen in großer Fülle zur Verfügung stand: Holz. Das Besondere an Stabkirchen ist, dass das Dach von einem hölzernen Gerüst aus freistehenden Stäben getragen wird. Die Räume zwischen den tragenden senkrechten Holzmasten füllen nicht Stein, Mörtel oder Lehm, sondern breite hölzerne Planken. Von den einst mehr als tausend Stabkirchen in Norwegen sind allerdings nur noch 28 dieser architektonischen Meisterwerke erhalten. Dafür

Ganz in Holz statt Stein und Mörtel – die historischen norwegischen Gotteshäuser sind innen reichlich und bunt verziert.

gibt es deutlich mehr der hölzernen Gotteshäuser wie das Holdhus, die ein Laie mit einem der berühmten Vorgänger leicht verwechseln kann.

Ebenso wie die Stabkirche ist auch die einfache Holzkirche von Holdhus mit einer spannungsreichen Mischung aus christlichen Ornamenten und vorchristlicher Motive der Wikingerzeit gestaltet. Denn als die Stabkirchen im 12. und 13. Jahrhundert entstanden, begann die Christianisierung der damaligen Heiden. So hängt ein Wikingerschiff im unmittelbaren Blickfeld einer Marienstatue von der Decke herab.

Was als Höhepunkt des Ausflugs angekündigt ist, wird zur Wartezeit bis zum Mittagessen. Eine Stunde lang fahren wir auf der Panoramastraße entlang des Hardangerfjords und erfreuen uns bestenfalls an der Aussicht auf das angekündigte typisch norwegische Mittagsbüfett.

So stellt man sich das romantische Norwegen vor: zwei kleine Boote in einem See in der Nähe von Bergen (oben). In Holz geschnitzt: Wikinger galten einst als die besten Schiffbauer Europas. Als Händler und Krieger fuhren sie als frühe Entdecker und Eroberer über die Ozeane.

Wasserfälle bieten stets eindrucksvolle Naturshows mit Spezialeffekten: Hinter dem Steinsdal-Wasserfall ist es trockener als unter dem Regenwolken-Himmel.

Auf halber Höhe des Kjosfoss-Wasserfall tanzt eine Grazie zu mystischen Melodien.

NATURBELASSENE SCHÖNHEIT ZUM VERLIEBEN

Die tiefen Gewitterwolken scheinen zwischen den Hügeln und Bergen festgeklemmt zu sein. Die sonst so üblichen Fotostopps an besonders schönen Aussichtspunkten lassen wir gleich aus. Von majestätischen Bergen, glitzerndem See oder gar dem drittgrößten Gletscher Norwegens, dem Folgefonna-Gletscher, ist ohnehin nichts zu sehen. Nach dem Essen geht es zu einer weiteren typischen Sehenswürdigkeit für Norwegenurlauber: einem Wasserfall. Am Steinsdal-Wasserfall erleben wir ein Phänomen: Der Regen hat – wie sollte es anders sein – leider immer noch nicht aufgehört. Wir machen uns den Spaß und steigen den Hang hinauf, um unter dem Wasserfall hindurchzugehen. Nass sind wir dank des ewigen Regens ohnehin. Doch hier, auf dem Felsvorsprung mitten unter den tief und laut rauschenden Fluten, bleiben wir trocken. Erst als wir wieder unter dem Wasserfall

Umstieg auf 860 Meter Höhe an der Bahnstation Myrdal von der Flåmsbahn in moderne Züge, die zwischen Oslo und Bergen pendeln. Die Traditionsbahn transportierte früher vor allem Güter vom Fjord in die Städte – heute vor allem Touristen.

Der romanisch-gotische Dom von Stavanger ist aus Stein und nicht aus Holz gebaut und thront über Hafen und Altstadt (oben). Manch ein Schiffsschornstein überragt die Holzhäuser der Altstadt (unten).

hindurch ins Freie treten, müssen wir wieder den Regenschirm aufspannen.

Als wir im Bus zurück nach Bergen entlang von malerischen Fjorden und Seen fahren, werden die Wolken dünner. Schließlich setzt sich die Sonne durch. Blauer Himmel, weiße Wölkchen, zauberhaftes Norwegenpanorama. Dass wir längst nicht mehr am berühmten Hardangerfjord sind, stört uns nicht. Wir sind einfach glücklich, doch noch einen Eindruck von Norwegens bezaubernder Landschaft bei Sonnenschein zu bekommen. Versöhnt stehen wir bei der Ausfahrt von Bergen an Deck. Das miserable Wetter soll uns die nächsten Reisetage treu bleiben. Doch nun scheint entgegen aller Vorhersagen doch die Sonne, als die Eurodam aus der Bucht herausgleitet.

Manchmal wird das Wetter auch zur Nebensache. Beispielsweise wenn man in eine Stadt wie Stavanger gelangt, die

BLUMEN LEUCHTEN AUCH IM REGEN

schon beinahe zu schön ist, um wahr zu sein. Besonders die Gassen der Altstadt Gamle Stavanger sehen wie nachgebautes norwegisches Klischee aus. Der Hafen von Stavanger liegt direkt an der Altstadt. So lässt sich der sehenswerte Ort leicht zu Fuß erkunden. Die Kopfsteinpflaster von Gamle Stavanger glänzen durch das stete Nass, das vom Himmel kommt. Umrahmt werden die engen, zum Teil sehr steilen Gassen von hübschen, sehr gepflegten weißen Holzhäusern. Fast zweihundert der restaurierten hölzernen Bauten stammen noch aus der Zeit der Stadtgründung. Da Stavanger – anders als die Altstadt von Bergen – von Bränden verschont geblieben ist, sind dies sogar noch die Originale. Üppiger Blumenschmuck ziert fast jeden Fenstersims und jede Haustür. Die Rasen der Gärten hätte kein Brite besser mähen können, so akkurat sind sie getrimmt. Dazwischen stehen Sträucher und Bäumchen in ebenso perfektem Schnitt.

Nach so vielen idyllischen kleinen Orten und Natur wirkt das ehemalige Handelsstädtchen Haugesund mit seiner Fußgängerzone und vielen Geschäften beinahe schon wieder recht gewöhnlich. Noch Anfang des 20. Jahrhunderts war Haugesund eine der wichtigsten Hafenstädte Norwegens. Hier war das Zentrum der Heringsfischerei und des Heringshandels. Doch ebenso wie die meisten norwegischen Hafenstädte bringen heute weniger die Meerestiere, sondern vielmehr die Öl- und Gasindustrie das Geld.

Da ziehen wir uns doch lieber mit einem guten Buch in das Krähennest – „Crow's Nest" – auf dem Observation Deck unseres schwimmenden Hotels zurück. Und wenn die Aussicht auf das Wetter schon beklagenswert ist – die Aussicht auf das Essen ist stets gut. Sieben

Bereits optisch ein Erlebnis – doch im lauschigen „Pinnacle Grill" wird dies noch von den Kochkünsten der Küchencrew des Spezialitätenrestaurants übertroffen.

MEHRFACH AUSGEZEICHNETE KÜCHE

Jedes Gericht hat zum Rezept ein eigenes Bild. Der Küchenchef der Eurodam erklärt, wie alles in perfekter Optik zum Gast kommt (oben). Im panasiatischen Restaurant „Tamarind" werden rohe Fisch-Reis-Röllchen frisch vom Sushi-Meister zubereitet.

Restaurants stehen für maximal 2.670 Passagiere zur Verfügung.

Den besten Blick nach draußen bietet das panasiatische Restaurant „Tamarind" auf Deck 11. Hier ist bis ins Detail unübersehbar, dass der Flotten-Küchenchef, Rudi Sodamin, nicht nur auf den Tellern seine Handschrift hinterlassen hat. Was hier an asiatisch inspirierten Gerichten zum Gast gebracht wird, soll der Meister selbst entworfen haben. Zu einem Aufpreis gehört auch die perfekte Inszenierung asiatischer Tischkultur. Auch das zweiten Spezialitäten-Restaurant „Pinnacle Grill" hat Sodamin geprägt. Ein Teil des Restaurants liegt direkt am Geländer mit Blick in das Atrium. Für Feinschmecker lohnt sich der Aufpreis, da hier erstklassiges Fleisch und raffinierte Meeresfrüchte-Gerichte auf einem Niveau zubereitet werden, das einem Gourmet-Restaurant an Land entspricht.

Bei so viel gutem Essen an Land wäre es vermutlich für die Figur besser gewesen, den Weg bis zum Kjosfoss-Wasserfall hinaufzugehen, den wir vom Hafenstädtchen Flåm aus erreichen wollen. Aber erstens wäre das vom Ende des Aurlandsfjord, einem Seitenarm des Sognefjord, etwas zu weit. Und zweitens gibt es hier eine Attraktion, die selbst die Figurbewusstesten zu der bequemeren Variante des Aufstiegs verleitet. Denn von dem kleinen Ort am Ende des Fjordes führt eine der schönsten und spektakulärsten Bahnstrecken der Welt vom Meeresspiegel bis auf 860 Meter Höhe zur Bahnstation Myrdal. Zwanzig Kilometer lang schlängelt sich die technische Meisterleistung entlang der zerklüfteten Landschaft durch spiralförmige Tunnel, über Brücken und stets am Abgrund. Eine Stunde lang entdecken wir bei – mittlerweile für uns besonders bemerkenswertem – Sonnenschein und maximal 40 Kilometer pro Stunde nach jeder Kurve und zunehmender Höhe stets neue Postkartenmotive mit entlegenen Berghöfen, weit verzweigten Wasserfällen und immer tiefer werdenden Tälern.

Alle Höhepunkte durften wir bei Sonnenschein erleben. Gerade als wir in den Bus einsteigen, um zum Schiff zurückzufahren, beginnt es zu regnen. Kurz bevor wir in Flåm ankommen, müssen wir durch zwei schier endlos erscheinende Tunnel. Knapp elf Kilometer lang ist der erste. Der zweite Tunnel ist nur halb so lang und fühlt sich indes noch länger an. Sobald wir auch diesen hinter uns gelassen haben, entdecken wir, wie schön doch trist-grauer Himmel und Nieselregen sein können. Schon allein um möglichst viele Tunnelfahren zu vermeiden, ist eine Norwegen-Rundreise mit dem Kreuzfahrtschiff die aussichtsreichste Form des Reisens.

DIE FAKTEN
EURODAM

★★★★ ELITE

BEWERTUNGSPUNKT 539

Baujahr	2008
BRZ	86.700
Länge	285,3 m
Breite	32,3 m
Decks	11
Passagiere	2.670
Crew	928
Passagiere/Crew	2,9:1
Passagiere/Raum	32,5

Niederlande

Bordsprachen Englisch (deutschsprachiger Gästeservice, deutsche Menükarten und Bordprogramme)

Dresscode sportlich, elegant

Restaurants/Bars 7/16

Pools/Whirlpools 3/5

Kabinen 1.052 luxuriöse, komfortabel ausgestattete Kabinen in warmen Farben; 165 außen, 604 mit Balkon und 155 innen, 114 Suiten; 30 Kabinen sind rollstuhlgeeignet; alle Kabinen verfügen über Sitzecke, Flachbildschirm-TV und DVD-Player; Dusche/WC mit Marken-Toilettenartikeln, täglich frisches Obst, individuell regulierbare Klimaanlage, WLAN-Verbindung (0,75 Dollar/Min.; 55 Dollar/100 Min.); Steckdosen für 110 V / 220 V.

Highlights Gastronomie der Spitzenklasse: Qualität und Auswahl sowohl in Büfett-, Haupt- und Spezialitätenrestaurants sind herausragend in der Branche; Culinary Arts Center mit Kochkursen und Kochshows; 3-stöckiges Atrium, Lounge-Bar „Crow's Nest" auf dem Observation Deck mit Panoramablick; gläserne Außenaufzüge.

Info www.hollandamerica.de

COSTA KREUZFAHRTEN

MIT DER COSTA

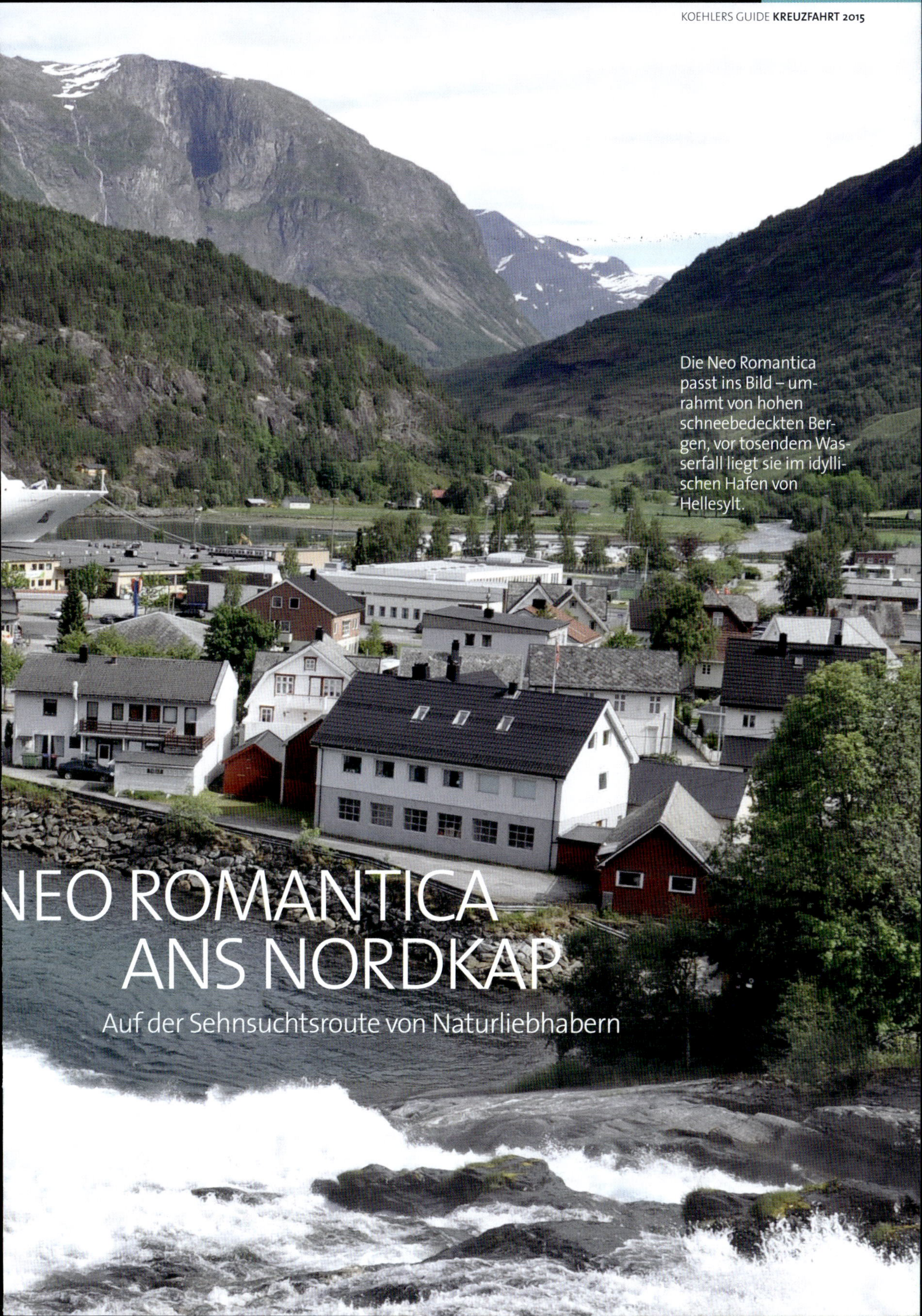

Die Neo Romantica passt ins Bild – umrahmt von hohen schneebedeckten Bergen, vor tosendem Wasserfall liegt sie im idyllischen Hafen von Hellesylt.

NEO ROMANTICA ANS NORDKAP

Auf der Sehnsuchtsroute von Naturliebhabern

G

Grelle Farben, zackige Formen, viel Glitzer und alles sehr schrill – in optischer und akustischer Hinsicht. So jedenfalls prophezeiten fürsorgliche Freunde, die kürzlich mit einem der größten Costa-Schiffe im Mittelmeer gereist sind. Weiter bereiteten sie uns auf Folgendes vor: italienische, spanische und andere südeuropäische Großfamilien, deren Kinder ungebremst im Restaurant und allen anderen Schiffsbereichen über Tische und Bänke gehen – währen die Eltern ganz entzückt die wild tobenden Zöglinge beobachten; Massen von Menschen auf engem Raum und kulinarische Massenabfertigung. So emotional präpariert sollte nichts mehr schockieren können. So kam es dann auch, allerdings auf eine überraschende Art ganz anders.

Wir sind auf eine der ersten Fahrten dabei, seit die Costa Neo Romantica als Teil des neuen Neo-Produktes der Reederei fährt. Unsere Reise führt von Amsterdam aus entlang der westlichen Küste Norwegens bis hinauf ans Nordkap und wieder zurück. Zurück zu den Wurzeln der klassischen Kreuzfahrt will die Reederei mit dem in diesem Jahr gestarteten Neo-Konzept gehen: Statt schwimmendem Vergnügungspark sollen die derzeit zwei Schiffe ein anspruchsvolleres Publikum bedienen. Bevor Stammkunden zu anderen Reedereien abwandern, ist es sicherlich klug, ihnen innerhalb der eigenen Flotte ein passendes Angebot zu machen. Zu Neo-Costa gehören derzeit auch die Neo Riviera und ab Ende 2014 die Neo Classica. Entspannt soll das Reisen sein, mit mehr Komfort, persönlicher Atmosphäre, mehr Individualität und Freiraum.

Bereits auf den ersten Blick in das Schiffsinnere der Neo Romantica ist nichts von der erwarteten Vorliebe der Costa-Neubauten für quietschbunte Farben und unruhige Formen zu sehen. Die Brauntöne und eleganten Muster auf Teppichen und Wänden erinnern eher an einen klassischen Ozeanliner als flippig-moderne Volumenschiffe für Kluburlauber. Die Neo Romantica ist anders als die „normalen" Schiffe der Costa-Flotte und soll es auch sein.

Während die Neo Riviera zuvor als Grand Mistral der Reederei Ibero Cruceros fuhr und nach Integration der Marke in die Reederei Costa umbenannt wurde, stammen die anderen beiden Schiffe aus der eigenen Flotte. Die heutige Neo Romantica wurde vor 21 Jahren als Costa Romantica in Dienst gestellt. Sie entsprach damals dem Bild, das man allgemein von Costa-Schiffen hat. Blank geputzter, glänzender Carrera-Marmor und modernes

Für frische und regionale Zutaten sorgt die Crew beim Angeln im Hafen.

ITALIENISCHE GEMÜTLICHKEIT

Zur Begrüßung gibt es Prosecco – der Obstkorb in den großzügigen und komfortablen Suiten wird täglich mit frischen Früchten gefüllt.

Die Grand Suiten verfügen über separaten Wohn- und Schlafbereich, viel Fensterfläche und sind mit warmen, erdfarbenen Tönen gemütlich gestaltet.

DURCH NORDISCHE IDYLLE

Auf dem Weg durch die Einöde bis zum Nordkap entdeckt man einsame, bewohnte Mini-Inseln inmitten eines Sees (oben) und begegnet einheimischen Samen in Tracht (unten).

italienisches Design. Mit wenigen Ausnahme gab es vor dem Umbau fast keine Balkonkabinen.

Das namenhaft romantische Schiff war sozusagen gerade volljährig, als sich die Reederei 2011 für eine Generalüberholung mit völlig neuem Antlitz im exklusiven, eleganten Stil angesagter Boutique-Hotels entschied. 90 Millionen Euro hat sich die Reederei dies kosten lassen. Wo früher das große „L'Opera Theater" am Bug des Schiffs lag, ist heute der großzügige, über zwei Decks reichende Wellness- und Fitnessbereich. Allein der Spa-Bereich ist 4.400 Quadratmeter groß. Ein Theater mit einer Hauptshow am Abend gibt es nicht mehr. Stattdessen finden auf kleineren Bühnen mit intimem Ambiente, in Cafés und Lounges unterschiedliche Programme mit Kabarett, Ballett, klassischer Musik und Tanz statt. Zu den kulturellen Glanzlichtern unserer Reise gehört das Cello-Klavier-Duo „Casiopea", das mehrmals täglich nachmittags und abends in der „Chocolate & Coffee Bar" spielt.

Für alle Wein- und Käseliebhaber ist die „Enoteca" ein Paradies. In dem großzügigen Raum mit gemütlichen Sitzgruppen und auffallenden riesigen Leder-Ohrensesseln werden edle Tropfen kredenzt. Wie eine große Kunstinstallation wirkt die Präsentation von gut achtzig verschiedenen Weinen hinter Glas. In einem verglasten Nebenraum wird eine beachtliche Auswahl an Käsesorten bester Qualität dargeboten. Ein Unikat ist der italienische Sommelier alter Schule, der so großartig kundig und liebenswert ist, dass man allein schon wegen ihm am Abend noch einen guten Schluck Wein trinkt und etwas Käse verkostet. Ein weiterer kulinarischer Höhepunkt und Alleinstellungsmerkmal ist die Pizzeria mit Holzofengrill mit Panoramablick. Hier schmeckt die Pizza wirklich so wie in einer typisch italienischen Pizzeria mit hauchdünnem Teig, Mozzarella und frischen Kräutern.

Wie es sich für ein italienisches Schiff gehört, wird Familienfreundlichkeit zwar groß geschrieben. Mit Neo-Costa will die Reederei indes eher Paare ohne Anhang ansprechen, die Wert auf ruhigeres, entspanntes und komfortables Reisen legen. So werden Familien auf den Neo-Schiffen nicht gezielt umworben. Da Kinder bis 18 Jahren auf „normalen" Costa-Schiffen kostenlos in der Kabine der Eltern mitreisen können, auf den Schiffen von Neo-Costa jedoch auch Kinder zahlen müssen, lenkt die Reederei über den Preis Eltern mit Kindern auf die übrige Costa-Flotte. Der Kinder-Club der ehemaligen Romantica wurde zudem nach dem Umbau verkleinert. So sind auch nur wenige Kleinkinder mit uns an Bord.

Hell und modern ist das Büfett-Restaurant Giardino mit mediterranen und internationalen Speisen am Heck mit Panoramablick gestaltet.

Komfortabler und großzügiger gestaltet sind die Kabinen nach dem Umbau und dies, obwohl mehr als hundert neue Kabinen hinzugekommen sind. Dies gelang, indem auf dem vorderen Schiffsdrittel zwei Decks aufgebaut wurden. An den Seiten in der Schiffsmitte wurden zudem Balkone angebaut, sodass 120 weitere Kabinen nunmehr über einen eigenen Balkon verfügen.

Ein entscheidender Aspekt von NeoCosta sind die Liegezeiten im Hafen. Damit sollen die Gäste auf den Schiffen des neuen Konzepts mehr Zeit für individuelle oder auch längere Ausflüge bekommen. Da die Fahrpläne stets Jahre zuvor festgelegt werden, sind es zum Zeitpunkt unserer Norwegenreise noch die „normalen" Häfen und Liegezeiten. So sind wir nur je vier Stunden in Tromsø und Bergen. Beide Städte bieten so viel zu sehen, dass

Der Lieblingsort für Wein- und Käseliebhaber ist die Enoteca Verona mit einer riesigen Auswahl guter Tropfen, die versiert vom Sommelier vorgestellt und formvollendet kredenzt werden.

Der Globus ist Wahrzeichen des Nordkaps und beliebtes Fotomotiv, das oft in Nebelschwaden getaucht ist. Auch wenn das Nordkap nicht der nördlichste Punkt Europas ist, symbolisiert er doch sein geografisches Ende.

man gerne länger bleiben würde. Wobei „sehen" in Tromsø am Vormittag etwas schwierig ist, denn dichter Nebel hängt zwischen den Bergen. So erleben wir bei unserer Fahrt mit der Fjellheisen-Seilbahn auf den 420 Meter hohen Storstein-Berg den Klassiker unter den blöden Sprüchen von Reiseführern: „Wie Sie sehen, sehen Sie nichts." Bereits nach wenigen Metern in der Gondel verschwimmt die Sicht auf die größte Stadt Nordnorwegens. Oben angekommen beeindrucken die Schneemassen, die auch im Frühsommer noch mannshoch sind. Eine Schautafel auf der Aussichtsterrasse präsentiert uns, was wir sehen würden, wenn sich denn der Nebel lichten würde. Auf dem Weg zurück immerhin haben wir ein schönes, wenn auch diesiges Panorama auf die berühmte Eismeerkathedrale und die Costa Neo Romantica im Hafen. Auch in Bergen lohnt sich jede zusätzliche Stunde. Von der zweitgrößten norwegischen Stadt an der südlichen Westküste aus könnte man auf einer Tagestour zum Hardangerfjord fahren, der mit 179 Kilometern Länge immerhin der drittlängste Fjord der Welt ist. Lohnenswert sind das Hansaviertel Bryggen, die etwas außerhalb gelegene alte Stabkirche in Fantoft und der Besuch des Edvard-Grieg-Museums im nahe gelegenen Troldhaugen. Wir schaffen es indes bei unserem Aufenthalt während des berühmt-berüchtigen Regenwetters, das Freilichtmuseum Gamle Bergen und das Hanseatisches Museum im Hafenviertel zu besichtigen. Ein Gefühl, wie schön die Art des langsameren Reisens ist, bekommen wir im Geirangerfjord. In den frühen Morgenstunden, wenn normalerweise nur die absoluten Frühaufsteher auf den Beinen sind, steht der Großteil der anderthalbtausend Passagiere auf den Oberdecks. Passend zu einem der Glanzlichter unserer Reise ist der Himmel nahezu wolkenlos, während die Sonne sich

ENTSPANNT GENIESSEN

Mit der Fjellheisen-Seilbahn geht es hinauf auf den 420 Meter hohen Hausberg von Tromsø (links).
Das Freilichtmuseum Gamle Bergen lohnt auch beim Regenwetter, das typisch für Bergen ist (rechts).

langsam über die Berge erhebt. Ab dem nächsten Jahr ist auch der Fahrplan dem Neo-Anspruch angepasst. Längere Liegezeiten – zum Teil auch über Nacht – und kleinere Häfen stehen dann auf dem Programm der Neo Romantica: Je zehn Stunden in Haugesund, Sortland, auf den Lofoten und Flåm und sogar noch länger in Narvik, am Nordkap und Bodø. Dann wird die Neo Romantica sogar von Hamburg aus nach Norwegen und später ins Mittelmeer starten.

Eine wichtige Neuerung ist das Gastronomiekonzept von Neo-Costa. Anders als auf den übrigen Schiffen gibt es keine festen Tischzeiten, keine Tischordnung und auch kein Gala-Essen. Abends wird das Menü im Hauptrestaurant durch Slow-Food-Gerichte ergänzt, die in Zusammenarbeit mit der italienischen Università delle Scienze Gastronomiche di Pollenzo entworfenen wurden. Zudem sollen die Menüs möglichst authentisch der Küche der Reiseziele entsprechen. Während dies im italienischen Stammland der Reederei und in der Mittelmeer-Region gut umzusetzen ist, sind in den nordischen Regionen diesem Konzept Grenzen gesetzt. Doch tatsächlich meistern Hoteldirektor, F&B-Manager und Küchenchef an Bord der Neo Romantica die Herausforderung, immer wieder eine norwegische Spezialität auf die Karte zu setzen.

Unschlagbar in Sachen Regionalität und Frische ist das, was Kapitän Salvatore Donato bietet. Im Hafen von Honningsvåg in der Nähe des Nordkaps fährt er mit einem kleinen Boot mit Offizieren und wenigen Crewmitgliedern hinaus auf die eisige See: zum Angeln. Zurück kommen sie mit bis zu zehn Kilo schweren Exemplaren von Dorsch, Schellfisch und anderen Artgenossen. Die kommen am selben Abend noch frisch auf den Tisch. Persönlicher, authentischer und frischer geht es nicht.

DIE FAKTEN
NEO ROMANTICA

★★★★

BEWERTUNGSPUNKT 465

Baujahr	1993
BRZ:	57.100
Länge	220 m
Breite	30,8 m
Decks	10
Passagiere	1.800
Crew	622
Passagiere/Crew	2,9 : 1
Passagiere/Raum	31,7

Bordsprachen Italienisch, Spanisch, Englisch, Deutsch, Französisch (zusätzliche Sprachen je nach Passagierzahlen)

Dresscode sportlich, elegant

Kabinen 789 helle, komfortable Kabinen mit 16 m^2 bis 22 m^2, davon 86 mit Balkon, 28 Suiten, davon 24 mit Balkon mit 35 m^2 bis 47 m^2, 56 Samsara-Kabinen mit freiem Eintritt in die Therme und zum Thalassotherapie-Pool, Zugang zum „Samsara"-Restaurant sowie weitere Zusatzleistungen.

Highlights 4.400 Quadratmeter großer Wellnessbereich Samsara-Spa über zwei Decks. Das neue „Slow Cruise"-Produkt mit eigens entwickeltem Gastronomiekonzept.

Info www.costa-kreuzfahrten.de

Trend 2015 Norwegen und Spitzbergen ab/bis Hamburg. 25.06. bis 10.07.2015 ab 1.949 Euro.

Italien

GOURMETKREUZFAHRT MIT DER AIDA MAR

Großes Kino der Kulinarik

Erstklassige Küche, top Produkte und perfekte Präsentation: Das „Rossini" gibt es auf allen Aida-Schiffen und lässt das Herz von Genießern höher schlagen.

Die Logik scheint einfach und – nun ja – logisch: Fische schwimmen im Wasser und Kreuzfahrtschiffe schwimmen auf dem Wasser. Somit passen kulinarisch gesehen die Früchte des Meeres und Reisen auf dem Ozean ideal zusammen. Schon gar, wenn man im Mittelmeer und entlang der europäischen Westküste unterwegs ist. So wie wir mit der Aida Mar der Rostocker Reederei Aida Cruises. Die Reise führt von Mallorca aus über Spanien, Marokko, Portugal, Frankreich, Großbritannien, Schweden bis nach Warnemünde in die Ostsee.

Auf unserem Wasserweg liegen die Meeresfrüchte-Paradiese von Portugal, Spanien sowie die Bretagne und die Normandie in Frankreich. Wer denkt da nicht an frisch gefangene Fische, Jakobsmuscheln, Austern, Langusten, Garnelen und Taschenkrebse? Es wäre also selbsterklärend, wenn Aida Cruises auf der Gourmetkreuzfahrt rund um Westeuropa als besonderen Gast einen Experten für Fisch und Meeresfrüchte gewonnen hätte. Doch der Kulinarik-Spezialist Stephan Otto kennt sich in erster Linie nicht mit wasser- sondern vielmehr mit sehr erdverbundenen Tieren aus. Denn er ist Fleischsommelier.

Der Küchenchef der Aida-Flotte, Günther Kroack, erklärt die ungewöhnliche Wahl eines Fleischsommeliers für eine

Fleischspezialist Stephan Otto lehrt in der „Perfect Meet Academy" die feinen, alles andere als kleinen Unterschiede der Fleischqualitäten und -sorten.

GENUSSVOLLES REISEN MIT DER AIDA RUND UM WESTEUROPA

Schiffsreise: „Wir wollten unser Buffalo Steakhouse in eine Gourmetreise einbeziehen." Bislang habe das Thema Gourmet um ihr Gourmetrestaurant Rossini gekreist. Doch gutes Fleisch und ihre perfekte Zubereitung gehöre auch zum genussvollen Essen dazu.

EDLER FLEISCHGENUSS

Unsere Genusskreuzfahrt beginnt beim Auslaufen aus dem Hafen von Mallorca bereits passend. Bei noch angenehm warmen Temperaturen stehen wir abends auf dem Außendeck und fahren langsam an der Kathedrale La Seu vorbei. Es ist das Ende der Mittelmeer-Saison der Aida Mar und der Beginn der Überführungsfahrt rund um Westeuropa in Richtung Ostsee, wo das zweitjüngste Flottenmitglied die Sommermonate verbringen wird.

Auf den guten Geschmack von hochwertigem Fleisch, das nicht aus der Massenzucht, sondern von ausgesuchten Züchtern stammt, die Wert auf artgerechte Tierhaltung legen, will Stephan Otto die Teilnehmer des Gourmetpakets vermitteln. Zusammen mit seinen beiden Brüdern gründete Stephan Otto im Jahr 2005 den Online-Fleischversandhandel Otto Gourmet. Dabei sind die drei nicht einmal vom Fleischfach. Vielmehr entstand die Idee der Brüder Stephan, Wolfgang und Michael Otto zur Gründung ihres Unternehmens aus der persönlichen Liebe zu qualitativ hochwertigem Fleisch. So beschlossen der Unternehmensberater, der Industriekaufmann und der Ingenieur, einen Fleischlieferservice auf die Beine zu stellen. Der Anfang des Geschäfts erinnert an die berühmten Startups in Silicon Valley. Denn in einer Garage in ihrem Heimatort Heinsberg an der Grenze zu den Niederlanden nahm alles seinen Anfang. Heute gelten die drei Quereinsteiger in Deutschland zu den bedeutendsten Fleischexperten und Fleischlieferanten für die Spitzengastronomie. Laut Stephan Otto beliefern sie derzeit etwa 25.000 Privatkunden und 2.500 gastronomische Betriebe.

Bei der „Perfect Meat Academy" im Buffalo Steakhouse probieren wir zunächst feinstes, handgeschnittenes Tatar. Für die Gourmetreise hat Stephan Otto

Das lässt Kinderaugen leuchten: Ein Hamburger muss kein billiges Fast-Food sein.

Das „Buffalo Steakhouse" ist eines von drei Spezialitätenrestaurants. Die Karte bietet eine große Fleischauswahl vom Büffel bis zum Wagyu-Beef.

BESTES FLEISCH AUF HOHER SEE

ein besonderes Schmankerl mitgebracht: Wagyu Beef Kobe Style am Knochen. Wagyu heißt übersetzt „japanisches Rind" und bezeichnet eine besondere Rinderrasse, die ursprünglich aus Japan stammt. Kobe ist eine regionale Bezeichnung, die markenrechtlich geschützt ist. Das ursprünglich aus Japan stammende Rindfleisch von Tieren, die besonders mit Streicheleinheiten und Massagen verwöhnt und mit speziellem Kraftfutter versorgt werden, zeichnet sich durch eine intensive Fettmarmorierung aus. Dies soll das Fleisch besonders schmackhaft und saftig machen. Saftig ist auf jeden Fall der Preis des Fleischs der schwarzen Rinder. Da liegt der Kilopreis für das edelste Stück, das Filet, schon einmal bei mehr als zweihundert Euro.

Surf und Turf einmal ganz anders: Im Rahmen des Menüs der Fleischakademie wird handgeschnittenes Tatar auf ungewöhnliche Art mit Kaviar kombiniert.

Zum fleischlastigen Ausgleich des Gourmetreise-Schwerpunkts fokussiert sich der Küchenchef des bordeigenen Gourmetrestaurants Rossini, Stefan Barnhusen, ganz auf die schwimmenden Delikatessen. Der 26-Jährige ist trotz seiner erst jungen Jahre bereits bemerkenswert versiert und kann sein Können auf sehr sympathische und anschauliche Weise vermitteln. Drei großartige Fisch- und Meeresfrüchtegerichte von der jeweils edelsten Art präsentiert er uns. Ganz urlaubsmäßig können wir dem Meister zusehen, während er für uns ein dreigängiges Menü bereitet. Bereits zur Vorspeise gibt es Seeteufel mit Nussbutterespuma. In der Butter, so lernen wir, sind keine Nüsse drin. Vielmehr handelt es sich um erhitzte, gebräunte Butter. Der Bezug zum Fahrtgebiet ist die Espuma. Aus dem Spanischen übersetzt heißt dies Schaum und ist auch nichts anderes als eine aufgeschäumte Masse. Die Technik der Schäume und Schäumchen stammt aus der Molekularküche, die ursprünglich aus Spanien stammt. Edel geht es mit der Jacobsmuschel weiter – ebenfalls eine Referenz zur Reiseroute. Schließlich ist die auch als Pilgermuschel bekannte Meeresfrucht Symbol der Pilger auf dem Jakobsweg nach Santiago de Compostela. Loup de Meer ist die französische Bezeichnung des Wolfsbarschs. Stefan Barnhusen ist kein Freund von überflüssigen Sättigungsbeilagen. Von ihm lernen wir,

Frisch aus dem Ofen wird das auf Niedertemperatur gegarte Wagyu Beef am Knochen den Teilnehmern der „Perfect Meet Academy" präsentiert.

Das edle Rindfleisch der japanischen Rasse zu zerlegen ist natürlich Chefsache – der Küchenchef der Aida-Flotte, Günther Kroack, beim Tranchieren.

Außen knusprig, innen zart-rosa – das Fleisch der edlen Tiere zeichnet sich durch eine intensive Fettmarmorierung aus, die eine besondere Saftigkeit mit sich bringt.

JENSEITS DER TYPISCHEN AIDA-BÜFETTS

Ob Fleisch oder Fisch – wie hier Sushi – wird von Meistern vor den Augen der Gäste frisch zubereitet und angerichtet.

dass es nicht immer Kartoffeln, Pasta oder Reis sein muss, um ein rundes Gericht zu bereiten. Seine „Nudeln" formt er aus Gurkenstreifen. Zu den Jacobsmuscheln schmeckt das überraschend großartig. Sensationell harmonisch passt der lauwarme Spargelsalat zu dem schneeweißen und zarten Wolfsbarschfilet.

ALLES FRISCH

Glücklicherweise gehört ein Abend im Rossini mit mehrgängigem Menü inklusive Champagner und Weinbegleitung zu jedem Gourmetpaket. So kommen wir ein weiteres Mal in den Genuss der Kochkünste des Rossini-Küchenchefs. Die Zutaten hatten wir zuvor zusammen beim Marktbesuch im spanischen Cádiz mit Stephan Otto und Günther Kroack besorgt.

Nicht im Paket inbegriffen, aber immer wieder ein Erlebnis voller neuer Erkenntnisse sind die Kurse, die sich um die flüssigen kulinarischen Köstlichkeiten drehen. In der Vinothek werden beispielsweise Weinproben und in der bordeigenen Brauerei Braukurse angeboten. Die Som-

melière Sonja schafft das schier Unmögliche, zwei absolute Whiskey-Verächter zu Fans des irisch-schottischen Hochprozentigen zu verwandeln.

Natürlich ist man auf einem Aida-Schiff kulinarisch bestens in den verschiedenen Büfett-Restaurants versorgt. Doch es lohnt sich, in die Spezialitätenrestaurants zu gehen. Für all diejenigen, die diese kennenlernen wollen, empfiehlt sich die „Tour de Gourmet", die regelmäßig angeboten wird. Dabei wird jeder Gang in einem anderen À-la-carte-Restaurant serviert. Startpunkt ist die Vinothek mit Champagner und Kanapees zur Einstimmung. Weiter geht es in die Sushi-Bar, wo die Vorspeise gereicht wird. Im Buffalo Steak House lässt man sich die warme Vorspeise schmecken, bevor man ins Rossini zu Hauptgang und Dessert geht.

Eine Gourmetreise ist für die Rostocker Reederei auch immer eine Gelegenheit, die kulinarischen Qualitäten ihrer Flotte zu präsentieren. Auch wenn weiterhin das Büfett-Konzept charakteristisch für Aida ist, so sind die zuzahlungspflichtigen Spezialitätenrestaurants alles andere als

Fischspezialist und Aida-Mar-Rossini-Küchenchef Stefan Barnhusen beim Anrichten der liebevoll präsentierten Teller.

DIE FAKTEN
AIDA MAR

★★★

BEWERTUNGSPUNKT 415

Baujahr	2012
BRZ	71.304
Länge	253,3 m
Breite	32,3 m
Decks	12
Passagiere	2.580
Crew	607
Passagiere/Crew	4,3 : 1
Passagiere/Raum	27,6

Bordsprache Deutsch

Dresscode sportlich, leger

Restaurants/Bars 7/12

Pools/Whirlpools 3/5

Kabinen Moderne, komfortable Kabinen, davon 499 Balkonkabinen mit 17,5m² bis 23m², Suiten von34m² bis 87m², größtenteils mit privatem Sonnendeck und 39 Spa-Kabinen jeweils mit eigener Hängematte. Innenkabinen mit 13,5m², Außenkabine mit 14,5m² bis 16,5m². Alle verfügen über Dusche/WC, Flachbildschirm-TV mit Fernseh-, Film- und Musikangeboten, Fön, Safe, Bademantel.

Highlights Wellnessbereich über zwei Decks; großes Fitnessstudio mit Panoramablick; exklusiv für Aida Mar entwickelte Tanz-, Gesang- und Akrobatik-Show „Kauri".

Info www.aida.de

Trend 2015 Von Hamburg aus 7 Nächte nach Großbritannien, Frankreich und Niederlande ab 725 Euro.

Italien

Stiefkinder. Das bordeigene Gourmetrestaurant Rossini, das es auf allen Schwesternschiffen gibt, wird auch von angesehenen Genussfibeln wie dem renommierten Restaurant- und Hotelführer Gault Millau für seine Küche gewürdigt. Das Rossini der Aida Stella beispielsweise erhielt eine Haube, vierzehn Punkte und drei Bestecke im Gault Millau 2014.

AUTHENTISCHER GESCHMACK

In der ebenfalls zuzahlungspflichtigen Sushi-Bar erlebt man den authentischen Geschmack, zumal ein japanischer Sushi-Meister hinter dem Tresen steht und vor den Augen der Gäste rohen Fisch frisch aufschneidet, Reisrollen formt und alles liebevoll in unnachahmlicher Perfektion anrichtet. Wenn die Aida Prima im Herbst nächsten Jahres zu ihrer Jungfernfahrt von Japan über Südkorea, China, Taiwan und Vietnam westwärts bis nach Hamburg fahre, biete sich eine Gourmetreise mit asiatischem Schwerpunkt im Sushi-Restaurant an, so Flotten-Küchenchef Günther Kroack.

Das Buffalo Steak House ist auch ohne Gourmetreise und Fleischsommelier für Genießer der richtige Ort. Vor allem auch, weil die Reederei nach eigenen Angaben für alle Steakhäuser an Bord der Flotte lediglich mit der Ausnahme des Berkshire-Kotelett alle Fleischprodukte von Otto Gourmet bezieht. Auch für die Rossini-Restaurants werden laut Reederei viele Artikel von Otto Gourmet eingesetzt, so zum Beispiel Spezialitäten wie Schwarzfederhuhn, Limousin-Lamm und Iberico-Schwein. Selbst im 24-Stunden-Lokal „California Grill" sind die Buletten alles andere als billiges Fast Food. Denn die Hackfleisch-Rundlinge für die Hamburger stammen ebenfalls aus dem Hause Otto Gourmet. Und das schmeckt man.

2015 ENTDECKEN SIE
KREUZFAHRT NEU
www.aida.de/neuegeneration
LIEBE
ist unsere wichtigste Zutat.
Kochen mit Leidenschaft, beste Qualitätsprodukte und regionale Zutaten – so lautet das Geheimrezept unserer Köche für besondere Geschmackserlebnisse, wie man sie nur bei AIDA findet.
Einmalig. Immer wieder.
AIDA
www.aida.de

Spannende Workshops mit den Gourmet-Experten in der Kochschule an Bord.

HAPAG-LLOYD KREUZFAHRTEN

GENUSSHANDWERKER

Mit kulinarischen Events hat sich Hapag-Lloyd Kreuzfahrten in den vergangenen Jahren auch jenseits der Kreuzfahrtbranche einen Namen gemacht. Mit den „Genusshandwerkern" an Bord der Europa 2 präsentiert sich jetzt eine ganz neue Reihe, die auf dem Flaggschiff mit seiner Kochschule zuhause ist.

Dem Gourmetprofi über die Schulter schauen, Tipps und Tricks aus erster Hand erlangen und interessante und wissenswerte Details über die Zubereitung erstklassiger Lebensmittel erfahren: Diese Möglichkeit bietet sich den Gästen auf dem Fünf-Sterne-Eliteschiff von Hapag-Lloyd Kreuzfahrten bei der „Perfect Meat Academy" oder den Themen Käsespezialitäten, Sylter Meersalz, Chutneys und Gewürze oder auch Eis. Spezielle Kochkurse für Kinder bietet Fernsehköchin Sarah Wiener an.

Wer Lust verspürt, während seiner Reise auch selbst den Kochlöffel zu schwingen, kann einen Kochkurs in der Kochschule auf Deck 9 besuchen. Unter der Leitung unserer erfahrenen Küchenchefs erlernen die Teilnehmer die Zubereitung eines mehrgängigen Menüs, passend zur Küche der bereisten Region. Außerdem finden Kochkurse zu Themen wie beispielsweise Sushi, Trüffel oder Gänseleber statt.

Die Crew der Europa 2 ist rund um die Uhr für den Gast da.

Die Kochkurse finden auf jeder Reise in Gruppen von bis zu acht Personen in der Vormittagszeit statt und können alternativ zu Landausflügen gebucht werden. Die Teilnahme kostet 80 Euro pro Person, inklusive begleitender Weine, einer Kochschürze und der Rezepte.

EIS UND PIZZA FÜR KINDER

Dass ein Besuch in der Kochschule mit sehr viel Spaß verbunden ist, erlebt man auch auf den Familienreisen: Einmal pro Reise finden sich zahlreiche Kinder am Herd ein, wenn das beliebte Pizzabacken auf dem Programm steht. Alle Kinder helfen bei der Zubereitung ihrer eigenen Pizza und im Anschluss wird gemeinsam gegessen.

Passend zur Route entlang der malerischen Mittelmeerküste wird gleich auf zwei Kreuzfahrten „Bella Italia" auch an Bord zelebriert: Die Eisexperten von Giovanni L. verraten sowohl den erwachsenen als auch den jüngeren Gasten, wie bestes italienisches Eis zubereitet wird.

Meister ihres Fachs: Die Eismänner von Giovanni L. und Fernsehköchin Sarah Wiener.

Auf der Atlantiküberquerung vom 25.11 bis 07.12.2014 lernen Gäste von Alexandro Pape Wissenswertes und Interessantes über die Gewinnung und Herstellung von Sylter Meersalz, dem ersten Salz das ganz natürlich aus Nordseewasser gewonnen wird. Spirituosen-Experte Jürgen Deibel begleitet die Reise von Miami nach Caracas im Januar 2015 und weiht die Gäste in die Geheimnisse des Rums ein. Auf einer Kreuzfahrt von Salvador de Bahia nach Miami vom 1.3. bis 18.3.2015 lernen Gäste in der „Perfect Meat Academy" mit Wolfgang Otto von Otto Gourmet unter anderem die professionelle Verarbeitung verschiedener Fleischsorten kennen.

FLÜSSIGER GENUSS

Auf einer Kreuzfahrt entlang der Kanaren und Azoren im Juni 2015 wartet ein ganz besonderes kulinarisches Highlight auf die Gäste der Europa 2: Riccardo Asti und Stefan Metzner vom Restaurant „Marais Soir" laden zu Genusshandwerker-Workshops zum Thema Sherry in die Kochschule ein. Der Koch und der Sommelier sind die Gewinner des deutschen Vorentscheids der Copa Jerez 2014/2015 und widmen sich an Bord gemeinsam mit den Gästen den Geheimnissen des südspanischen Weins.

Der internationale Sherry-Wettbewerb Copa Jerez rief in diesem Jahr bereits zum sechsten Mal deutsche Köche und Sommeliers zum kreativen Foodmatching auf. Gefragt sind dabei Ideen, die im Duo kreiert werden und die Sherry als idealen Begleiter zu Gerichten und Menüfolgen und für die Zubereitung kulinarischer Köstlichkeiten darstellen. Während der Endrunde des deutschen Vorentscheides am 17. September in Köln traten drei Zweierteams gegeneinander an und präsentierten der Jury ihre Menüs, die in der Vor-, Haupt- und Nachspeise mit unterschiedlichen Sherry-Sorten angereichert wurden. Das internationale Finale, an dem dann auch Riccardo Asti und Stefan Metzner teilnehmen werden, findet am 26. Mai 2015 in Jerez/Spanien statt.

Für Weinkenner und -genießer gibt es auf der Europa 2 auch ein festes kulinarisches Highlight. Im „Grande Réserve", einem der sieben Restaurants an Bord, erwarten die Gäste edle Tropfen und echte Raritäten mit korrespondierenden Speisen. Hier bestimmt die Auswahl der Weine, welche kleinen Gerichte dem Gast dazu serviert werden. Zudem bietet das „Grande Réserve" Weinverkostungen im exklusiven Rahmen von maximal zwölf Personen an.

Der Sommelier der Europa 2, Florian Sender, veranstaltet die Weinverkostungen an Bord im „Grande Réserve". Für jede Verkostung stellt er unterschiedlichste Weine zusammen, denn die Auswahl ist groß: „Insgesamt befinden sich an Bord circa 19.000 Flaschen und etwa 450 verschiedene Positionen aus 14 unterschied-

Zimmer mit Aussicht: im „Grande Réseve" werden feine Degustationsmenüs serviert (oben). In der Kochschule greifen die Gäste selbst zu Messer und Löffel (unten).

Weinverkostung mit Sommelier: Erstklassiger Service ist auf der Europa 2 selbstverständlich.

lichen Ländern. Da sind der Kreativität und neuen Ideen für die Verkostungen keine Grenze ngesetzt", so der Sommelier.

Die Weine und Champagner lagern auf Deck 2, da hier die Schiffsbewegung sehr gering ist. Unter ihnen befinden sich auch Weinraritäten und ganz besonders edle Tropfen. „Der teuerste Wein, der sich an Bord findet, ist der 2008 Romanée St. Vivant Domaine Romanée Conti aus Frankreich, Burgund für 1.413 Euro. Die Preisspanne ist aber groß – so gibt es einen sehr guten Wein auch schon für 25 bis 30 Euro, zum Beispiel Grüner Veltliner Kamptaler Terrassen 2011 vom Weingut Bründlmayer für 29 Euro. Bei der Champagnerauswahl führen wir neben großen, bekannten Marken auch sogenannte Winzertropfen, die nur in kleinen Mengen produziert werden und sich ebenfalls durch eine hohe Qualität auszeichnen", so Florian Sender.

FUSSBALLSCHULE AUF SEE

MSC KREUZFAHRTEN UND DER HAMBURGER SV MIT EINER TOLLEN ALTERNATIVE ZUR KINDERANIMATION

In der Amsterdam Arena lauschen die Kinder gespannt den Ausführungen des Ajax-Ultras, der die Besucher führt.

Der wummernde Beat von Aviciis „Levels" aus den Boxen der L`Ametista-Lounge der MSC Magnifica wird nur übertroffen von den Begeisterungsstürmen der zuschauenden Kinder und Jugendlichen. Auf der Bühne zeigt Fußball-Freestyler Florian Halimi seine akrobatischen Tricks, macht Handstand und lässt den Ball auf der Sohle rotieren, hält die Kugel im Liegen, Sitzen, Stehen sicher hoch; beidfüßig, mit Knie, Hacke, Schenkeln, Brust, Stirn oder Schultern. Das runde Leder kreist minutenlang um seinen Körper, scheint an den Gliedmaßen zu kleben, tropft kontrolliert ab, aber berührt nie den Boden. Am Ende der Vorführung gibt es tosenden Applaus, doch vor der Zugabe wird es ganz still.

Denn der Freestyle-Profi will „Dreimal um die Welt" zeigen, einen Trick mit höchstem Schwierigkeitsgrad, den der geniale Spielmacher des FC Barcelona und Weltfußballer der Jahre 2004 und 2005, der Brasilianer Ronaldinho, einst in der einfachen Version erfunden hat. Dabei wird der Ball hochgespielt und der Fuß kreist nicht nur einmal wie bei Ronaldinho, sondern gleich dreimal rund um die Pille, bevor das Spielgerät zum

Schluss wieder am Fuß klebt. „Das ist so schwierig, das können nur ganz wenige. Selbst auf You Tube findet man das nicht", schwärmt der neunjährige Nico. Und so scheitert Florian Halimi auch die ersten beiden Male, bevor der dritte Versuch gelingt und der Jubel kein Ende nehmen will. Eine gelungene Überraschung und ein toller Abschlussabend des ersten HSV-Fußballcamps auf See, das gemeinsam mit Sponsoring-Partner MSC Kreuzfahrten durchgeführt wurde.

Drei Tage zuvor waren 22 Kinder, darunter fünf Mädchen, im Alter von sechs bis zwölf Jahren gespannt und voller Vorfreude mit ihren Eltern an Bord der MSC Magnifica gegangen. Für 299 Euro pro Teilnehmer warteten auf die Sechs- bis Zwölfjährigen neben der Kreuzfahrt drei Tage Fußballtraining an Bord, eine Stadionführung durch die Amsterdam Arena von Ajax und das Auftakttraining am HSV-Stadion im Volkspark inklusive Einkleidung durch die HSV-Fußballschule sowie Umkleiden in der Kabine der Gastmannschaft, wo sich sonst Bundesligastars wie Neuer, Götze, Lewandowski oder Reus auf ihr Gastspiel in Hamburg vorbereiten. Kaum eingeschifft und auf der Kabine angekommen, geht es auch gleich

Die 52.960 Zuschauer fassende Amsterdam Arena war eines der ersten Stadien mit verschließbarem Dach und ist mit 77 Metern bei der obersten Sitzreihe außergewöhnlich hoch, weil das Stadion über eine Schnellstraße und Parkhäuser gebaut wurde.

weiter. Vor dem Terminal wartet ein Bus, um Kinder und Eltern zur HSV-Arena zu bringen. Wie bei einer Bundesligamannschaft endet die Fahrt in der riesigen Bushalle des Stadions, wo bereits die drei Trainer der HSV-Fußballschule warten, die mit auf Kreuzfahrt gehen. Mit Dennis Tornieporth ist einer dabei, der gemeinsam mit Alexander Laas zum HSV kam, als das größere Talent galt und kurz vor dem Sprung in die Bundesligaelf des HSV stand. Für die Mädchen ist speziell die 23-jährige Nadine zuständig, die in der Regionalliga aktiv ist, sowie als dritter Trainer, der Trickfußballer Florian.

Die Kinder sind schon beim Aussteigen aufgeregt, trippeln ungeduldig in die sogenannte „Mixed Zone" zwischen Kabine und Stadioneingang, wo die Medien nach Bundesligaspielen vor der Sponsorentafel Interviews führen. Ein paar ganz Mutige gehen ein paar Schritte weiter, linsen durch den Spielertunnel auf das Grün im Stadion: „Guck mal, hier laufen die Mannschaften ein", zeigt der siebenjährige Luis seinem Papa. „Da möchte ich auch mal bei sein, wenn die vor dem Spiel mit den Kindern einlaufen. Das ist doch toll, vor so vielen Fans im Stadion." Der Nachwuchsfußballer vom Lüneburger SK ist großer HSV-Fan, vor allem Rafael van der Vaart hat es ihm angetan, und war sogar schon mehrfach als Zuschauer im Stadion."Ich freu mich besonders auf die Führung nachher, da kommen wir bestimmt auch in die HSV-Kabine und zum Spind von van der Vaart." Aber erst mal gibt es kurze Willkommensansprachen. Die Kinder stehen in Trainingsanzügen im Kreis, die Namen größerer Vereine wie TB Harburg, Eintracht Hameln oder Lok Stendal sind zu lesen, aber auch die kleinerer Klubs wie TVS Legelshorst, BW Borssum und SG Jößnitz. Der HSV hat im Norden und Osten Deutschlands ein riesiges Fanpotenzial und die Fußballschule zieht den Nachwuchs an.

Das Mindestalter für eine Teilnahme beträgt sechs Jahre. Um die körperlichen und technischen Unterschiede nicht zu

Jedes Training beginnt mit gezielten Aufwärmübungen.

BESUCH BEI DEN PROFIS

groß werden zu lassen, liegt die Obergrenze bei 13 Jahren. Im Training auf dem Kunstrasenplatz an der Arena, gleich neben dem Trainingsplatz der Profis, werden die Kinder in zwei Altersgruppen eingeteilt. Nach dem Aufwärmen werden Technikübungen vorgenommen, Passen, Dribbeln, Annehmen, bevor lockere Spielchen wie fünf gegen zwei und ein Abschlusskick durchgeführt werden. Nach dem Duschen folgt die Stadionführung und ein besonderes Bonbon: Autogramm-, Foto- und Fragestunde mit HSV-Verteidiger Dennis Diekmeier. Wie wird man Fußball-Profi? Wie oft trainierst du? Ist René Adler nett? Warum spielst du nicht in der Nationalmannschaft? Wieso verliert der HSV in letzter Zeit immer, wollen die Kinder von dem 24-Jährigen wissen, der geduldig alle Fragen beantwortet.

„Ein toller erster Tag mit vielen Eindrücken, unser Junge ist immer noch ganz aufgeregt und total begeistert", meint der Vater des neunjährigen Sascha beim gemeinsamen Abendbrot im Büfettrestaurant an Bord. Gemeinsame Essen sind kein Zwang, sondern ein Angebot. Nur die Trainingszeiten von 10–12 und von 14–16 Uhr sowie Taktik- und Fragestunde von 17–18 Uhr sind festgelegt. Und in den nächsten beiden Tagen des Camps wird ein Großteil der Familien ihren eigenen Rhythmus leben und nur noch wenige essen zusammen. Zur Abfahrt des Schiffes stehen aber fast alle noch gemeinsam an der Reling

Auch die Kleinsten sind auf dem Kunstrasen neben der HSV-Arena mit Feuereifer dabei.

Den Ball flach oder hoch anzunehmen gehört zum Grundrepertoire, muss aber bis zur Perfektion geübt werden.

und schauen auf die malerisch in das Abendrot der untergehenden Sonne getauchte Hamburger Skyline.

Zum Training am nächsten Morgen erscheinen nicht alle pünktlich und Trainer Tornieporth wird erstmals energisch, vor allen Dingen gegenüber den Eltern. Nach dem Aufwärmen werden Pass- und Laufwege trainiert, dann der Torabschluss und unterschiedliche Spielformen und -formationen. Während die MSC Magnifica mit acht Knoten gemütlich auf der Nordsee gen Amsterdam schippert, pfeift hier oben auf Deck 16, gleich neben dem Schornstein, der Wind ganz ordentlich. Der Hartplatz mit kleinen Toren ist rundum mit einem Netz bespannt, sodass Fehlpässe und -schüsse nur zu Ballverlust an den Gegner führen. Immer wieder stehen draußen andere Kinder mit ihren Eltern vor den Netzen des Courts und schauen zu, wie die Teilnehmer des Fußballcamps ihre Übungen absolvieren. „Das ist ja eine prima Alternative für Kinder, hätten wir das vorher gewusst, hätten wir das auch gebucht", sagt eine Mutter, deren Sprössling sehnsüchtig das Training verfolgt. Und die drinnen scheinen besonders stolz zu sein, strengen sich auch bei der Nachmittagseinheit während Übungen und Spielen mächtig an, versuchen möglichst viel zu lernen.

Am Abend haben die Organisatoren noch eine Überraschung parat: Die Techniker der MSC Magnifica haben es hinbekommen, dass für die Teilnehmer des Fussballcamps ab 18.30 Uhr in der Sportsbar das Heimspiel des HSV gegen den VfL Wolfsburg live übertragen wird. Große Begeisterung, bei den Kindern und vor allem Vätern, die bereits zwei Minuten nach Spielbeginn aber einen großen Dämpfer erhält, als Perisic völlig frei vor Adler das 0:1 erzielt. Und nach der 1:3 Niederlage hängen bei den kleinen HSV-Fans die Köpfe fast noch tiefer als bei den Spielern. Gut, dass am nächsten Tag noch ein Highlight der Reise auf dem Programm steht und für längere Spielanalysen keine Zeit ist, weil die Kinder ins Bett müssen.

Statt Training geht es am nächsten Morgen nach dem Anlegen in Amsterdam mit dem Bus zur Spielstätte von Ajax. Die Kinder staunen, wie steil es hinunter geht bis zum Rasen. Später in der Trophäenabteilung, wo all die glänzende Pokale des niederländischen Rekordmeisters und Pokalsiegers strahlen, zeigt der 12-jährige Lennart verwundert auf die Vitrine in der Mitte: „Ich habe gar nicht gewusst, dass Ajax einer von nur vier Vereinen ist, die alle europäischen Wettbewerbe gewinnen konnten." Alle Kinder drängeln sich um die bekannten Trophäen der Champions League, den Pokal der Pokalsieger und den UEFA-Cup, die Amsterdam neben Bayern München, Chelsea London und Juventus Turin in Europa alle in Besitz hat. Und in der Galerie der besten Ajax-Spieler entdeckt Niklas ein bekanntes Gesicht: „Das da ist doch Frank Arnesen, der war doch bis vor Kurzem noch Sportdirektor beim HSV." Der Wechsel ist beim HSV in den vergangenen Jahren eine ständige Konstante. Denn obwohl das Fußballcamp auf See von HSV-Seite als großer Erfolg und von Michael Zengerle, Geschäftsführer MSC Kreuzfahrten, als „Volltreffer" gewertet wird, wird die Zusammenarbeit in der nächsten Saison nicht fortgesetzt, so HSV-Vorstand Joachim Hilke: „Über die längere Zusammenarbeit haben sich für MSC entsprechend viele Zielvorgaben erfüllt, sodass diese Sponsorships aktuell an andere Partner vergeben wurden. Wir wissen um die Möglichkeiten des besonderen Zusammenspiels zwischen Reedereien und dem HSV, nicht zuletzt vor dem Hintergrund der gemeinsamen Heimat, und werden auch bald wieder einen Partner

VOLLTREFFER

aus diesem Segment präsentieren." In Deutschland war MSC zunächst in Süddeutschland engagiert, bevor der HSV in den Fokus rückte, so Zengerle: „Hamburg ist unser wichtigster Hafen in Deutschland, vor Kiel und Warnemünde. Daher stationieren wir dort im Sommer 2015 auch unsere MSC Splendida – sie wird dann das größte Passagierschiff in der Hansestadt sein. Wegen dieser großen Bedeutung Hamburgs für uns hatten wir uns dazu entschieden, ab der Saison 2012/13 den HSV zu sponsern."

Beim Abschlusstraining an Bord wird nur gespielt und dabei besonders auf die zuvor einstudierten Pass- und Laufwege geachtet. Die fußballerischen Fortschritte sind schon nach drei Tagen intensiver Trainingsarbeit zu erkennen und Trainer Tornieporth freut sich: „Es war etwas ganz Besonderes, ganz oben auf dem Deck und mit Blick aufs Meer zu trainieren. Die Kinder haben toll mitgezogen und an Bord einiges dazu gelernt. Das war eine schöne Reise und die Gruppe ist schnell zusammengewachsen."

Für die Kinder ging die Zeit viel zu schnell vorbei, fast alle sind beim Abschlussabend in der L´Ametista-Lounge traurig, dass am nächsten Tag kein Training, sondern die Heimreise ansteht. Den siebenjährigen Lasse kann auch die von den Trainern ausgeteilte Tüte mit viel HSV-Merchandise wie Schokoladenbällen, Aufklebern, Chips, weichen Fußbällen oder Stiften nicht richtig trösten: „Das war was ganz Besonderes, das kann ich nach den Ferien allen in der Schule erzählen. Ich finde es nur blöd, dass das Fußballcamp so kurz war."

Nach dem Training ist vor dem Schiff: Die erste Einheit im Volkspark ist absolviert, jetzt geht das Fußballcamp auf der MSC Magnifica weiter.

MSC KREUZFAHRTEN

LÄNGER, EFFIZIENTER, KOMFORTABLER

Verlängerung der MSC Armonia ist Startschuss zum Renaissance-Programm

Die MSC Armonia liegt Seite an Seite mit dem neuen Zwischenstück. Klar zu erkennen sind die einzelnen Decks.

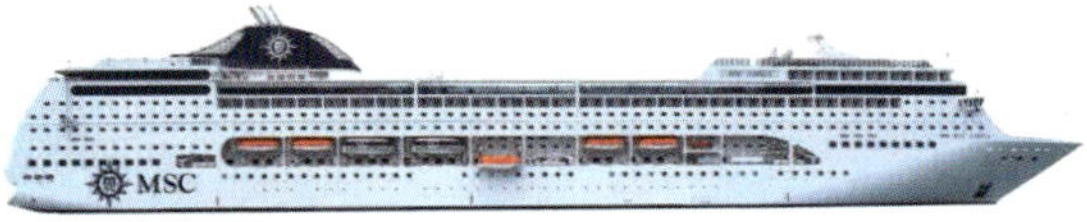

DAS RENAISSANCE-PROGRAMM

Die vier Schiffe der Lirica-Klasse wurden zwischen 2003 und 2005 auf der STX-Werft im französischen Saint-Nazaire gebaut. Sie sind derzeit 251 Meter lang, haben eine Größe von 60.000 BRZ und bieten bis zu 2.087 Gästen Platz. Nach dem Umbau werden die Schiffe 275 Meter lang sein, bei einer Größe von 65.000 BRZ. Mit je 193 zusätzlichen Passagierkabinen können sie dann bis zu 2.680 Passagiere befördern. Auch 59 neue Kabinen für die Crew werden auf den unteren Decks ergänzt. Mit dem 200-Millionen-Euro-Projekt hat MSC Kreuzfahrten das größte italienische Schiffbauunternehmen Fincantieri beauftragt. Der Umbau der MSC Armonia, MSC Lirica, MSC Sinfonia und MSC Opera soll 2015 abgeschlossen sein.

„Wenn unsere vier Schiffe der Lirica-Klasse nach insgesamt 38 Wochen im Trockendock wieder zu Wasser gelassen werden, erhalten wir komplett neue Schiffe mit zahlreichen komfortablen Extras", sagt Gianni Onorato, Chief Executive Officer von MSC Kreuzfahrten. „Das „Renaissance-Programm" stellt ein großes Investment dar und unterstreicht einmal mehr unser Bestreben, unseren Gästen höchstmöglichen Komfort, modernste Technologien und permanente Produktneuheiten zu bieten. Durch dieses Programm machen wir unsere ohnehin schon für Stil und Eleganz bekannte Flotte noch wettbewerbsfähiger."

Das Investitionsvolumen ist vollständig durch SACE, Italiens staatliche Exportkreditversicherung, abgesichert. „Wir freuen uns, Fincantieri wieder einmal unterstützen zu können", so Alessandro Castellano, Chief Executive Officer von SACE. „Damit erkennen wir auch die hohe Qualität der italienischen Schiffbauindustrie an und zeigen, dass wir für die Zukunft dieses wichtigen Industriesektors äußerst optimistisch sind. Wir sind stolz darauf, zur Finanzierung dieses Projekts beizutragen und damit auch die Arbeitnehmer von Fincantieri und deren Zulieferer zu unterstützen."

ZEITPLAN

MSC Armonia
31. August - 17. November 2014

MSC Sinfonia
12. Januar - 16. März 2015

MSC Opera
2. Mai - 4. Juli 2015

MSC Lirica
31. August - 9. November 2015

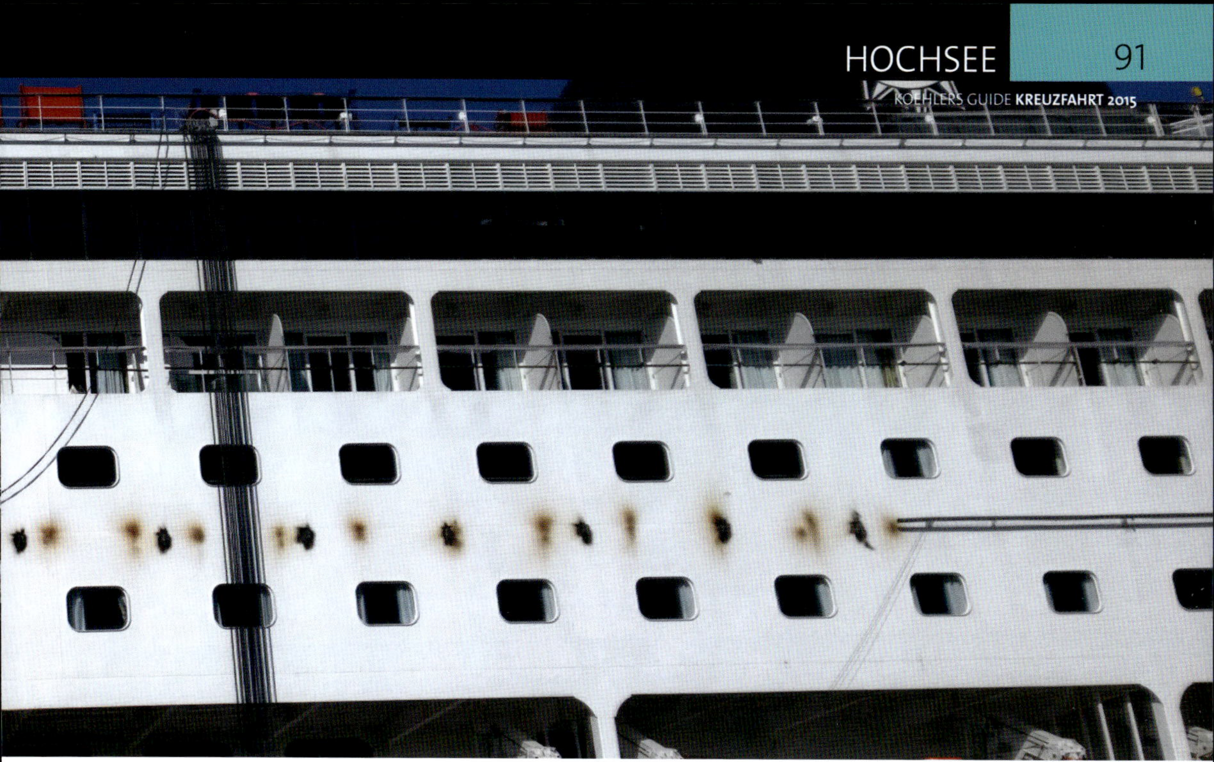

Am 11. September 2014 hat in Palermo die Verlängerung der MSC Armonia begonnen, die als erstes von vier Schiffen der Lirica-Klasse im Rahmen des „Renaissance"-Modernisierungsprogramms umgebaut wird. Auf der Fincantieri-Werft wurden nach der Ankunft des Schiffes Ende August zunächst die Aufbauten auf dem Pool-Deck entfernt und das Schiff in der Mitte in zwei Hälften zerteilt. Nach erfolgreichem Abschluss dieser Arbeiten ruhte die Bug-Sektion auf Hydraulikwagen, die über Schienenelemente die beiden Schiffsteile auf 30 Meter auseinander bewegen. In den dadurch entstandenen Zwischenraum wird die neue, 24 Meter lange Mittelsektion eingesetzt, die schon im hinteren Teil des Trockendocks auf ihre Platzierung wartet.

Die Trennung ist der entscheidende Meilenstein im Rahmen dieses Großprojekts. Umfangreiche und präzise Vorarbeiten waren notwendig, um die Trennung des Schiffs perfekt vorzubereiten: Die Stahlschneidearbeiten liefen bereits am 2. September mit dem Markieren der Schnittlinie an. Am 3. September wurden die elektrischen Systeme der MSC Armonia abgeschaltet. Am 8. September endeten die Schneidearbeiten, bevor am 10. September die Trennung begann. Gleichzeitig werden weitere Kabinen mit Balkonen ausgestattet, die an der Außenwand angeschweißt werden.

Durch den Umbau der MSC Armonia werden auch deren Umweltdaten signifikant verbessert. Eine spezielle Behandlung der Rumpfoberfläche minimiert den Wasserwiderstand und spart dadurch Treibstoff. Zudem wird zukünftig in allen Gemeinschaftsbereichen LED-Technologie eingesetzt, die einen deutlich niedrigeren Energieverbrauch mit sich bringt. Darüber hinaus wird auf der MSC Armonia ein Antrieb mit einem Frequenzumrichter für variable Drehzahlregelung eingebaut, ein energiesparendes System, das den Stromverbrauch des Schiffes durch flexible An-

Auf Schienen: Der mächtige Bug der MSC Armonia wird im Laufe der Verlängerung um 30 Meter bewegt.

Gespannt verfolgen die Techniker von MSC Kreuzfahrten, wie sich Bug und Heck Meter für Meter auseinander bewegen.

PRÄZISION IN PALERMO

Spannende Einblicke: Die Erweiterung des Maschienenraums auf den unteren Decks ist klar zu erkennen.

passung an verschiedene Betriebszustände deutlich reduziert. Weiterhin lässt MSC durch seinen Schiffsschrauben-Lieferanten ein neues Propellerblatt-Design erproben, das die Energieeffizienz noch weiter verbessern und dadurch den Verbrauch zusätzlich senken wird.

Emilio La Scala, Direktor der Technischen Abteilung von MSC Cruises, erläuterte vor Ort: „MSC Cruises plant schon seit längerer Zeit ein Modernisierungsprogramm in dieser Größenordnung. Wir wollten damit aber nicht beginnen, bevor wir den besten Partner in der Schiffsbaubranche ausgewählt hatten. Denn wir wollen unsere Schiffe nicht nur vergrößern, sondern sie auch mit hohen Standards in Sachen Technologie, Sicherheit und Nachhaltigkeit ausstatten. Fincantieri hat das Know-how und die Erfahrung für die Durchführung eines so umfangreichen Projekts und kann so unsere hohen Anforderungen in jeder Hinsicht erfüllen. Die lange partnerschaftliche Zusammenarbeit mit Fincantieri hat sich bereits bei verschiedenen Wartungs- und Umrüstungsprojekten an unseren Schiffen bewährt."

NEUE ANGEBOTE AN BORD

Im Zuge der Umbauarbeiten erhält die MSC Armonia 193 zusätzliche Kabinen. Darüber hinaus werden weitere Bereiche

OPERATION IN SECHS WOCHEN

Neben dem Zwischenstück erhält die MSC Armonia auch Balkone an einigen Außenkabinen.

Exakt fügt sich die neue Sektion in das Schiff ein. Nicht die erste Arbeit dieser Art. Auf der Werft wurden schon zahlreiche Fähren verlängert.

des Schiffes neu ausgestattet, um den Komfort sowie die Unterhaltungs- und Serviceangebote an Bord zu erweitern. Das verlängerte Schiff wird zum Beispiel einen neuen Baby Club anbieten, der gemeinsam mit dem Partner Chicco entworfen und gestaltet wurde. Außerdem wird es Angebote für Kinder und Jugendliche geben. Feinschmecker können 20 Stunden am Tag im Buffet-Restaurant das reichhaltige Angebot genießen. Im Rahmen der Modernisierung werden zudem ein neuer Lounge-Bereich eingerichtet sowie das Hauptrestaurant erweitert. Die MSC Armonia erhält überdies eine neue Bibliothek. Als besonderes Highlight des modernisierten Schiffes lädt ein neuer Wasserpark mit Wasserspielen an Deck zum Baden ein.

Nach Ende der Umbau- und Renovierungsmaßnahmen geht die verlängerte MSC Armonia im November auf ihre zweite „Jungfernfahrt" von Genua nach Las Palmas auf den Kanarischen Inseln.

Die Albatros: Stapellauf in Finnland, in Bremerhaven verlängert, bei Blohm & Voss umgebaut, seit 2010 Phoenix-TV-Star.

VERRÜCKT NACH MEER

25 JAHRE PHOENIX SEEREISEN

Die Geschichte liest sich wie eine Familiensaga, doch die Protagonisten sind weder verwandt noch verschwägert. Da wird eine Geschäftsidee entfaltet, mit Initiative und Engagement von Mitarbeitern gebündelt und spontan umgesetzt. Der Erfolg konnte in diesem Jahr gemeinsam gefeiert werden. Seit 25 Jahren auf See!

Vielleicht braucht es im Leben eines erfolgreichen Geschäftsmannes diese eine zündende Idee, diesen glücklichen Zufall. Für den Reeder Peter Deilmann war es einst vielleicht Kauf und Verkauf der Regina Maris, für Johannes Zurnieden, den Gründer von Phoenix Reisen, die Maxim Gorkiy.

Die Seereisen-Enthusiasten von 1989 ahnten die Erfolgsgeschichte noch nicht. Viele Mitarbeiter der ersten Stunde aber bleiben dem Unternehmen treu und feiern 2014 das 25-jährige Bestehen.

Phoenix Reisen etabliert sich im aufblühenden Tourismusgeschäft der 1980er Jahre mit Flug-, Städte- und Rundreisen, mit ersten Fährkreuzfahrten. Mit den TV-Traumschiffen eröffnet sich damals ein neues Geschäftsfeld. Dampfer der guten Laune schippern über die Bildschirme, erreichen Millionen in ihren Wohnstuben und bald zeigen Buchungszahlen, dass dieser Trend eine neue Ära einläuten könnte. Klassische Kreuzfahrten verlieren den Nimbus des Elitären, werden erschwinglich und überaus beliebt.

Die Maxim Gorky ist in den 1970er Jahren unter Neckermann-Flagge eines der beliebtesten deutschen Kreuzfahrtschiffe. 1969 als TS Hamburg in Dienst gestellt, wird sie bald von den Sowjets übernommen. Als ihr die sowjetische Flagge am Heck aufgrund der politischen Großwetterlage Probleme in US-amerikani-

Flottenparade beim Dreifach-Anlauf in Bremerhaven.

AMADEA, ALBATROS, ARTANIA: DIE DREI PHOENIX-LADYS

schen Häfen bereitet, will der Charterer aussteigen. Phoenix Reisen steigt ein, erhält den Deutschen ihr Lieblingsschiff und profitiert ebenso von Stammgästen, die dem gemütlichen Dampfer die Treue halten, wie von loyalen Mitarbeitern, die gern an Bord bleiben und ihren Job gut machen. Darunter ist auch Kreuzfahrtdirektor Winfried Prinz. Die Maxim kreuzt weitere 20 Jahre für Phoenix auf Erfolgskurs. Selbst eine Havarie im Eismeer vor Spitzbergen, die für alle Beteiligten glimpflich ausging, bringt sie nicht vom Kurs ab. Bis 2008 werden 35 Weltreisen in ihrem Logbuch eingetragen.

Der neue Bonner Seereisen-Veranstalter nimmt schnell weitere Schiffe unter Vertag. Akdeniz, Jason und Carina bleiben nur kurz in der Flotte. Alexander von Humboldt, Albatros (I&II), Amadea und als jüngster Zugang Artania aber setzen die Erfolgsgeschichte bis heute fort. Die Artania, 1984 bei Wärtsilä in Helsinki vom Stapel gelaufen, wird nach umfangreichen Umbauarbeiten 2011 in Hamburg als Phoenix-Charter auf ihren neuen Namen getauft. Taufpatin ist Maggy Pfingsten-Brohm. Sie tritt damit in die Fußstapfen von Diana, Princess of Wales. Die Königliche Hoheit taufte das Schiff 1984 in Southampton vor ihrer Jungfernfahrt auf den Namen Royal Princess. Maggy Pfingsten-Brohm ist

Johannes Zurnieden ist maßgeblich beteiligt am Erfolg der deutschen Kreuzfahrt. Seine Schiffe schippern rund um den Globus, soziales Engagement gehört zu seiner Unternehmensphilosophie.

Die Artania erhält 2014 auf der Lloyd Werft nicht nur ein Facelift, sondern auch leistungsstärkere Maschinen.

PERSÖNLICH, FAMILIÄR – DER RICHTIGE KURS SEIT 25 JAHREN

Schiffstaufe der Artania 2011 in Hamburg, ein Familienfest. Festredner Michael Schulze begrüßt mit Taufpatin Maggy Pfingsten-Brohm die Phoenix-Mitarbeiterin der ersten Stunde.

Phoenix-Seereisen-Mitbegründerin und seit 26 Jahren in der Crew im Heimathafen Bonn die gute Seele. Sie sagt dazu: „Die gute Seele" von Phoenix Reisen zu werden ist sehr einfach, denn es wird einem nicht schwer gemacht. Wo nette Kolleginnen und Kollegen miteinander arbeiten und gemeinsam einen Traum verwirklichen, ist es einfach, sich wohlzufühlen und ein zweites Zuhause zu finden. Seit über 40 Jahren macht Phoenix Reisen das Schönste, was es gibt – Urlaub – und seit über 25 Jahren sind wir mit einem wunderschönen Kreuzfahrtprogramm auf dem deutschen Markt etabliert. Ich fühle mich hier wohl und das merkt man mir sicherlich auch an. Viele sind seit etlichen Jahren im Unternehmen, „gute Seelen" haben wir daher einige im Haus, und ich freue mich sehr, eine davon zu sein.

Sie sagt, Phoenix sei zwar gewachsen, aber dennoch geerdet und seiner Philosophie treu geblieben. Dies und die familiäre Bande, das freundschaftliche Miteinander im Team, an Land wie an Bord, das viele der langjährigen Mitarbeiter gern beto-

Gemeinsam mit Geschäftsführer Benjamin Krumpen, seit 1996 bei Phoenix, freut sich die Bonner Land-Crew bei der Taufe der Artania 2011 auf die Zukunftsperspektiven.

nen, scheint das Erfolgsrezept zu sein. Die Albatros, auf der man sich geborgen fühlen, unangestrengt und gelassen den Urlaub genießen soll, geht im Winter 2014/15 auf Weltreise mit Kurs Panamakanal und Pazifik. Die Artania verlässt Hamburg erst im Dezember. Sie verbringt längere Zeit in der Lloyd Werft Bremerhaven. Sie bekommt neue Hauptmaschinen, Balkone für die Kabinen auf Deck 7 und 8 und natürlich ein Facelift im Innenbereich. Danach umrundet sie Südamerika, während die Amadea, das Flaggschiff der Flotte, zu Weihnachten das Morgenland erreicht und anschließend den Indischen Ozean besucht.

Waren Kreuzfahrtziele unter Palmen, zu Weihnachten und zur besten Sendezeit, bisher das Revier des jeweiligen ZDF-Traumschiffes, hat Phoenix auch das geändert. Seit 2010 wird eine Traumschiff-Doku an Bord der Flotte gedreht und von der ARD ausgestrahlt. Mit über 120 Folgen wurde die Konkurrenz in kurzer Zeit eingeholt, die Fortsetzung ist geplant. „Verrückt nach Meer" zeigt nicht das Drehbuchglück der Schauspieler. Vor der Kamera stehen hier die wirklichen Akteure der Kreuzfahrt. Kapitän Morten Hansen gehört seit der ersten Folge dazu. Auch Kreuzfahrtdirektor Thomas Gleiß ist Landratten inzwischen ein Begriff, und manch stolze Großmutter hat zugeschaut, wie sich der Enkel als Praktikant macht. Als Passagier schaut man sich die Route aus anderem Blickwinkel an. Die Phoenix-Doku-Soap in der ARD ist angesagte TV-Unterhaltung am Nachmittag, ahoi!

PHOENIX SEEREISEN

SEESCHIFFE UNTER PHOENIX-FLAGGE

Maxim Gorkiy
Akdeniz
Jason
Regina Maris
Carina
Albatros (I)
Alexander von Humboldt
Albatros (II)
Amadea
Artania

DAS TRAUMSCHIFF

Dreharbeiten Backstage

ERLEBNISSE EINER TRAUMSCHIFF-KOMPARSIN

Chefhostess Beatrice alias Heide Keller und die Gastkünstlerin alias Katherine Mehrling am Filmset im improvisierten Freiluft-Maskenstudio vor der Deutschland im Hafen von Pare-Pare in Indonesien.

Die Deutschland der Reederei Peter Deilmann ist das vierte ZDF-Traumschiff. Sie fährt seit 1999 als schwimmende Kulisse der Hochsee-Serie. Der Vertrag zwischen Sender und Reederei für Dreharbeiten an Bord läuft noch bis 2017 – Verlängerung nicht ausgeschlossen.

ZUM DINNER MIT SASCHA HEHN

Das ist ein Albtraum! Dabei sind wir auf dem Traumschiff. Denn auf der schwimmenden Kulisse der Seifenoper, der Deutschland der Reederei Peter Deilmann, gehören wir nun selbst dazu. Gedreht wird die berühmteste Szene der Serie: die Abschlussrede von Kapitän Viktor Burger, gespielt von Sascha Hehn. Sowohl im Film als auch in der Realität ist dies der Höhepunkt einer klassischen Kreuzfahrt. Und nun das: Was uns da aus Plastikflaschen in die Sektkelche gekippt wird, sieht aus wie edler Schaumwein, ist jedoch lauwarmer, extrem mit Sprudelwasser verdünnter Apfelsaft. Das ist kein Albtraum. Das ist TV-Realität.

Regisseur Jürgen Tögel stellt sich für alle gut hörbar in den Saal und weist uns in unsere Rolle ein. Reden dürfen wir miteinander – allerdings lautlos. Nicht mit den Gläsern oder Besteck klimpern und möglichst natürlich wirken. Wenn der Kapitän aufsteht, um seine Rede zu beginnen, sollen wir uns ihm zuwenden und gespannt lauschen.

Wir sitzen schon ein paar Minuten, als Sascha Hehn in weißer Kapitänsuniform einläuft. Zwei einsame Komparsinnen sitzen bereits am Kapitänstisch. Zeit für eine Einzelprobe. Gemächlich steht er auf, murmelt zur sprachlichen Aufwärmübung ein paar Belanglosigkeiten und flachst mit den beiden adretten Damen vor sich. Nachdem auch die Kameraeinstellung überprüft ist, setzt sich der schauspielernde Kapitän hin, zieht ein Blatt aus der Tasche und lernt seine Sätze.

Nach und nach erscheinen auch die restlichen Darsteller dieser Szene: Es sind die im Film wichtigsten Mitarbeiter des Kapitäns: Chefhostess Beatrice alias Heide Keller und Schiffsarzt Dr. Sander alias Nick Wilder. Gastschauspielerin Gesine Cukrowski sitzt links neben dem Kapitän. Rechter Hand thront Maria Sebaldt auf einem dicken Kissen, um die

Sein Kommando gilt: Regisseur Jürgen Tögel beim Drehen der Einschiffungsszene (oben). In der Realität wie hier im Film (unten) lädt sich der Kapitän Offiziere und ausgewählte Gäste am Galaabend zu sich an den Tisch im Restaurant Berlin.

Unerlässlich in jeder Folge: Am Ende hält der Traumschiff-Kapitän eine Rede, in der er die dramatischen und romantischen Ereignisse der Reise Revue passieren lässt. Sascha Hehn studiert am Set seine Sätze.

WO FIKTION AUF REALITÄT TRIFFT

Größenunterschiede zu ihren Sitznachbarn auszugleichen.

Eine große Rede hält der Traumschiff-Kapitän nie. Bei der ersten Probe wollen ihm die ersten Sätze auf Anhieb nicht einfallen. Aber eine Souffleuse hilft sofort aus. Beim zweiten Anlauf und bei den ungezählten anschließenden Wiederholungen mit anderer Kamera-Einstellung, veränderter Blickrichtung und Betonung sitzen die wenigen Zeilen: Dass man auf einer Reise in fremde Länder sich selbst kennenlerne. Dass ein Blick in den Spiegel so manche Selbsterkenntnis bringe. Nun blickt er zu seiner Filmpartnerin Gesine Cukrowski hinab. Sie trägt ein atemberaubend feuerrotes Galakleid, blickt allerdings eher traurig als erfreut, als der Redner sie als seinen Schutzengel würdigt.

Wie genau sie ihn gerettet haben soll, erfahren wir nicht. Möglicherweise hängt dies mit einer Szene im Treppenhaus vor der Rezeption an einem anderen Tag zusammen, als wir Hehn in seiner Kapitänsrolle in Freizeitkleidung sehen. Beide Unterarme sind verbunden, Blut sickert bereits durch den Verband. Davor war vermutlich ein lebensrettender Engel im Spiel. Allerdings spielte sich dies an Land ab. Und die Landszenen werden vor oder nach dem Dreh auf dem Schiff aufgenommen.

Die Chefhostess ist die Erfindung des Produzenten Wolfgang Rademann. Das reale Pendant zu Beatrice heißt Helga. Diese Fiktion gibt es auch in der Realität. Ebenso die Eisparade. Diesem optischen Feuerwerk sehen wir nun entgegen. „Und jetzt bitte alle in Richtung der rechten Küchentür blicken“, fordert Regisseur Tögel Schauspieler und Komparsen auf. Mit erhobenem Sektglas in der Hand blicken die einen über ihre rechte, die anderen über ihre linke Schulter. Und sehen überrascht in einen leeren Gang, der an einer verschlossener Tür endet.

Warten auf die verspätete Künstlerin: Chefhostess Beatrice wird ungeduldig, während der gespielte und auch echte Page Czabo Haltung bewahrt.

Nur im Film und vor dem geistigen Auge marschieren nun Kellner und Köche durch die Schiebetür. Jeder balanciert eine der berühmten Baked Alaska auf der Hand, die mit feuersprühenden Wunderkerzen geschmückt sind. Der „Dinnermarsch", der ebenso wie die Traumschiff-Melodie von James Last stammt, ertönt übrigens auch nicht. Es ist mucksmäuschenstill, bis der Regisseur „Und Danke!" ruft und uns aus der freudvollen Erwartungshaltung erlöst. Besagte Eisparade wird nicht für jede einzelne Folge gefilmt. Wir jedoch, die live dabei sind, wie die berühmteste aller Traumschiff-Szenen entsteht, müssen wiederholt freudestrahlend ins Nichts blicken.

Wiederholungen sind unerlässlich beim Drehen. Was gedreht wird, soll sich nach dem Wunsch des Produzenten indes möglichst nicht wiederholen. Der Berliner mit unüberhörbarem Akzent blickt gequält: „Die Wahrheit ist: Mir geht die Welt aus", sagt er und nennt dann doch die Lücken auf der Traumschiff-Landkarte: Korea, Taiwan und Alaska.

Denn Drehort der Bordszenen des Traumschiffs sind nicht etwa ein Studio, sondern die Deutschland. Das war nicht immer so. „Ganz am Anfang der Traumschiff-Folgen vor mehr als dreißig Jahren durften wir nur die Außenszenen auf dem Schiff drehen", erzählt Regisseur Tögel. Innenräume und Kabinen wurden da-

Die Abschlussgala des echten Kapitäns der Deutschland, Andreas Greulich, findet im prunkvollen Kaisersaal statt.

Höhepunkt der Abschlussgala: die Eisparade. Der Einzug der Köche und Servicemitarbeiter mit Eistorte und Wunderkerzen.

CHAMPAGNER GIBT ES NUR IN DER REALITÄT

Mitarbeiter des Hafens und der Hafenbehörde der indonesischen Hafenstadt Pare-Pare verfolgen die Dreharbeiten zur Einschiffung der Gäste des Traumschiffs.

mals im Hamburger Filmstudio nachgebaut. Damals war es noch die Vistafjord. Noch zu der Zeit, als die Berlin das ZDF-Traumschiff war, sei die Reederei auf den Sender zugekommen und habe angeboten, mit auf Reisen zu kommen und auch innen zu drehen. Dabei soll es bleiben. „Ich werde nie wieder zurück ins Studio gehen, das stinkt zu sehr nach Künstlichkeit", sagt Rademann unverblümt. Festgelegt hat er sich emotional und bis 2017 auch vertraglich auf die Deutschland. Auch wenn es immer mehr Kreuzfahrtschiffe gebe, so sei doch keines darunter, das seinen Ansprüchen als perfekte Kulisse genüge. „Die Deutschland ist für mich unersetzlich", so der Produzent. „Sie ist genau das, was ich mir unter einem Traumschiff vorstelle und dem Film das bietet, was ich brauche: warme Töne."

Je länger man sich mit den Traumschiff-Machern unterhält, desto deutlicher wird, wie viel Mühe und Einfallsreichtum erforderlich sind, um eine Traumwelt zu inszenieren. Denn Regen auf dem Traumschiff ist tabu ist. „Wenn einmal der Himmel grau ist oder es regnet, dann schneiden wir in der Totalen das schöne Wetter hinein, das wir vorher oder nachher gedreht haben", verrät Tö-

Gedreht wird selten in den Ländern, in denen die Deutschland festmacht. Die Szene im Hafen soll im südafrikanischen Durban spielen.

gel. „Es gibt viele tolle Schönwetter-Tricks. Bei den Nahaufnahmen beispielsweise stellen wir den Schauspieler vor eine Palme, die wir hell anleuchten. Das wirkt wie Palmenwedel im Sonnenschein."

Der Dreiklang von komisch, dramatisch und romantisch liege allen Folgen zugrunde. Beim Strickmuster hält der Produzent an bewährten Maschen fest: „Das Schiff legt ab, in der Mitte kommen die Geschichten an Land, am Ende Happy End mit Kapitänsdinner und Eisparade." Während der Traumschiff-Kapitän nach der Rede mit seiner Chefhostess, dem Schiffsarzt und ein paar schauspielernden Reisenden anstößt, steht der echte Kapitän mit seinen Offizieren und Abteilungsleitern auf der Bühne im Kaisersaal. Da stehen sie dann aufgereiht hinter ihrem Kapitän: die Chefhausdame, der Chefkoch und die Chefhostess, der Bordarzt, die Staffkapitänin, Kreuzfahrt- und Hoteldirektor, der Zahlmeister und der Leiter der Touristikabteilung. Sie repräsentieren das reale Backstage Deutschland. Und manchmal ist das wahre Leben auch viel besser: Denn angestoßen wird nach der Galarede nicht mit lauwarmer Plörre, sondern mit echtem eisgekühlten Champagner.

Damit dem Zuschauer der Unterschied nicht auffällt, arbeitetet die Filmcrew mit Schnitt-Technik und praktischen Tricks: Auf dem Schild vor der Gangway stehen Ort, Datum und Liegezeit der Fernseh-Realität. Rechts hängt die südafrikanische, links die deutsche Flagge.

360° EXPEDITION

Maximal 114 Passagiere reisen an Bord des Expeditionsschiffes Sea Spirit.

POSEIDON EXPEDITIONS

Durch den größten Fjord der Welt

David trifft Goliath – das kleine Expeditionskreuzfahrtschiff Sea Spirit nimmt Kurs auf den größten Fjord der Welt. Poseidon Expeditions geht im Herbst kommenden Jahres mit dem unter deutscher Bordsprache geführten Schiff auf eine Reise, die von National Geographic zu den „Reisen des Lebens" gewählt wurde. Die Ziele der Route: Island und Ostgrönland sowie der Scoresbysund, das größte Fjordsystem der Welt. Vorbei an Vulkanen und Gletschern dringen die Gäste an Bord der Sea Spirit in Regionen fernab jeglicher Zivilisation vor und erleben so das Abenteuer Expedition pur! „Ideal für Anlandungen in kleinen Gruppen mit Zodiacs", so Nikolay Saveliev, Präsident von Poseidon Expeditions, dem die Erhaltung dieses einzigartigen Ökosystems am Herzen liegt. „Die Arktis und Antarktis bieten eine faszinierende Natur, die unsere Gäste auf dieser Reise hautnah erleben."

www.poseidonexpeditions.de

IM JAHR 2016 IST SCHLUSS

Nordpol-Expedition

„Once in a lifetime“ – dazu zählen Reisen zum Nordpol an Bord des Eisbrechers 50 Years of Victory. Im kommenden Jahr werden die spektakulären Fahrten mit Kurs 90° Null zum letzten Mal angeboten. Der Grund: Der größte und stärkste Eisbrecher der Welt wird dann ganzjährig für die russische Regierung im Einsatz sein. Ob jemals wieder Expeditionskreuzfahrten durch drei Meter dickes Eis bis zum Nordpol angeboten werden, ist offen.

Mit 75.000 PS bricht die 50 Years of Victory das Eis. Gebaut, um die Seewege im Norden Sibiriens insbesondere im Winter für die Handelsschifffahrt frei zu halten, steht das 160 Meter lange Schiff in den Sommermonaten für wenige Woche als Kreuzfahrtschiff der besonderen Art für Expeditionen zum Nordpol zur Verfügung. Maximal 128 Passagiere sind dann nördlicher als jeder andere Mensch der Welt unterwegs. Ausstieg und sogar das Baden im „Nordpol-Meer“ stehen auf dem nördlichsten Punkt der Erde auf dem Programm. Sobald die Instrumente auf der Schiffsbrücke die Position 90° Null anzeigen, stoppen die Maschinen.

HANSEATIC

ZWISCHEN PARADIES UND STEINZEIT

Logbuch einer Expedition in Indonesien und Papua-Neuguinea

Vulkane, die aus dem Meer ragen. Fliegende Fische an Backbord. Trommeln und Tänze zur Begrüßung in abgelegenen Dörfern. Vorstöße in eine spektakuläre Unterwasserwelt. Ausflüge in die Steinzeit. Sektparty unter dem Kreuz des Südens ... Logbuch einer Kreuzfahrt voller Überraschungen und Wunder.

Das Schiff: Die Hanseatic, ein kleines, feines Expeditionsschiff für maximal 184 Passagiere, die das Staunen noch nicht verlernt haben.

Unterwegs in entlegenen Welten: Zum Beispiel im Hafen von Bandaneira auf der gleichnamigen Insel, die zu den Molukken im östlichen indonesischen Archipel gehört. Hier sind noch Bilder und Erlebnisse möglich, die an alte Reisebücher erinnern

Wer staunt hier wen an? Besuch in Kodi auf der kleinen Sundainsel Sumba. Das ganze Dorf war auf den Beinen, als die Passagiere nach Verhandlungen mit den Clan-Ältesten nähertreten durften. Danach wurden wilde Reiterspiele gezeigt.

Das Fahrtgebiet: zunächst der gewaltige indonesische Archipel mit seinen über 17.000 Inseln beiderseits des Äquators. Später auch Papua-Neuguinea und ein Stück Südsee.

POSITION 9° 37' S, 118° 58' E KODI AUF SUMBA

Die Insel Bali, Ausgangsort der Reise, liegt längst achteraus, 231 Seemeilen weiter westlich. Die vorgeschriebene Rettungsübung ist absolviert, ein erster Vortrag in der Darwinhalle galt heute morgen den Komodowaranen, den weltberühmten Riesenechsen auf der gleichnamigen Insel, die morgen angelaufen wird. Luft und Wasser flirren bei 30 Grad, als gegen Mittag die ersten Zodiacs, Schlauchboote für jeweils acht Passagiere, zu Wasser gelassen werden. Das Abenteuer Indonesien beginnt mit einer sogenannten nassen Anlandung: Das Boot setzt sanft vor dem Strand auf, die Expeditionsteilnehmer waten ein, zwei Meter durchs knöcheltiefe Wasser, steigen um in eine rostige Fähre, die von Einheimischen getreidelt wird, und gegenüber in klapprige Busse von nie gesehener bunter Pracht.

Ziel ist das Dorf Kodi. Wie auch in allen anderen Orten, die auf dieser Fahrt besucht werden, muss der Expeditionsleiter erst mit dem Stammesältesten verhandeln, bevor die Kreuzfahrer sich behutsam den Hütten und heiligen Plätzen nähern dürfen. Höchstens 500 Besucher finden jedes Jahr den Weg in diese entlegenen Welten; die Hanseatic ankert etwa alle zwei Jahre für ein paar Stunden vor Sumba.

Malaiische Volksgruppen mit melanesischem Einschlag leben auf Sumba. Sehr alte Traditionen bestimmen ihren Alltag, Ahnenkult, Tieropfer zu Familienfesten. Wilde Reiterspiele werden den Gästen geboten, ein Fest auch für die Einheimischen. Die Männer, die nach alter Sitte

AUFTAKT MIT NASSER ANLANDUNG

Viele Gäste akklimatisieren sich vor der aufregenden Expeditionsreise bei einem entspannten Vorprogramm, zum Beispiel auf der Trauminsel Bali. Trotz langjähriger touristischer Heimsuchung hat sie wenig von ihrem Zauber verloren. Gleich hinterm Strand wird sie ihrem Ruf als Götterinsel und Naturparadies gerecht.

Gut beschützt wie alle anderen Passagiere: Unser Autor Bernd Schiller wird auf Sumba eskortiert, eine willkommene Abwechslung für die örtliche Polizei.

Vor allem auf den kleinen Inseln östlich von Bali lebt noch das ursprüngliche Indonesien. Zum Beispiel im Dorf Riang Pedang auf Flores.

lustvoll ihre Macheten schwingen, feuern die jungen Leute auf den halbwilden Pferden an, Fotomotive ohne Ende.

POSITION 8° 36' S, 119° 31' E KOMODO

Auf der Suche nach den letzten Drachen dieser Erde: Völlig durchgeschwitzt und nahezu atemlos sind die Abenteurer am Vormittag den Rangern gefolgt. Noch abends, beim Willkommenscocktail, werden Größe und Gefährlichkeit der Monster diskutiert. Der Kapitän stellt sein Team vor, norddeutsch-locker und fröhlich macht er das. Ulf Wolter führt seit acht Jahren im Wechsel mit seinem Kollegen Thilo Natke das Kommando auf der Hanseatic. Wolter ist ein jungenhafter Typ, der mit der Seefahrt groß geworden ist. Er stammt von der Elbinsel Krautsand, alle seine Vorfahren waren Kapitäne.

POSITION 8° 21 S/122° 59 E LARANTUKA AUF FLOREA

Großes Tamtam frühmorgens an der Pier. Tänzer und Trommler sind angetreten, Honoratioren halten Reden, die Kinder haben schulfrei. Abstecher ins Dorf Riang Pedang, über eine Buckelpiste quält sich der Bus durch Palmenwälder, Maniok- und Cashew-Plantagen: vor Ort ein Schluck Arrak aus der halben Kokosnuss, dann zeigen Männer und Frauen eine Hochzeitszeremonie. Aufwendig wird demonstriert, wie um die Braut geworben, wie die Aussteuer verhandelt und schließlich Schmuck, Früchte und eine Ziege am Strick den Brauteltern übergeben wird.

Die Kreuzfahrer fühlen sich nicht als Eindringlinge, hier nicht und auch später nicht, auf Inseln, die nur auf Seekar-

Die Fahrten mit dem Zodiac an weitgehend unbekannten Küsten und durchs Mangrovendickicht prägen den authentischen Stil der Expeditionsreisen mit MS Hanseatic und auch ihrem etwas kleineren und rustikaleren Schwesterschiff MS Bremen.

MIT ZODIACS IN ABENTEUER

ten, aber in keinem Reiseführer verzeichnet sind. Die Lektoren an Bord, Zoologen, Biologen, Geologen, haben sie eingestimmt auf diese entlegenen Welten, auf die vor Jahrzehnten Somerset Maugham und Joseph Conrad neugierig gemacht hatten. Für nicht wenige Fahrgäste erfüllt sich mit dieser Reise ein Lebenstraum. Entsprechend gut vorbereitet sind sie an Bord gekommen.

Leinen los am frühen Nachmittag, 320 Seemeilen sind es bis zur Insel Maisel im Lucipara-Archipel. Kapitän Wolter meldet sich von der Brücke und kündigt eine ruhige Überfahrt an. Ein Vulkan mitten im Meer zieht ein paar Stunden später die Blick der Reisenden auf sich. Der Batu Tara stößt seine Rauchschwaden so hoch in den Himmel, dass sie sich mit den tropischen Wolkengebirgen vermischen. Viel Gesprächsstoff beim Abendessen. Auf dem Speiseplan steht auch frischer Fisch aus hiesigen Gewässern. Chefkoch Willy Leitgeb, ein Tiroler, der seit vielen Jahren zur See fährt, hat ihn heute morgen auf dem Markt von Larantuka gekauft. Kritisch hatte er dem Zackenbarsch in die Augen und hinter die Kiemen geschaut, bevor der Handel perfekt war.

4° 32' S, 129° 54' E ,BANDANEIRA

Es ist der fünfte Tag in der Ferne. Die tägliche Bordzeitung, morgens an die Kabinentür geliefert, meldet erste Schneefälle in der Heimat. Kapitän Wolter kann sich nur wiederholen: Wasser 30 Grad, Luft 30 Grad. Gestern war Schnorcheltag in den Korallengärten vor dem Inselchen Maisel, Unterwasser-Abenteuer an der Riffkante, gut vorbereitet und angeleitet durch einen Lektor, den Meeresbiologen und Tauchlehrer Ulrich Erfurth.

In Bandaneira lotsen einheimische Schüler die Passagieren über den Markt

Früher Morgen im Hafen von Wewak an der Nordküste von Papua-Neuguinea: Eine Tanzgruppe in farbenfroher Aufmachung ist zur Begrüßung angetreten.

In Papua-Neuguinea, dem Staat im Osten der drittgrößten Insel der Welt, leben mehr als 700 Volksgruppen, die genauso viele Sprachen und Dialekte sprechen.

ABSTECHER ZU DEN PAPUAS

und durch die holländisch geprägte Altstadt. Die Schulmädchen üben kichernd ihr Englisch an den Besuchern, klettern mit ihnen auf eine Festung und weisen stolz auf ein altes Herrenhaus hin, das nach der Unabhängigkeit einem Mitstreiter des damaligen Nationalhelden Sukarno als Büro gedient hatte.

POSITION 5° 13' S, 145° 48' E MADANG

Zwei Wochen schon unterwegs, 2.800 Seemeilen von Bali entfernt. Immer häufiger werden die Chipkarten in den Fotoapparaten ausgetauscht. Viele, fast zu viele Bilder sind in Kameras und Köpfen gespeichert. Da waren die Wandmalereien an den Küstenfelsen vor der Insel Arguni, bislang kaum erforscht, da waren die Zodiacfahrten durch ein grünes Wasserlabyrinth, begleitet von Seidenreihern und Schlangenhalsvögeln. Und da war die Sektparty an Deck, spontan inszeniert zu einem Sonnenuntergang von Hollywoodformat.

Schließlich die ersten Häfen auf Neuguinea. Wewak mit Szenen wie aus alten Reisebüchern, wilde Tänze der Papuas vor einer Südseekulisse.

Tags darauf: Ankern vor der Mündung des Sepik, des größten Flusses dieser gewaltigen Insel, die auch heute noch Geheimnisse und Überraschungen für Forscher birgt. Für die Reisenden auf der Hanseatic ist es ein komfortables Hineinschnuppern in exotische Welten, bei der nassen Anlandung wird Eistee am Strand gereicht, bei der Rückkehr an Bord ein kühles Erfrischungstuch. Zur Dusche sind es dann nur ein paar Schritte.

Heute starten zwei kleine Flugzeuge mit einigen Dutzend Passagieren ins Hochland. Es ist ein Abstecher in die Steinzeit. Männer vom Stamme der Asaro legen ihre Schlammpanzer an, demonstrieren eindrucksvoll, wie sie noch vor gar

Eine etwas andere Art von Stadtführung haben sich die Verantwortlichen im indonesischen Hafen Bandaneira ausgedacht: Schülerinnen lotsen die Passagiere in kleinen Gruppen durch die Stadt und über die Märkte

REISEINFORMATION

WAS SIE ÜBER INDONESIEN UND PAPUA-NEUGUINEA WISSEN SOLLTEN

Reisezeit
Die indonesischen Inseln und Neuguinea, ein Kontinent für sich, liegen größtenteils knapp unterhalb des Äquators. Entsprechend ist das Klima ganzjährig feuchtheiß, mit Temperaturen um die 30 Grad. Von Juni bis September, in der Zeit des so genannten Ostmonsuns, fällt etwas weniger Regen. Danach, von Dezember bis März, muss fast täglich mit tropischen Wolkenbrüchen gerechnet werden. Kühler ist es nur in den Bergregionen von Java (zum Beispiel rund um die Stadt Bandung, die schon den Holländern als Kurort diente) und im Hochland von Neuguinea.

Gesundheitsvorsorge
Da sich die Impfvorschriften zuweilen ändern, empfiehlt sich erst recht bei Reisen mit Expeditionscharakter frühzeitige Information, am besten die Konsultation eines Arztes oder eines Instituts mit tropenmedizinischer Kompetenz. Darüber hinaus ist die eigene Vernunft gefragt: möglichst an Land immer Kleidung mit langen Ärmeln und langen Beinkleidern sowie unbedingt Kopfbedeckung tragen; viel Wasser trinken; langsam gehen und oft den Schatten aufsuchen. Bei Wanderungen und Ausflüge in unwegsames Gebiet - und das ist es in solchen Regionen so gut wie überall – festes Schuhwerk tragen, bloß keine Sandalen. Sich nicht zu viel zumuten (Vorsicht bei Vulkanbesteigungen usw.). Beim Essen und Trinken an Land die alten Tropenregeln beachten: Koch es, schäl` es – oder lass es liegen! Nur abgekochtes oder in Flaschen gekauftes Wasser trinken.

Ausrüstung
Reisen wie die hier geschilderte Kreuzfahrt durch Indonesien, Neuguinea und die Inselwelt in Richtung Neukaledonien erfordern zwar, wie es auch in den Beschreibungen der Reederei immer wieder zu Recht betont wird, sportliche Einstellung und Toleranz. Hinterm Horizont sind nun mal nicht alle Busse und Boote klimatisiert oder mit feinen Sitzen ausgerüstet. Dennoch muss niemand vorher ein Überlebenstraining absolvieren: Expeditionsreisen wie die mit Hanseatic oder Bremen sind gesichertes, bestens vorbereitetes Abenteuer mit Vollpension. Erfahrene Lektoren und Länderkundler machen vor jedem Ausflug mit den zu erwartenden Gegebenheiten vertraut und begleiten die Passagiere mit großer Umsicht.

Anreise
Wer nicht den angebotenen Pauschal- oder Charterflügen, Vor- und Nachprogrammen folgen will, hat viele Möglichkeiten, zum Beispiel nach Bali zu fliegen. Wer die Reise nicht mit Kurs auf die Südsee und Französisch-Polynesien fortsetzen will, sollte auf der Rückreise mindestens drei Tage in Sydney einplanen, einer der schönsten Hafenstädte der Welt. Generell tragen eine langsame Annäherung an das ferne Ziel und Flugunterbrechungen, zum Beispiel in Dubai, in Bangkok oder in den Welthandelsmetropolen Singapur und Hongkong, zur besseren Akklimatisierung bei.

Vielerorts haben sich in Habitus und Tänzen die alten Traditionen erhalten.

BEI FREUNDEN IN DER SALOMONSEE

nicht langer Zeit ihre Feinde in Angst und Schrecken versetzt haben. Das Hotel in Goroka, wo ein Büfett unter Palmen aufgebaut ist, heißt „Bird of Paradise", nach dem Paradiesvogel, der das nationale Symbol des jungen Staates Papua-Neuguinea darstellt.

POSITION 5° 57' S, 148° 2' E TUAM

Seit acht Uhr driftet das Schiff vor dieser kleinen Insel in der Salomonsee. Das Patendorf der Hanseatic wird besucht. Rede und Gegenrede fallen entsprechend herzlich aus. Kapitän Wolter überreicht kistenweise Schulmaterial und, Höhepunkt der Zeremonie, einen neuen Außenbordmotor für die Fischer. Bordarzt Rainer Edelhoff erklärt einer einheimischen Krankenschwester die mitgebrachten Medikamente, schaut sich hier ein Ge-

schwür an und streicht dort eine Brandsalbe auf. Mit Beschwörungen guter Geister und mit Tänzen, die alle Fotografen glücklich machen, revanchieren sich die Dorfbewohner.

POSITION 8° 24' S, 151° 4' E TROBRIAND-INSELN

Unterwegs im Pazifischen Ozean, Kurs auf die Südsee. Morgens auf Kiriwana ein traditionelles Sing-Sing der Melanisier, nachmittags wahlweise eine Wanderung durch tropisch-üppige Vegetation oder, am Riff vor Kitaa, entspanntes Schnorcheln und Schwimmen. Ulf Wolter fegt noch einmal mit einem der 14 Zodiacs durch die Brandung. Zwischendurch mal richtig Gas geben, sich den Wind heftig um die Nase wehen lassen: Kontrastprogramm für den sonst so ruhigen und besonnen Chef auf der Brücke.

POSITION 18° 38' S, 158° 42' E AUF SEE

Über viertausend Seemeilen seit Bali, fast 7.500 Kilometer. Die letzten Vorträge stehen auf dem Programm, das Thema Klimawandel regt zur Diskussion an, der Mythos Killerhai wird infrage gestellt. Zum Abschiedsessen ist etwas elegantere Garderobe angesagt – zum zweiten Mal auf dieser Reise, ansonsten ging es stets leger zu. Als zu später Stunde der Mannschaftschor, wie üblich, seine Shantys anstimmt, kommt Wehmut auf. Morgen werden die Koffer aus den Schiffsdepots geholt. Von Noumea in Neukaledonien fliegen die meisten Kurzzeit-Abenteurer via Sydney und Singapur nach Hause. Für die Hanseatic geht es hinterm Horizont weiter, zu den Fidschi-Inseln, ins Königreich Tonga, zum Aitutaki-Atoll und nach Tahiti ...

DIE FAKTEN HANSEATIC

★★★★★

BEWERTUNGSPUNKTE 601

Baujahr	1993
Letzte Renovierung	2011
BRZ	8.378
Länge	122,80 m
Breite	18 m
Decks	6
Passagiere	194
Crew	124
Passagiere/Crew	1,6 : 1
Passagiere/Raum	43,2

Bordsprache Deutsch

Dresscode sportlich, elegant

Restaurants/Bars 2/3

Pools/Whirlpools 1/1

Kabinen 92 Kabinen mit 22m² bis 44m². Alle Kabinen liegen außen. Für gehobene Ansprüche sind vier Suiten vorhanden. Zwei Kabinen sind barrierefrei.

Highlights Das Expeditionsschiff punktet mit einem großen Pool- und Saunabereich. Neben der Finnischen Sauna gibt es ein Dampfbad mit Erlebnisdusche und einem Whirlpool. Für Ausflüge und Exkursionen ist die Hanseatic mit bordeigenen Zodiacs ausgestattet.

Info www.hl-kreuzfahrten.de

Trend 2015 Amazoniens Geheimnissen auf der Spur: 17 Tage-Expedition von Iquitos nach Belem, 22. April bis 9. Mai 2015, ab 8.000 Euro.

Bahamas

COMPAGNIE DU PONANT

Einzigartige Naturerlebnisse, karge Landschaften und Einheimische, die stolz auf ihre Kultur sind, prägen die nahezu unbekannte Region, die sich am besten auf Reisen mit modernen Expeditionsschiffen erfahren lässt.

IM LAND DER TSCHUKTSCHEN

Ewiges Eis bedeckt die Hänge hinter der kargen Steppe.

Die Sonne sorgt für grandiose Farbenspiele an der von Flechten und Moosen bewachsenen Küste.

URSPRÜNGLICHE WILDNIS

Am Ende des Kontinents ist es erstaunlich schön: warme Rot-, Gelb- und Brauntöne bestimmen die Tundra-Landschaft, dazu winzige blaue und gelbe Blumen, Rispenkraut sowie wenige Gräser und Kräuter. Weit jenseits der Baumgrenze krallen sie sich in den Permafrostboden und blühen nur im knapp dreimonatigen arktischen Sommer, in dem die Temperaturen Höchstwerte um fünf Grad Celsius erreichen. Im Winter herrschen minus 25 Grad, bis zu minus 40 sind möglich, neun Monate klirrende Kälte. Buntschillernde Flechten und Moose zeichnen farbige Muster auf die Steine, ein starker Kontrast zum tiefen Blaugrau der Küstengewässer. Doch gleich hinter der Steppe wird es wild und absolut kahl, eine scheinbar endlose Frostschüttwüste mit viel Geröll und großen Felsbrocken erstreckt sich vor zerklüfteten Hügeln und Berghängen. Kargheit und Kälte zeichnen Kap Dezenev, den östlichsten Punkt Asiens aus, den nur die Beringstraße und 82 Kilometer von Alaska trennen.

KREUZFAHRT INS UNBEKANNTE

Wie Besucher aus einer anderen Welt begeben sich die rund 200 Gäste an Bord der „Le Soléal" auf eine Expedition ins Unbekannte. Tschukotka, die autonome Provinz der Tschuktschen, im äußersten russischen Osten gelegen, war jahrzehntelang militärisches Sperrgebiet. So erleben die Kreuzfahrer eine Region, die so entlegen und noch unbekannt ist wie kaum eine andere: Keine 500 Touristen sind im gesamten Jahr 2013 in dieses Gebiet vorgedrungen. Keine Lichter an den

Küsten, keine Motorengeräusche, lediglich Schotterpisten rund um die vereinzelten Siedlungen und Dörfer, die Passagiere sind jenseits jeglicher im Westen bekannten Zivilisation. Die Natur gibt den Takt vor, scharfe Winde peitschen die Tundra, die Einsamkeit regiert. Auf einer Fläche von 737.000 Quadratkilometern, das entspricht mehr als der doppelten Größe Deutschlands, leben gerade einmal 50.000 Einwohner. Der bekannteste ist Milliardär Roman Abramowitsch, der mit seinem Spielzeug, dem Fußballklub Chelsea London die Champions League gewann und bis Sommer 2013 Gouverneur von Tschukotka war.

Auf dem Flughafen der Hauptstadt Anadyr macht das Personal Fotos von der Maschine, die die Reederei Ponant ab Paris gechartert hat, ein so großer Airbus ist hier noch nie gelandet. Bei der Abholung geht das Abenteuer los; den alten Militär-Pickups, in denen die Passagiere in Fünfer-Gruppen zum Hafen gebracht werden, hätte der deutsche TÜV die Zulassung schon vor zehn Jahren verweigert. Am Kai liegen rostige Fischtrawler und daneben – welch ein Gegensatz – die Le Soléal, schnittige Superyacht mit eleganter Linie, Eisklasse 1C mit verstärktem Rumpf und wie die Schwesterschiffe Le Boréal und L'Austral auf Expeditionen spezialisiert. In der Antarktis ist Ponant Marktführer, das Arktisprogramm wird stark ausgebaut, um auch hier ganz vorne unter allen Anbietern zu landen.

Für die Kinder von Lorino ist das erste Kreuzfahrtschiff seit Monaten ebenso interessant wie ihre Siedlung für die Passagiere.

In der Hauptstadt Anadyr mit ihren 13.000 Einwohnern wurden graue sozialistische Betonbauten mit Farbe aufgepeppt.

Polarforscher Nicholas Dubreuil geht mit seinem Team immer als Erster an Land, um die besten Spots auszukundschaften.

An Bord ist man sofort wieder in einer anderen Welt, modernes Design, edles Material, geräumige Kabinen. Neben der obligatorischen Seenotrettungsübung müssen alle Passagiere am ersten Tag auch an der Veranstaltung zu den Regeln der Arctic Expedition Cruise Operators (AECO), dem Zusammenschluss der in der Arktis verkehrenden Kreuzfahrtanbieter, teilnehmen. Man unterschreibt, keinen Müll liegen zu lassen, keine Blumen zu pflücken und keine Knochen, Steine oder sonstigen Trophäen mitzunehmen. Eigentlich Selbstverständlichkeiten, aber die Versuchung, Souvenirs einzustecken, scheint für manche sehr groß zu sein, wie der 43-jährige Nicholas Dubreuil trotz umfangreicher Aufklärung auf Expeditionskreuzfahrten bereits mehrfach entdecken musste.

Dubreuil führt eines der größten Expertenteams auf See an, zehn Naturkundler bringen unter Leitung des in Grönland lebenden, bekanntesten französischen Polarforschers den Passagieren Fauna und Flora der Arktis näher – in Vorträgen, Lesungen und natürlich mehreren Landgängen pro Tag. Darunter sind Walexperten, Ornithologen, Geologen, Klima- und Völkerkundler, Meeresbiologen, Polarwanderer, dazu zwei einheimische Scouts. Die Experten erklären auch den richtigen Ein- und Ausstieg sowie das Verhalten auf den zwölf Zodiacs, die bei allen Landgängen eingesetzt werden. Während der Fahrt sitzen bleiben und an den Seilen festhalten, die Erfahrenen sitzen hinten, um keine Gischt oder Wellen abzubekommen. Auch die richtige Kleidung ist unentbehrlich, vor der Reise haben alle Gäste eine Checkliste bekommen. Wichtigste Utensilien: kniehohe Gummistiefel sowie wasser- und winddichte Hosen, denn bei den Anlandungen mit dem Zodiac kann es vorkommen, dass man knietief im Wasser steht – und die nächste Welle kommt bestimmt. An Bord bekommt jeder Teilnehmer von der Reederei noch einen roten, arktistauglichen Expeditionsparka geschenkt.

IMMER MIT GEWEHR AN LAND

Der Parka hält nicht nur wunderbar warm, sondern ist auch weithin sichtbar. Wichtig, falls sich Passagiere beim Landgang zu weit entfernen. Denn leicht vergisst man angesichts der fantastischen Umgebung, wie schnell es hier in der Wildnis brenzlig werden kann. Bei jedem Landgang fahren Nicholas und sein Expeditionsteam als Vorhut voraus. Im 180-Grad-Radius schwärmen die erfahrenen Entdecker dann aus, erkunden und sichern das Gelände, postieren sich mit Gewehren, um eventuelle Angriffe von Bären abzuwehren. Denn der Kamtschatka-Bär ist mit bis zu drei Metern größer als der Grizzly und noch gefährlicher, weil deutlich angriffslustiger.

Nach gründlicher Erkundung richtet das Team Stationen ein, um den Kreuzfahrern die Besonderheit des ausgewählten Ortes näherzubringen: Da liegen gewaltige Walkadaver und Knochen am Strand, etwas weiter die Barten in der Grassteppe. Dort steht auch eine vom Wetter gezeichnete Hütte, die Jägern als Unterkunft dient, ein mit Walhaut bespanntes Boot ist davor aufgebockt. Am Ende des Strandes erläutert Geologe Stephane die verwitterten Steinformationen, deren verschiedene Linien von den Erdzeitaltern

WILDNIS BEDEUTET AUCH GEFAHR

Das Bootsgerüst wird vor der Jagdsaison noch mit Tierhäuten bespannt.

Zahlreiche Walskelette in der Wildnis zeugen vom Erfolg der Jäger.

künden, und zeigt im Fels versteckte Fossilien.

Die Möglichkeiten für Landgänge haben Kapitän Etienne Garcia und Expeditionsleiter Dubreuil gemeinsam mit russischen Führern auf einer längeren Scoutingtour mit einem einfachen Trawler ein halbes Jahr zuvor erkundet. Denn eine Expeditionskreuzfahrt ist nur bedingt eine Erholungsreise: Wetter- und Seebedingungen bestimmen die Route, die von der Planung auch mal abweichen kann, und die Startzeiten für die Landgänge. Es kann schon mal spontan vor Tagesanbruch oder zur Zeit des Mittagessens losgehen. So wie in Lorino, mit 1.300 Einwohnern größte Siedlung der Ureinwohner Tschukotkas. Viele Kinderspielplätze im kleinen Ort verraten, was eine der Lieblingsbeschäftigungen an dunklen, langen Wintertagen ist. Folgerichtig sind 60 Prozent der Einwohner Lorinos jünger als 16 Jahre. Mächtige Satellitenschüsseln, das Flackern von Bildschirmen sowie einige Bars, die bereits mittags gut frequentiert sind, zeigen weiteren beliebten

WETTER BESTIMMT DIE ROUTE

Durch die Beringstraße ziehen jede Menge Wale, von großen Buckel- und Grauwalen bis hin zu kleinen Belugas.

Frische Tatzenspuren zeigen, dass ein mächtiger Kamtschatka-Bär noch vor Kurzem am selben Strand war.

Tschuktschen-Frauen haben sich für die Fremden mit traditionellen Gewändern herausgeputzt.

Zeitvertreib. Die meisten Einwohner leben in einfachen, bunt gestrichenen Holzhäusern, deren Farbe größtenteils verwittert ist. Etwas Moderne ist aber auch hier angekommen: Reihenhäuser mit dem typischen sozialistischen grauen Betoncharme. Das Nötigste ist da, ein großer Kindergarten, Schule, Postamt, Einkaufsladen, Krankenhaus und eine Zuchtstation für Polarfüchse. Die Tschuktschen sind hervorragende Jäger und ernähren sich vorwiegend von Wal- und Walrossfleisch, Robben, Seehunden, Fisch und Rentieren. Wie ihre Vorfahren jagen die arktischen Walfänger in kleinen, offenen, gut manövrierbaren Booten aus Wal- oder Walrosshaut, den „Baidars“. Mit einfachen Wurfharpunen, auf dem oft aufgewühlten eiskalten Meer. Gejagt wird zusammen, erlegt die Gruppe einen Wal, wird das tonnenschwere Tier Richtung Strand gezogen und sofort zerteilt. Jeder erhält seinen Anteil. Teilen gehört hier zum Leben, ist notwendige Solidarität, will man am Polarkreis überleben. Alles vom Tier wird verwertet, der Rest ist für die Hunde, bis nur noch das blanke Gerippe daliegt.

Zurück an Bord, draußen auf der Beringstraße, klatschen vier bis fünf Meter hohe Wellen an den Bug und der Wind bläst mit Stärke 8 direkt von vorn aus Norden. Doch die meisten Passagiere sind begeistert, rund um das Schiff schwimmen immer wieder Belugas, Grau-, Mink- und Buckelwale. Während der gesamten Reise sind jeden Tag mehrmals ganze Familien zu sehen. So viele der großen Meeressäuger, dass ihre Fontänen das Wasser zum Kochen zu bringen scheinen.

Auf der für die Passagiere jederzeit zugänglichen Brücke gibt Kapitän Garcia ab sieben Uhr morgens über Bordlautsprecher bekannt, wenn Sehenswertes aus dem Meer, in der Luft oder an der Küste auftaucht, und die Passagiere eilen zwischen Backbord und Steuerbord hin und her, um ja keine Fotogelegenheit zu verpassen. Wo der Mensch vor der Naturgewalt zurückstecken muss, kann sich die Tierwelt ungestört entwickeln: Große Walross- und Robbenkolonien liegen auf Felsen und an Stränden, Schwärme von Kormoranen, Reihern und unterschiedlichen Möwenarten ziehen am Schiff vorbei.

In Anadyr ist man sich der Vorzüge der Region bewusst. Riesige Plakate zeigen die Attraktionen von Seevögeln bis zum Eisbär.

WELTPOLITIK IN DER EINÖDE

Aber selbst in dieser einsamen Gegend hat die Weltpolitik eingegriffen, stumme Zeugen sind von Stacheldraht umgebene Fertigbetonbauten auf den beiden Diomedes-Inseln. Auf der großen ist Russland der Hausherr, auf der nur vier Kilometer entfernten kleineren die USA. Von hier aus belauschen und belauern sich die Weltmächte seit dem Kalten Krieg. Die beiden Eilande trennt noch mehr als die Politik, hier verläuft auch die Datumsgrenze. Geht auf Klein Diomede der Donnerstag zu Ende, ist auf Big Diomede noch Mittwoch. So können die Kreuzfahrer nach dem Überqueren der Datumsgrenze ohne hellseherische Fähigkeiten in die Zukunft schauen, weil das Gestern nur wenige Minuten weiter zum Morgen geworden ist.

Im Dorf Enmelen, am vorletzten Tag der zehntägigen Kreuzfahrt, soll seit acht Jahren kein Schiff mehr gewesen sein. Entsprechend bestaunen vor allem die Kinder die Fremden mit ihren roten Jacken. Hier werden Traditionen gepflegt und weitergegeben, denn auf ihre Wurzeln sind die Einwohner sehr stolz. Schon die Kinder lernen die Bräuche und Rituale ihrer Ahnen. Im Kulturzentrum führen sie stolz Tänze und Lieder vor, in denen von der Jagd erzählt wird, vom auftauchenden Wal, dem Keuchen der Walrösser, vom dumpfen Grollen des Kamtschatka-Bären. Am Nachmittag führt der Landgang auf die Insel Ittigram zu einer schamanischen Kultstätte der Ureinwohner, die aus dem 15. Jahrhundert stammen soll, aber erst 1976 entdeckt wurde: die Allee der Walknochen, ein 500 Meter langer Pfad, der von gigantischen Walrippen auf beiden Seiten fünf Meter hoch gesäumt war und zu einem Rondell aus Walgeripppe führte. Doch es stehen nur noch vereinzelte Artefakte, reiche Russen haben die symbolträchtige Stätte plündern lassen, die Trophäen sollen die Wände mancher Datscha einnehmen.

Zurück im Ausgangs- und Zielhafen Anadyr erscheint nach all der Abgeschiedenheit und Ruhe selbst das beschauliche 13.000-Einwohner-Städtchen wie eine pulsierende Metropole. Wie sehr dieser Ausflug in eine nahezu unberührte Welt mit ihren spektakulären Naturerlebnissen nachwirkt, merkt man noch Wochen später – es dauert eine geraume Weile, bis man sich wieder an den Großstadtlärm gewöhnt hat.

DIE FAKTEN
LE SOLÉAL

★★★★★

BEWERTUNGSPUNKTE 593

Baujahr	2013
BRZ	10.940
Länge	142 m
Breite	18 m
Decks	6
Passagiere	266
Crew	132
Passagiere/Crew	2 : 1
Passagiere/Raum	41,1

Frankreich

Bordsprache Französisch und Englisch. Ansprechpartner für deutsche Gäste und deutscher Lektor auf ausgewählten Routen.

Dresscode sportlich, elegant

Restaurants/Bars 2/4

Pools/Whirlpools 1/0

Kabinen 132 Kabinen zwischen 21 m^2 und 54 m^2. Die Boréal bietet Außen- und Balkonkabinen. Für gehobene Ansprüche sind Suiten buchbar. Drei Kabinen sind barrierefrei.

Highlights Die elegante Kreuzfahrtyacht verfügt über eine Marina und bordeigene Zodiacs. Die Brücke ist zu den meisten Tageszeiten für die Gäste zugänglich. Eine gute Gelegenheit, nautische Manöver zu beobachten und mit den Offizieren ins Gespräch zu kommen. Das Hamam und der moderne Fitnessbereich sorgen für Entspannung. Spa-Betreiber ist Sothys, Paris.

Info www.ponant.com

Trend 2015 Kurs Tschuktschen von Anadyr nach Petropawlowsk 15. bis 29. September 2015 ab 8.660,- Euro.

MODERNE ABENTEUER

UNTERWEGS AUF LEGENDÄREN

NORDOST

Das Expeditionsschiff Hanseatic von Hapag-Lloyd Kreuzfahrten hat im Rahmen der Nordostpassage einen neuen Rekord für Passagierschiffe aufgestellt. Im August erreichte das lediglich 122,8 Meter lange Schiff die nördlichste Position auf 85° 40,7' Nord und 135° 39,6' Ost. Auf dieser Breite war die Hanseatic nur noch 480 Kilometer vom Nordpol entfernt.

Kapitän Thilo Natke dazu: „Eine ungewöhnliche Eislage hat diesen Rekord ermöglicht. Nördlich der Neusibirischen Inseln in der russischen Arktis erstreckte sich eine große eisfreie Zone des Polarmeeres Richtung Norden, die zu diesem spontanen Abstecher genutzt wurde." Die Passagiere unternahmen bei Temperaturen um null Grad und frischem Nordostwind eine Zodiac-Rundfahrt entlang der Packeiskante. Anschließend wurde dieses Ereignis bei einer Party an Deck gebührend gefeiert.

Die Expedition Nordostpassage startete am 12. August 2014 in Nome, Alaska und führte in den nächsten Tagen weiter nach Sewernaja Semlja, bot Expeditionsanlandungen und die Fahrt durch die Karasee, nach Nowaja Semlja, durch die Barentssee bis nach Murmansk, dem Endpunkt der der Nordostpassage, und weiter über Hammerfest und Bodö in Norwegen, wo die Expedition am 10. September endete.

Im August 2015 wird sich zum ersten Mal die Bremen auf die legendäre Nordostpassage zwischen Europa und Asien begeben: Expedition Nordostpassage, 31 Tage von Tromsø nach Nome, 11. August bis 10. September 2015.

PASSAGEN

NORDWEST

Die Nordwestpassage zählt für Abenteurer und Entdecker zu einem der letzten Mythen unseres Zeitalters. Roald Amundsen gelang es vor etwa 100 Jahren erstmalig, das mächtige Eis dieser Region zu bezwingen.

Nach 23 Tagen, fast 3.500 Seemeilen und einer Route über Grönland, Alaska und durch den kanadischen Arktis-Archipel, können sich der Silversea-Kapitän Alexander Golubev, seine Crew und 132 Expeditionsgäste freuen, die Nordwestpassage sicher und von den Naturschauspielen beeindruckt bezwungen zu haben. Die Nordwestpassage ist berühmt und zugleich berüchtigt. Mit ihren seichten Kanälen und den arktischen Witterungs- und Eisverhältnissen stellt sie für jeden Seemann bis heute eine große Herausforderung dar. Das kleine Expeditionsschiff Silver Explorer ist für ein Abenteuer dieser Art perfekt ausgerüstet – mit seiner kompakten Größe, dem flachen Bug und eisverstärktem Rumpf, der 1A-Zertifizierung für Eispassierung und einer erfahrenen Expeditionscrew. Als Mitglied der Association of Arctic Expedition Cruise Operators (AECO) verpflichtet sich Silversea dabei stets zu respektvollen und umweltfreundlichen Expeditionen durch die Arktis-Region.

Conrad Combrink, Expeditionsleiter, stand 24 Stunden lang mit der Crew der Silver Explorer und Kapitän Alexander Golubev in Kontakt, der bereits über 50 Reisen durch die Arktis, die Antarktis und Grönland unternommen hat. Mithilfe eines Eisbrechers hat der Kapitän die Silver Explorer mit großer Umsicht und Professionalitat langsam aber sicher durch eine besonders schwierige Stelle der dicht vereisten Passage gelenkt. „Ich bin sehr froh, dass sich all die Bemühungen und Planungen am Ende gelohnt haben“, so Golubev. „Es macht mich sehr dankbar und glücklich, dass ich eine solch außergewohnliche Möglichkeit innerhalb meiner Karriere auf See ergreifen konnte.“

NICHTS BRINGT SIE
SO NAH HERAN
WIE IHRE GANZ PERSÖNLICHE EXPEDITION
Echtes Neuland entdecken, mit MS HANSEATIC und MS BREMEN. Atemberaubende Naturschauspiele in der weißen Weite der Arktis und Antarktis hautnah erleben. Eindrucksvolle Eiswelten, höchste Sicherheit, spektakuläre Routen. Den eigenen Horizont an der Seite erfahrener Experten erweitern. Und dabei den erstklassigen Komfort unserer beiden Expeditionsschiffe genießen. Freuen Sie sich auf große Momente.
MS HANSEATIC · MS BREMEN
EXPEDITIONSKREUZFAHRTEN
Antarktisfilm starten:
Mehr im Reisebüro oder
0800 2255556 (gebührenfrei)
www.hl-kreuzfahrten.de/antarktis
Hapag-Lloyd Kreuzfahrten
www.hl-kreuzfahrten.de

360° SEGELN

Rechtskräftig: Trauungen an Bord von Silhouette Cruises werden jetzt auch in Deutschland problemlos anerkannt.

SILHOUETTE CRUISES

Hochzeit unter weißen Segeln

Der schönste Tag im Leben – auf einem kleinen Schiff im Indischen Ozean und vor der traumhaften Kulisse der Seychellen. Garantiert romantisch und dank des tropischen Klimas auch für eine Trauung im Winter eine gute Wahl. Silhouette Cruises bietet Brautpaaren jetzt eine ganze Palette verschiedener Hochzeitpakete an: vom Halbtagsarrangement über die Trauung während einer siebentägigen Kreuzfahrt bis hin zur exklusiven Charter eines kompletten Schiffes – für Hochzeit und Flitterwochen zusammen mit Freunden und Familie.

Neben der Romantik sprechen auch der Preis und die einfache Organisation für das Jawort an Bord. Lediglich eine Kopie der Geburtsurkunden, Pässe und – soweit vorhanden – Scheidungspapiere früherer Ehen müssen zwei Monate vor Antritt der Reise – übersetzt ins Englische oder Französische sowie notariell beglaubigt – eingereicht werden. Wichtig: Nach der Beglaubigung der zuständigen Behörde, die sogenannte „Apostille", ist die Trauung an Bord – im Gegensatz zu anderen Arrangements und im Ausland geschlossenen Ehen – dann auch in Deutschland absolut rechtskräftig.

Auch von Silhouette Cruises gibt es direkt ein Hochzeitsgeschenk: Für die Braut gewährt die Reederei bei Kreuzfahrten auf der Sea Pearl und Sea Shell einen Preisvorteil von 50 Prozent auf der Sea Bird und Sea Star, von 20 Prozent. Die kleine Reederei bietet seit 1997 auf zwei modernen und zwei historischen Segelschiffen (Baujahre 1915/1920) Kreuzfahrten durch die Inselwelt der Seychellen mit ihrer Vielfalt aus Natur und Kultur an.

www.seychelles-cruises.com

KATHARINA BAHLCKE · OLIVER P. MUELLER
DIE TRAUMSCHIFF REEDEREI
40 JAHRE DEILMANN
Koehler
DEUTSCHLAND
KATHARINA BAHLCKE
OLIVER P. MUELLER
DIE TRAUMSCHIFFREEDEREI
Koehler

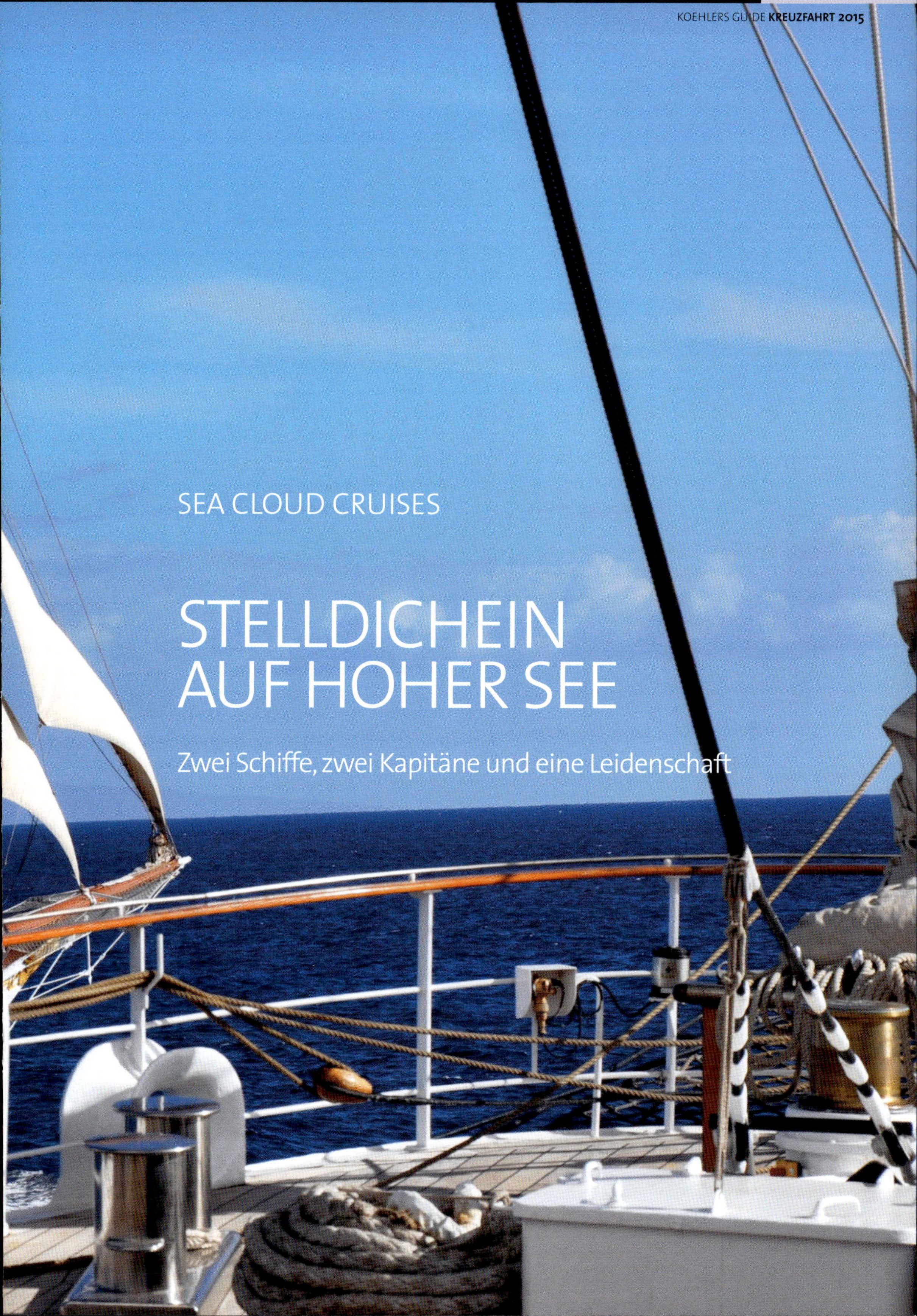

SEA CLOUD CRUISES

STELLDICHEIN AUF HOHER SEE

Zwei Schiffe, zwei Kapitäne und eine Leidenschaft

Sowohl auf der Sea Cloud als auch auf der jüngeren Schwester Sea Cloud II werden die Segel per Hand gesetzt. Gut gesichert steigen die Matrosen zum Mast hinauf.

Sie wollen doch nur spielen. Und sie tun es. Nein, es geht nicht um Hundebesitzer, die den entgegenkommenden Spaziergänger beruhigen wollen, während dieser von zähnefletschenden Tölen umkreist wird. Denn wir sind mitten auf hoher See vor den Kanarischen Inseln. Hier spielen auch keine kleinen Jungs mit ihren ferngesteuerten Motorbötchen. Hier spielen zwei gestandene Kapitäne mit prächtigen Luxus-Großseglern. Und es macht viel Spaß, ihnen dabei zuzuschauen. Zur Premierenvorstellung des gemeinsamen Segelmanövers von Sea Cloud und Sea Cloud II vor Teneriffa sind wir auf der jüngeren der beiden Windjammer-Schwestern mit dabei.

Wie der estnische Kapitän der Sea Cloud II, Evgeny Nemerzhitskiy, und sein Kollege auf dem älteren Schwesterschiff Sea Cloud durch geschickte Manöver herumfahren, voreinander kreuzen und dabei scheinbar nur um Haaresbreite aneinander vorbeischrammen, ist großartige und atemberaubende Steuermannskunst. Sie manövrieren ja keine gelenkigen und schnittigen Motorboote, sondern voll aufgetakelte Dreimaster. Das Wetter und vor allem ein Wind, der weder zu flau noch zu kräftig ist, spielen kongenial mit.

Es hatte bereits atemberaubend angefangen, als die Sea Cloud zur Aufhol-

ATEMBERAUBENDE MANÖVER VOR DEN KANAREN

Die jüngere umkreist die alte, mehr als achtzigjährige Lady auf hoher See vor den Kanarischen Inseln (oben). Kraft- und Präzisionsarbeit ist das Setzen der Segel (unten).

ROMANTIK UND ABENTEUER AUF SEE

Auf einem Großsegler gehören das Meer und die Kunst des Segelns zum Hauptunterhaltungsprogramm. Sie sind verbunden mit den schönsten und eindrücklichsten Erlebnissen, die eine Kreuzfahrt zu bieten hat.

jagd ansetzte. Vor Teneriffa sollten die beiden Windjammer aufschließen. Dann sahen wir die mehr als achtzig Jahre alte ehemalige Privatyacht am Horizont. So von ferne und im Kegel der Sonnenstrahlen, die durch die Wolken hindurchkamen, schien sie wie ein Piratenschiff, das seine Beute anpeilt.

EIN SELTENES ERLEBNIS

Langsam, aber sicher, holt uns die alte Lady ein, sodass auch wir bald gemeinsam unter vollen Segeln fahren. Da auf beiden Sea-Cloud-Schiffen die Brücke auch für die Passagiere zugänglich ist, sind wir ganz nah dabei, als Kapitän Nemerzhitskiy per Funkgerät seinen Offizieren und Matrosen Kommandos gibt und sich mit seinem „Spielkameraden" auf der älteren Schwester verständigt. Ein Hubschrauber mit Filmkameramann kommt eigens von Teneriffa geflogen, um das Schauspiel festzuhalten. Was von oben sichtbar ist, erleben wir ganz anders. Egal ob wir oben auf der Brücke, an der Reling auf einer der Seiten oder auf dem Achterdeck stehen: Immer erscheint es uns, als umkreise uns die Sea Cloud, während wir die Fahrtrichtung halten. Doch es ist genau umgekehrt, wie uns der Kapitän erklärt. Da die modernere Sea Cloud II besser steuerbar und wendiger sei, lasse er sein Schiff um den mehr als acht Jahrzehnte alten Windjammer tanzen.

Dieser außergewöhnliche Tanz auf hohen Wellen hat offensichtlich nicht nur den Kapitänen und der Besatzung Spaß gemacht. Auch für die Passagiere war es ein großartiges, bislang einmaliges Erlebnis. Einmalig muss es indes nicht bleiben. Denn in diesem Herbst fordert die Sea Cloud erneut die Sea Cloud II zum Tanz auf demselben Parkett der atlantischen See vor den Kanarischen Inseln auf.

DIE FAKTEN
SEA CLOUD & SEA CLOUD II

★★★★★

BEWERTUNGSPUNKTE 569

Sea Cloud	
Baujahr	1931
BRZ	2.532
Länge	110 m
Breite	15 m
Decks	3
Passagiere	64
Crew	59
Passagiere/Crew	1,1 : 1
Passagiere/Raum	39,7

★★★★★

BEWERTUNGSPUNKTE 564

Sea Cloud II	
Baujahr	2001
BRZ	3.849
Länge	117 m
Breite	16 m
Decks	4
Passagiere	94
Crew	61
Passagiere/Crew	1,5 : 1
Passagiere/Raum	40,9

Bordsprache Deutsch

Dresscode sportlich, elegant

Kabinen Luxuriöse Unterkünfte und Suiten, die mit edlen Materialien und Möbeln ausgestattet sind. Die Marmorbäder verfügen über Duschen oder Badewannen mit goldenen Armaturen.

Highlights Schiffe, die auf unübertroffene Weise Nostalgie mit Luxus und Moderne kombinieren: Steinway-Flügel in der Lounge, Teakholz-Außenmöbel und viel offene Decksfläche. Nicht nur für passionierte Segler ein Erlebnis: die Segel werden per Hand gesetzt. Von einer Badeplattform aus können Gäste auch auf hoher See im Meer baden. Herausragend sind die kulinarischen Qualitäten.

Info www.seacloud.com

Trend 2015 Sea Cloud trifft Sea Cloud II an Bord der Sea Cloud II vom 23.11. bis zum 27.11.2015 auf der Route von Cadiz nach Las Palmas ab 3.775 Euro.

Malta

UNTERWEGS AUF DEM GRÖSSTEN SEGLER DER WELT

SEGELFLAIR MIT FÜNF MASTEN

Kein Duty-free, kein Casino und keine Broadway-Show: Wer unter den 42 Segeln der Royal Clipper die Meere kreuzt, braucht kein weiteres modernes Bordprogramm.

„Ich nehme nur den Salat – und später wohl noch etwas Fisch“, stellt Sergey Utitsyn mit Bestimmtheit fest und beweist damit die Weitsicht, die fast alle Kreuzfahrtoffiziere entwickeln, wenn sie Abend für Abend mit einer fulminanten Speisekarte konfrontiert werden: zwei Vorspeisen, eine Suppe, ein Sorbet, zwei Hauptgerichte, eine besondere Empfehlung des Küchenchefs, Salat, Käse und obendrein noch drei Desserts. Und als Getränk? „Nur Wasser.“ So kommt's, dass der Kapitän der Royal Clipper nur stämmig, nicht aber korpulent ist.

Seine Gäste hingegen langen zu – wenn's sein muss die ganze Menükarte hindurch. Die wohl ausgebildete Crew

Auch wenn keine Segel gesetzt sind, an der Reling sorgt das Ambiente der Royal Clipper für Windjammer-Gefühle auf den Weiten des Ozeans.

EIN ERHABENER GENUSS

des großen Seglers nimmt jede Order lächelnd entgegen und bringt Gang für Gang ebenso lächelnd an die weiß gedeckten Mahagonitische im großzügigen Atrium des stolzen Schiffs.

Es ist typisch für das Leben an Bord des größten Segelschiffs der Welt. Der Gast bestimmt. Das Reglement ist, abgesehen von den Sicherheitsbestimmungen, eher zurückhaltend: freie Platzwahl, freier Dresscode zum Dinner solange man sich gegen Shorts entscheidet, freier Zugang zur Brücke. Unter den 5.200 Quadratmetern Segelfläche geht es eher leger zu. „Mein Schiff ist ein Doktor", kommentiert Kapitän Utitsyn mit einem Englisch, das seine baltische Heimat verrät. „Es gibt ihnen Zeit. Ihre einzige Aufgabe: Sie sollen es genießen." Es fällt nicht schwer, dieser Anweisung zu folgen. Die Royal Clipper lädt ein zu verträumter Zeit an Deck – schon, weil ihre Dimension all die verführt, die sich einen Sinn für Wellen und Meer, für Wind und vermeintlich gestriger Seefahrerromantik bewahrt haben. Fünf Masten trägt das Schiff, 42 Segel fangen den Wind ein. Und wenn das Tuch gesetzt wird, knarren Taue und Blöcke, während die hydraulischen Winschen nach und nach dafür sorgen, dass sich über den Köpfen der Passagiere ein ganzer Wald von Segeln entfaltet.

IM HAFEN VON ROM BEGINNT UNSERE REISE

Die Reise entlang der südlichen Westküste Italiens begann in Civitavecchia, dem Stadthafen Roms. Es ist schon dunkel, als sich die Royal Clipper vom Kai löst. Es herrscht Windstille. Leise vibriert das Deck und verrät, dass unten im Bauch der Schiffsdiesel arbeitet. Und dennoch wer-

Wenn die Segel zur dramatischen Musik gesetzt werden, lässt das keinen der Passagiere unberührt.

Das zauberhafte Amalfi ist eine typische Destination im Törnplan der Royal Clipper. Für die großen Kreuzfahrer ist die Infrastruktur nicht gemacht.

DAS SCHIFF FASZINIERT JEDEN TAG NEU

den alle 42 Segel gesetzt – zu den Klängen von Vangelis' „Conquest of Paradise", dem Song, der im Film die Reise von Columbus mit Gérard Depardieu dramatisch unterlegt. Der schwedische Reeder Mikael Krafft, zugleich Bauherr der Royal Clipper, hat dieses musikalische Melodram eigenhändig ausgewählt, um dem Hissen der Segel zusätzliche Bedeutung zu verleihen. Es gehört zum festen Ritual – die Gäste lässt es angenehm erschaudern, die Mannschaft hingegen kann die Melodie längst auswendig.

FÜNFMASTER ZUM TRÄUMEN

Die musikalische Annäherung an das historische Vorbild ist allerdings wenig realitätsbezogen. Die Santa Maria, mit dem der Entdecker einst gen Westen reiste, war ein eher schwerfälliges Schiff mit drei Masten und fünf Segeln. Es war nur knapp 24 Meter lang und wurde mit 39 Mann Besatzung gefahren. An Bord ging es spartanisch zu. Die 106 Crewmitglieder der Royal Clipper dagegen sorgen dafür, dass es auf dem 134 Meter langen, eleganten Fünfmaster komfortabel zugeht.

Die geräumigen Kabinen, die Marmorbäder, die schweren Teppiche auf den Gängen, die Bibliothek mit Kamin, die Wassersportplattform, die am Heck ausgeklappt werden kann, und die drei kleinen Pools auf dem Sonnendeck garantieren den maximal 227 Passagieren anspruchsvolles Wohlgefühl. Und doch ist es anders als auf einem Kreuzfahrer der üblichen Art. Es ist das Schiff, das fasziniert, nicht die Animation. Die hält sich in Grenzen. Kapitän Utitsyn stellt es mit erkennbarem Behagen fest: „Wir haben kein Casino, bei uns gibt es kein Roulette,

Wer einsame Inseln entdecken möchte, hat an Bord des Großseglers die besten Chancen.

kein Duty-free und keine professionelle Bühnenshow. Wir brauchen das nicht. Wer zu uns an Bord kommt, der will das Segelerlebnis, der will den Wind, die Wellen, das Wasser." Ein Konzept, das offensichtlich aufgeht. Voll Stolz nennt die Reederei die Wiederholer-Quote: Sie erreicht bemerkenswerte 60 Prozent und zeigt noch immer steigende Tendenz.

Über Nacht erreicht der Segler Ponza. Die Insel gehört nicht zu den klassischen Zielen von Italien-Touristen. Ihre Unschuld macht sie reizvoll. Ein Espresso am Hafen, ein Gang durch die steilen Pfade, die das Dörfchen am Inselhang erschließen, die Passagiere, die per Tenderboot an Land gebracht wurden, verlaufen sich. Unter der strahlenden Sonne fließt das Leben träge dahin, und man hat alle Chancen, sich diesem Tempo anzuschließen. Oder man genießt es mit gewissem Abstand

Kapitän Sergey Utitsyn trifft auch gern die Passagiere zum Dinner im behaglichen Restaurant.

Der zentrale Raum des Seglers reicht über drei Decks. Von oben fällt Tageslicht durch den Glasboden eines Pools.

und leichter Noblesse im Hotel Torre dei Borboni, von dessen Terrasse der Blick hinübergleitet bis zum rostroten Leuchtturm, der am Hafeneingang Segler und Motoryachten begrüßt.

DER GROSSSEGLER ZIEHT ALLE BLICKE AUF SICH

Das westliche Mittelmeer ist das klassische Revier der Royal Clipper. Italiens Küsten, Sizilien, Sardinien, Korsika, Mallorca – all das sind in der Sommersaison klassische Ziele des Fünfmasters. Er kam aus der Karibik, wo er im Winter kreuzt. Und überall, wo er auftaucht, wird er bestaunt – auch wenn er sich bisweilen zwischen den Megalinern der großen Kreuzfahrtkonzerne klein ausmacht.
Kapitän Utitsyn genießt das. Überhaupt ist er mit seiner Arbeitswelt überaus zufrieden. „Als Kind bin ich schon früh Opti gesegelt. Später war ich dann Kadett auf der Kruzenshtern, dem Ausbildungsschiff der russischen Fischereiflotte. Da merkt man, ob einem die Segelei in den Genen liegt.“ Nur eines bedauert er: dass sein Schiff niemals seinen Lieblingshafen anläuft. Als guter Este favorisiert er natürlich Tallinn, die Hauptstadt seines Heimatlands.

Da hat es „sein“ erster Offizier besser: Arrigo Ganipoli ist Italiener. Schon als Kind segelte er mit seinem Vater an der Adriaküste. Das Mittelmeer ist seine Heimat. Und das Schiff ist sein zweites Zuhause. „Fürs Segeln braucht man Gefühl. So ein Schiff wie das unsrige ist bei aller Modernität auf der Brücke kein Computer. Man muss mit ihm verwachsen sein“, sagt er, lächelt charmant, und man weiß, er hat sich selbst beschrieben.

Am nächsten Tag erreicht die Royal Clipper Sorrento. Während man die schier endlosen Treppen emporklimmt, um vom Hafen aus die Stadt zu erreichen, öffnet sich nach und nach der Blick auf die Bucht von Neapel. Der Vesuv liegt im milchigen Grau, der stolze Segler im Vordergrund strahlt in der Sonne. Man sagt, Mikael Krafft, der Reeder, habe das bis dahin einzige Fünfmastvollschiff, die Preußen der Hamburger Reederei F. Laeisz, vor Augen gehabt, als er sich zum Bau des Luxusseglers entschloss. Doch das stimmt nur bedingt. Tatsächlich hatte sich der Schwede als Jugendlicher mit einem kleinen Segelboot von Stockholm nach Mariehamn auf den Ålandinseln aufgemacht und bestaunte mit der Pommern das Wahrzeichen der Stadt. Die Viermast-Bark, wie die Preußen eine der legendä-

BEIM SEGELN IST GEFÜHL GEFRAGT

Wenig bekannt und gerade deshalb reizvoll: Ponza. Die Insel ist das erste Ziel auf der Reise. Die Einheimischen bringt der besondere Besuch nicht aus der Ruhe.

ren Flying P-Liner, beeindruckte ihn so sehr, dass der Großsegler-Traum geboren wurde.

DIE PREUSSEN IST DAS GROSSE VORBILD

Als dann 2000 die Royal Clipper von Schwedens Königin Silvia getauft wurde, war ein Schiff entstanden, das zwar fünf Masten trägt wie einst die Preußen – und doch ist es von ganz anderer, durchaus eleganterer Statur. Während die Preußen an allen ihrer fünf Masten mit je sechs Segeln fuhr, bietet die Royal Clipper dem Wind am Fockmast fünf, am Groß- und am Mittelmast jeweils sechs, am Achtermast wieder fünf und am Besanmast sogar nur vier Segel an. Die Preußen hatte also unter Vollzeug eine eher eckige Statur. Das Rigg der Royal Clipper ist vielmehr von einem kühnen Schwung gekennzeichnet. Der Preußen hat der Reeder dennoch ein kleines Denkmal gesetzt: Eine seiner Luxuskabinen mit eigenem Balkon trägt ihren Namen – gleich neben der Kabine Pommern übrigens ...

Während die Passagiere sich zum Abendessen im schönen Atrium versammeln, lichtet die Royal Clipper den Anker. Und als man sich – wie allabendlich – in der Tropical-Bar zum Cocktail trifft, sind die Lichter der Küste schon zu kleinen, glitzernden Punkten zusammengeschnurrt. Es geht weiter nach Süden. Amalfi heißt die nächste Station. Die Luft wird wärmer und das Wasser auch – wie die Schwimmer am anderen Nachmittag mitteilen. Sie sind über die Badeplattform am Heck ins Meer geglitten und rudern nun durchs azurfarbige Nass.

Amalfi ist auch so ein Hafen, den große Kreuzfahrer nicht anlaufen. Zu klein, zu eng, aber sehr bezaubernd. Der Ort zwängt sich in ein enges Tal, das wirkt, als sei es in die steile Küste gesprengt worden. Das quirlige Leben auf dem Marktplatz, der wunderbare Dom mit seinem historischen Kreuzgang, der Capuccino im Schatten, all das fasziniert. Und als wir dann noch in einem kleinen Laden namens Alimentari G. L. an der Via P. Capuano einen wunderbaren luftgetrockneten San-Daniele-Schinken entdecken und wir beim Besitzer Ferrigno Loredana je zehn hauchdünne Scheiben erstehen, ist der Genuss komplett. Auf einer Bank unweit des örtlichen Papiermuseums verschwindet der Schinken Scheibe für Scheibe. Das Leben ist schön.

SIZILIEN IST DER WENDEPUNKT DER REISE

Tradition spielt auf der Royal Clipper eine große Rolle. Ob Teakholzblöcke, die schöne Schiffsglocke oder die schneeweiße Galionsfigur, alles ist an Bord zu finden.

In der Nacht nähert sich der stolze Fünfmaster Sizilien. Mit vollen Segeln wollten wir durch die Straße von Messina. Aber der Wind macht einen Strich durch die Rechnung. So drückt uns die Schiffsschraube in die Bucht unterhalb von Taormina, einem der größten Publikumsmagneten der großen Insel. Die Stadt mit ihrer über 1.600-jährigen Geschichte verliert sich ein wenig im Souvenir- und Eiscafé-Rummel. Aber dann entdeckt man doch die historischen Fassaden, schaut in die stillen Hinterhöfe und freut sich an den schwer behangenen Orangen- und Zitronenbäumen.

Taormina im Schatten des Ätnas ist der Wendepunkt der Reise, die erneut nachts ihr letztes Ziel anvisiert: Lipari, die Hauptinsel der nach ihr benannten Eiland-Gruppe. Da ist es wieder, das Besondere einer Reise auf der Royal Clipper. Große Touristenströme landen hier nicht. Das bordeigene Tenderboot bringt die Passagiere in ein höchst lebendiges und dazu typisches Örtchen. Eine Pesceria lädt zum Mittagessen. Vor der Tür sitzen Wirt und Koch gemeinsam auf einer Bank in der Sonne und reden ambitioniert über den Alltag. Dann zaubert der eine ein prächtiges Spaghetti Vongole, und der andere kredenzt einen recht guten Hauswein. Hier könnte man noch lange sitzen ...

Aber da ist der Fahrplan. Ein Tag auf See steht im Programm. Er beginnt mit einer nächtlichen Fahrt am Stromboli vorbei, der zuverlässig Feuer spuckt. Am anderen Morgen heißt es „Segel setzen". Mit sanftem Wind von achtern geht es zurück in Richtung Civitavecchia. Dann gilt es, Koffer zu packen, und eine ältere Dame aus New York bringt es auf den Punkt: „Das könnte ich gleich noch einmal machen." Arrivederci Royal Clipper.

DIE FAKTEN
ROYAL CLIPPER

★★★★

BEWERTUNGSPUNKTE 523

Baujahr	2000
BRZ	5.060
Länge	134 m
Breite	16 m
Decks	4
Passagiere	254
Crew	106
Passagiere/Crew	2,4 : 1
Passagiere/Raum	19,9

Malta

Restaurants/Bar 1/1

Pool/Whirlpool 3/0

Bordsprache Englisch, Französisch

Dresscode sportlich, elegant

Kabinen 114 in fünf Kategorien. Neben den 14 Quadratmeter großen Außenkabinen gibt es 14 Deluxe-Kabinen mit 20m² und eigenem Balkon sowie zwei weitere Deluxe-Deckskabinen. Außerdem steht eine Owner-Suite mit 33m² zur Verfügung. Es gibt gibt lediglich sechs Innenkabinen an Bord. Alle Kabinen sind mit einem Marmorbad ausgestattet.

Highlights Das Setzen der Segeln ist stets ein besonders bewegendes Ereignis. Es läuft nach historischen Vorbildern ab – allerdings ist es weitgehend automatisiert. Besondere Ereignisse sind auch ein Sonnenbad im Netz am Bugspriet und das Treffen mit dem Kapitän in der Bibliothek, der dort vom Schiff und seiner Geschichte erzählt.

Info www.starclippers.com

Trend 2015 Im Winterhalbjahr kreuzt der Segler in der Karibik, im Sommer vornehmlich ... im westlichen Mittelmeer, ab 1.470 Euro.

TSG-
ALEXANDER VON HUMBOLDT II

MITSEGELN – DAS IST HIER WÖRTLICH GEMEINT

DIE ETWAS ANDERE REISE. AN BORD DER GRÜNEN LADY.

„Hol weg! Hol weg! Hol weg!" Merkwürdig diese Worte, eigentümlich und doch außerordentlich sinnvoll. Denn während Icke, der Topsmatrose, stets laut „hol" ruft, antworten wir zu acht gemeinsam „weg", was meint, dass wir jetzt an einem Strang ziehen. Bei jedem „weg" holen wir das Tauwerk ein, mit dem die Rahen des Großmastes in den Wind gestellt werden.

Wir sind an Bord der Alexander von Humboldt II und jeder, der hier eine Koje bezogen hat, ist gleichzeitig auch Teil der Mannschaft. Da ist einerseits die Stammcrew – gut ausgebildet und erfahren – und wir, die Trainees, die fast alle Großsegler bisher allenfalls von außen gesehen haben.

Der Dreimaster mit dem auffällig grünen Rumpf segelt unter der Ägide der Deutschen Stiftung Sail Training (DSST), einer Stiftung, die vornehmlich jungen Menschen das Leben an Bord erläutern will und zugleich zeigt, dass es auf das Team ankommt, will man ein Schiff vernünftig navigieren. Der Einzelne ist wenig – die Gruppe alles. Das ist die Botschaft, und sie kommt an – nicht nur bei jedem „weg" ...

Wir sind die 4/8-Wache: Zweimal in 24 Stunden stehen wir dem Schiffsbetrieb zur Verfügung. Frühmorgens von vier Uhr bis kurz vorm Frühstück und dann wieder nachmittags, wieder von vier bis acht. Unser Boss heißt Icke. Oder besser: Er wird so genannt wie alle Berliner, die irgendwann mal in der Fremde gearbeitet haben. Eigentlich heißt Icke Eberhard und mit Nachnamen Benzing. Aber das sagt keiner an Bord, und Icke ist es recht so. Eberhard mag er nicht, aber seine Eltern haben ihn natürlich nie gefragt ...

Im wirklichen Leben verdient unser Topsmatrose sein Geld bei Minister de Maizière. Seit 25 Jahren ist er im Innenministerium beschäftigt und nie hätte er gedacht, dass ihm einmal die Bretter die Welt bedeuten könnten, aus denen das Deck eines Großseglers konstruiert ist. Das änderte sich aber plötzlich, als Gesa, seine Frau, ihn zur Sail in ihre Heimat-

EINER FÜR ALLE, ALLE FÜR EINEN

Gut gemixt: unsere 4/8-Wache. Und damit die muntere Truppe auch weiß, was sie zu tun hat, ist Icke, unser Topsmatrose, stets wachsam zur Stelle.

Wann immer der Wind es zulässt, ist Segeln angesagt. Und während das Deck sich neigt, geht die Wache ihrem Dienst nach. Das macht aus Schiff und Mannschaft eine Einheit.

stadt lockte – nach Bremerhaven. „Mit Wasser hatte ich nie was im Sinn", erinnert er sich und grinst, „nur ein bisschen Schwimmen, mehr war nicht drin." Aber als er dann die vielen großen Segelschiffe sah, war er begeistert und wollte am liebsten gleich an Bord. „Da haben mich die Leute zur alten Alexander von Humboldt geschickt, die mit den grünen Segeln. Dort könne man mitfahren, hieß es."

Das war 1995. Zwei Jahre später gingen Gesa und er zum ersten Törn an Bord. „Zwölf Tage rund um die Kanaren." Und weil man etwas knapp an Personal war, schickte die Schiffsführung auch Icke gleich in die Masten. Ganz bis nach oben. „Als ich da runter sah, wurde mir ziemlich schwummerig", sagt er, und später stand er mit wackeligen Knien wieder an Deck und wusste doch: „Da will ich wieder rauf."

Und so kam es, dass Reise auf Reise folgte – Karibik, wieder die Kanaren, quer durch die Biskaya – „wo wir anständig was auf die Mütze bekommen haben". Und Icke wurde Matrose und Vollmatrose und schließlich Topsmatrose. Damit gehörte er – so könnte man sagen – zum Management an Bord, wurde Wachführer und sagte seiner Crew, wo es lang geht. Nicht nur bei „hol" und „weg". Der „grüne Bazillus", wie die Alex-Enthusias-

MASTEN LOCKEN ZU HÖHENFLÜGEN

Vor der Wache und nach der Wache ist die Messe ein wichtiger Treffpunkt. Hier gibt es immer heißen Kaffee, und die Köche beweisen zweimal täglich ihr Können.

Vier Kojen, eine Kammer. Und in der wird es dann ziemlich eng. Aber immerhin hat jede ihr eigenes Duschbad und eine Toilette. Für die Sauberkeit sorgt die Mannschaft selbst.

ten ihre ganz eigene „Krankheit" nennen, hatte ihn fest im Griff. Das hat sich bis heute nicht geändert.

Die Alexander von Humboldt II, das neue Schiff der DSST, ist von Travemünde aus Richtung Ostsee ausgelaufen – gegen den Wind und also mit Maschine. Unsere Wache hat Dienst, man sieht es am Sicherheitsgeschirr, das alle tragen. Wir müssen Ausguck gehen, am Ruder stehen, dürfen in den Mast und die Anweisungen umsetzen, die von der Brücke kommen, wo Kapitän Jens Middendorf das Sagen hat. Wie alle Schiffsführer der „Alex" hat er natürlich die erforderlichen Patente. Aber er fährt wie die komplette Crew ganz ehrenamtlich. Und man duzt ihn wie alle anderen an Bord – vielleicht mit Ausnahme von Herrn von Humboldt. Aber auch den nennen die meisten einfach nur Alex.

„Hand gegen Koje" heißt es bei der DSST, wenn man zur Stammcrew zählt. Natürlich hat jeder sein ganz eigenes Alltagsleben an Land. Das führt zu einer außerordentlich heterogenen Mannschaft bei der Stammcrew und natürlich auch bei den Trainees. So kommen zu unserer Wache ein Polizist aus Berlin, ein Schlossermeister aus dem Westfälischen, ein Architekt und sein Sohn aus München, eine Rechtsanwältin und ein Mediengestalter

AN BORD AUF DU UND DU

Symbolisch: Die Crew zieht an einem Strick. Anders wären die Aufgaben an Bord nicht zu schaffen. Wenn die Mannschaft das beherrscht, segelt die Alex II auch.

aus Westdeutschland, eine Diplom-Kauffrau aus Brandenburg und eben ich, überzeugter Norddeutscher, zusammen. Und natürlich Icke, der sonst in Berlin im Einsatz gegen Dschihadisten ist. Diese Mischung macht die Reise besonders und die Gespräche in der Freiwache sehr interessant.

Die Alex hat den Kurs gewechselt und strebt nun dem Fehmarnbelt zu. Der Wind ist mäßig, aber er kommt von achtern, und wir segeln, die Maschine schweigt. Die Sonne versinkt mit rotem Schein, und voraus sieht man die Lichter der großen Fähren, die Deutschland und Dänemark verbinden. Die Koje in der kleinen Kammer ruft, um halb vier werden wir geweckt und um vier Uhr werden wir wieder draußen stehen und wieder spüren, was es heißt: mitzusegeln und nicht einfach nur mitzufahren.

Es ist kühl, der Wind hat aufgefrischt und kommt nun von vorn. Wir steuern per Maschine den Großen Belt an. Unser Ziel heißt Fredericia. Dort soll die Alex Stargast beim örtlichen Hafenfest werden.

Doch vorerst stampfen wir nordwärts und schneller als vorgesehen. Während die Oslo-Fähre steuerbord an uns vorbei zieht, entschließt sich Käpten Jens, den Segler für eine Nacht in den Windschutz einer kleinen Insel nördlich von Seeland zu legen. Die Wellen werden flacher und das Schiff beruhigt sich. Beste Voraussetzungen für einen guten Schlaf – jedenfalls bis zur Ankerwache, während der Icke und ich kontrollieren müssen, ob die Alex ruhig liegt und sicher. Alles in Ordnung, sagt die Kreuzpeilung alle halbe Stunde. Ziemlich kühl, sagt das Gefühl. Nachher gibt's heißen Kaffee in der Messe. Und zum Frühstück treffen sich alle dort – ganz wie gewohnt

DIE FAKTEN
ALEXANDER VON HUMBOLDT II

Baujahr	2011
BRZ	763
Schiffstyp	Bark
Länge	65 m
Breite	10 m
Decks	4
Gäste & Crew	79

Restaurants/Bars 1/2

Bordsprache Deutsch

Dresscode praktisch, bequem und zur Wachzeit immer mit Sicherungsgurt

Kabinen 26 Kammern für 2, 3 oder 4 Personen. Vierbettkabinen kann man gegen einen Aufpreis auch als Zweibettkammern buchen. Damit steigt der Komfort erheblich an.

Highlights Die Alexander von Humboldt II ist rund 340 Tage im Jahr im Dienst des DSST-Stiftungszwecks unterwegs. Bei entsprechender Fitness kann jeder zwischen 14 und 75 Jahren mitsegeln. Die einzelnen Reisen sind im Törnplan festgelegt. Dort erfährt man auch alles über Termine und Preise.

Info www.alex-2.de

Trend 2015 Auf den Reisen werden unter anderem die Kapverden, die Kanaren, die Biskaya, Nord- und Ostsee ersegelt.

Deutschland

360° FÄHREN

Filteranlagen und alternative Kraftstoffe sollen den Schadstoffausstoß reduzieren.

NORD- UND OSTSEE

Umweltfreundliche Fährpassagen

Ab dem 1. Januar 2015 treten für den gesamten Schiffsverkehr in der Nord- und Ostsee neue Bestimmungen zur Regulierung des Schwefelgehalts in Treibstoffen in Kraft: Der Schwefelgrenzwert wird von derzeit 1,0 Prozent auf 0,1 Prozent gesenkt. Mit modernster Technik und neuen Treibstoffen reagieren die Reedereien auf die EU-Direktive und rüsten ihre Fähren in diesem Fahrtgebiet um, damit das Klima sowie die Ökosysteme der Nord- und Ostsee nachhaltig geschont werden. Schwefelarmer Treibstoff ist deutlich teurer als der bislang genutzte Schiffsdiesel und möglicherweise nicht in ausreichender Menge verfügbar. Eine Alternative für bestehende Schiffe ist die Installation von Abgasfiltern, sogenannten Scrubbern. Diese reinigen die Motorenabgase von Schadstoffen wie Schwefel, Stickstoff und Feinstaub und reduzieren so den Emissionsausstoß um mindestens 90 Prozent.

Die Reederei Color Line investiert rund 30 Millionen Euro in die neue Umwelttechnik. Die Color Line SuperSpeed II wird bereits im April 2014 mit Scrubbern umgerüstet, die weiteren Fähren im Deutschland–Norwegen- sowie im Dänemark–Norwegen-Verkehr folgen im Januar 2015. Im Hafen von Oslo werden die Color Line-Fähren zudem mit Landstrom betrieben.

Scandlines stattet alle vier Fähren auf der Linie Puttgarden–Rødby sowohl mit Scrubbern als auch mit einem Hybridsystem aus, das überschüssige Energie, die bei langsamer Fahrt oder bei Hafenliegezeiten gewonnen wird, in Batterien speichert. Die Fähren können damit ihren Treibstoffverbrauch an die Auslastung anpassen. Auf diese Weise werden bis zu 15 Prozent der CO_2-Emissionen eingespart.

Auf die Einhaltung des neuen Schwefelgrenzwertes stellen sich auch die weiteren auf der Nord- und Ostsee operierenden Reedereien ein. So werden in die bestehende Flotte von TT-Line sowie in die RoRo-Schiffe von DFDS Seaways Scrubber eingebaut. Andere Fährgesellschaften arbeiten ebenfalls an individuellen Lösungen.

Bei Neubauten wird von vornherein auf umweltschonende Antriebe gesetzt. Sowohl Viking Line als auch Fjord Line betreiben ihre neuen Schiffe mit Flüssiggas. LNG (liquified natural gas) ist derzeit das weltweit modernste Verfahren zum ökologischen Schiffsantrieb in der Praxis. Die Schwefelemission beträgt dabei nahezu null. Auch andere Abgasemissionen werden drastisch reduziert: Treibhausgase um bis zu 23 Prozent, Stickstoff um 92 Prozent und Partikel um bis zu 98 Prozent. Seit über einem Jahr fährt die MS Viking Grace der finnischen Reederei Viking Line auf der Strecke Stockholm–Turku ausschließlich mit LNG und wird auch während der Hafenliegezeiten mit Flüssiggas betrieben. Zur positiven Umweltbilanz trägt weiterhin das treibstoffsparende Design des Schiffsrumpfs bei.

Die Ostsee gehört zu den Gebieten, für die zukünftig besondere Grenzwerte gelten.

Skåne, die südlichste Provinz Schwedens, bietet faszinierende Ausflugsziele, zum Beispiel wild lebende Delfine, Wikingerdörfer, Kult-Krimi-Kulissen, dazu kilometerlange einsame Sandstrände. Sie alle liegen näher als man denkt: Von Hamburg oder Berlin aus ist die Südspitze des coolen Königreichs nicht einmal so weit entfernt wie Frankfurt, Köln oder Bayreuth – und eignet sich damit auch hervorragend für einen Wochenend-Trip.

WIKINGERDORF FOTEVIKEN

Wickie-Helm aufgesetzt, Schwert umgegürtet und rein ins Mittelalter-Vergnügen. Schweden lieben ihre Kultur, und sie lieben Kinder. Was liegt also näher, als eine ganze Wikingerstadt nachzubauen mit Schiffswerft und Schwertkampfplatz – ein riesiges lebendiges Freiluft-Abenteuermuseum voller Krieger, Gaukler, Druiden – wie vor 1.000 Jahren!

MALMÖ

Schwedens quirlige junge Metropole. Mehr als 800 Design-Boutiquen,Flagship-Stores und Shops für jeden Geschmack drängen sich im historischen Stadtkern, der zum größten Teil aus Fußgängerzonen besteht. Neben Mode von Weltmarken und Newcomern finden Shopping-Fans vor allem Möbel, Interior Design oder Handarbeiten aus Glas. Und sogar eine eigene „Copacabana" hat Malmö zu bieten.

LUND

Eine Zeitreise durch 5.000 Jahre. Im zweitältesten Freilichtmuseum der Welt, dem „Kulturen"-Museum bei Lund, spa-

SÜDSCHWEDEN

KLEINE REGION GANZ GROSS

Skåne – von Malmö nach Wallanders Ystad

Schroffe Küsten, wilde Kerle: Im Wikinger-Dorf wird das Mittelalter lebendig.

Buntes Farbenspiel zum Erntedank. In Südschweden wird gern gefeiert.

ziert man durch die Menschheitsgeschichte von den frühesten Dörfern über das Stadtleben im Mittelalter bis zu den Arbeiterwohnungen der Neuzeit. Außerdem bietet die reizvolle Studentenstadt einen historischen Altstadtkern mit sehenswertem Dom.

HELSINGBORG

Der maritime Segelhafen am Öresund, Schloss Sofiero, der frühere Sommersitz des Königshauses mit seinem sensationellen Rhododendron-Garten, oder der coole Badestrand mitten in der City sind nur einige Gründe, für die sich ein Besuch in Helsingborg lohnt.

KULLABERG

Das Naturreservat mit schroffer Felsenküste ist Treffpunkt für eine der letzten Delfin-Populationen Nordeuropas: Auf einer einstündigen Tümmler-Safari erleben Besucher hautnah die schwimmenden Säugetiere. Auf der unbewohnten und märchenhaft verwilderten Insel Hallands Väderö können Ronja-Fans durch die Original-Filmschauplätze spazieren und selbst als Räubertochter durch die Bäume turnen.

KRISTIANSTAD

Das UNESCO-Biosphärenreservat Wasserreich von Kristianstad (Kristianstad Vattenrike) bietet Wild-Life pur: beispielsweise auf einer Bootsafari zu den imposanten Seeadlern – bis zu 150 dieser Könige der Lüfte nisten hier – oder zum Kranich-Watching, wenn im Frühjahr bis zu 10.000 Tiere im Wasserreich Station machen.

KIVIK

Das berühmte Apfelfestival lockt jedes Jahr unzählige Besucher. Das weltgrößte Bild aus Äpfeln, bunte Ausstellungen und Straßenpartys, Mosterei-Besichtigungen, das Verkosten von einheimischen Apfelsorten wie „Kim“, „Aroma“ oder „Signe Tillisch“ sowie ein Musik- und Unterhaltungsprogramm machen den urigen Reiz dieses September-Highlights aus.

YSTAD

Die charmante Stadt im Süden von Skåne bietet über 300 gut erhaltene Fachwerkhäuser im Stadtkern und besitzt außerdem einen echten Kirchturmwächter. Fans des schwedischen Erfolgsautors Henning Mankell flanieren hier auf Schritt und Tritt durch die Schauplätze und Tatorte des Kultkommissar Wallander: zum Beispiel zu seinem Wohnhaus in der Mariagatan 10 oder in seine Lieblingskonditorei „Fridolfs".

STRÄNDE WIE SAND AM MEER

Kilometerlange Sandstrände prägen die Küste von Skåne. Sie liegen traumhaft an einsamen kleinen Buchten oder dienen als Treffpunkt für Beach-Partys, wie der „Tropical Beach" in Helsingborg. Eindrucksvoll sind weiße Sandstrände auf einer Länge von 40 Kilometern rund um die Stadt Ystad oder der perfekte Familienstrand „Täppet" in Åhus, unweit von Kristianstad.

INFORMATION

TT-LINE

verbindet Deutschland mit Schweden seit 1962. Mit rund 630.000 Fahrgästen und 330.000 Frachteinheiten pro Jahr ist die Reederei Marktführer im Passage- und Frachtverkehr zwischen den Ländern. TT-Line bietet seinen Kunden außerdem den dichtesten Fahrplan nach Südschweden an. Bis zu 15-Mal täglich verbindet TT-Line Travemünde bzw. Rostock und Trelleborg. Ab Januar 2014 erweitert TT-Line sein Routennetz mit zwei zusätzlichen Abfahrten um die Verbindung zwischen Świnoujście (Swinemünde) und Trelleborg.

Kullaberg
Naturreservat & Schutzgebiet für Ostsee-Schweinswale

Malmö
Design- & Shopping-Metropole

Kristianstad
Biosphärenreservat Wasserreich

Foteviken
Wikinger-Freilicht-museum

Lund
Dom-und Universitätsstadt

Kivik
Apfelplantagen in Schwedens Toskana

Sandstrände

Trelleborg
Hafen und Ziel der Fähren von TT-Line

Ystad
Heimat von Kultkommissar Wallander

BUNTES FAMILIEN-VERGNÜGEN

ERLEBNISTOUR IM BALTIKUM

Tallink Silja, die größte Fahrgastreederei der nördlichen Ostsee, hat ein Herz für Familien und Kinder. Ob Silja-Land, Sommer-Center oder Kids-Shop, alle Fähren sorgen für Spaß und bunte Aktivitäten während der Überfahrten. Absolutes Highlight: Tallink Silja ist die offizielle Reederei der Mumin-Familie, der berühmten finnischen Zeichentrick-Nilpferde – auf allen Silja-Fähren ist immer eins der überdimensionalen Nilpferdchen mit an Bord. Die Mumins heißen alle Besucher an Bord herzlich willkommen, die Maskottchen bieten einen wahren Unterhaltungswert – und das nicht nur für die kleinen Gäste. Tallink Silja ist „Official Carrier of Moomin". Auf der Silja Serenade und Symphony zwischen Stockholm und Helsinki sowie der Baltic Princess und Galaxy zwischen Stockholm und Turku ist immer ein Mitglied der Mumin-Familie mit an Bord. Zwischen dem 1. und 24. Dezember fungiert Tallink Silja zudem als „Official Carrier of Santa Claus".

Kreuzfahrtschiff mit Autodeck: Auf der Route Stockholm–Helsinki ist die Silja Serenade gemeinsam mit ihrer Schwester Symphony unterwegs.

Maskottchen für das Kinderprogramm: die Mumins.

Anstelle eines Mitglieds der Mumin-Familie ist der Weihnachtsmann an Bord und verteilt Geschenke an die Kinder.

Während der Sommermonate erwarten alle Silja-Fähren ihre kleinen Gäste im Kinder-Sommer-Center. In dieser Zeit werden die Konferenzbereiche in ein buntes Sommerparadies verwandelt, das zum Spielen, Toben und Erleben einlädt. Hier befinden sich Hüpfburgen, Rutschen, Lufthockeyfelder, Fußballfelder, Hinderniskurse, Karussells, Schaukelpferde, eine Kletterwand, Touchscreen-Spiele und vieles mehr an Bord der Fähren. Je nach Schiff können Gäste dies im Silja-Land, im Spielezimmer oder im Lotte-Dorf erleben. Außerdem bietet sich die Gelegenheit, im Kids-Shop zahlreiche Kostbarkeiten zu entdecken. Auch hier lauern die Mumins hinter jeder Ecke.

Silja-Land bietet allerlei Aufregendes: zahlreiche Spiele, ein Meer aus bunten Bällen, Zeichenutensilien und Spielzeug. Daneben betreuen geschulte Kreuzfahrtassistenten Aktivitäten wie Kindertheater, Shows, Gesichtsbemalungen oder Schatzsuchen. Während der Ferien im Sommer und zu Weihnachten ist das Angebot besonders groß und abwechslungsreich. Das Silja-Land befindet sich auf Deck 7 der Fähren Serenade, Symphony und Galaxy. Auf der Victoria gibt es daneben ein besonders großes Spielezimmer, das von Ilon Wikland, der Illustratorin der Astrid-Lindgren-Bücher, gestaltet worden ist. Eine weitere Besonderheit befindet sich ebenfalls auf der Viktoria I und auf der Baltic Queen. Es ist das Lotte-Dorf mit dem estnischen Comic-Hund Lotte, der ganz ungeduldig auf seine kleinen Gäste wartet, um mit ihnen zu spielen.

Im Kids-Shop auf Deck 7 der Fähren Serenade, Symphony und Baltic Princess gehen so manche Kinderwünsche in Erfüllung: Von Spielzeug und Süßigkeiten bis zu Kindermode erfüllen sich fast alle Träume. In der Parfümerie „Trend" lassen Make-up und Düfte so manches Teenagerherz höher schlagen. Für Familien bietet Tallink Silja Kabinen für fünf bis acht Personen zu speziellen Tarifen an. Diese bestehen aus zwei Kabinen, die durch eine Durchgangstür miteinander verbunden sind. Daneben zahlen Kinder im Büfett-Restaurant weniger, bis zum Alter von fünf Jahren essen sie sogar umsonst. Bei der Auswahl der Speisen kommen die kleinen Besucher ebenfalls nicht zu kurz: Pommes Frites, Spaghetti und Eiscreme stehen selbstverständlich auf der Speisekarte.

Innenkabinen mit Aussicht: Die Promenade der Fähren wurde später von Royal Caribbean für ihre Megaliner adaptiert.

Kein traditionelles Schloss: Der Sommersitz der schwedischen Royals im italienischen Stil.

ÖLAND

SOMMERSITZ DER SCHWEDISCHEN KÖNIGSFAMILIE

Eine königliche Familie zum Anfassen: An Geburtstagen nimmt die Familie die Glückwünsche der Einheimischen entgegen.

Jeden Sommer verbringt die schwedische Königsfamilie viel Zeit im sonnigsten Teil Schwedens – auf der Ostseeinsel Öland. Dort steht die royale Sommerresidenz Schloss Solliden, die Königin Viktoria zu Beginn des 20. Jahrhunderts bauen ließ. Ebenfalls Tradition: Gemeinsam mit Einheimischen und Touristen begeht Kronprinzessin Victoria alljährlich am 14. Juli ihren Geburtstag mit einem riesigen Fest.

TT-Line bringt Öland-Urlauber schnell und komfortabel nach Trelleborg in Südschweden. Die Fährüberfahrt ist von Rostock, Świnoujście (Polen) oder Travemünde möglich. Vom TT-Line-Anlegehafen aus sind es nur knapp vier Stunden Autofahrt bis nach Kalmar an der Ostküste Schwedens, von wo aus eine sechs Kilometer lange Brücke die Insel Öland mit dem Festland verbindet.

In Fußnähe des Hauptortes von Öland, Borgholm, liegt das Schloss Solliden,

Windmühlen und alte Festungsanlagen inmitten blühender Wiesen erfreuen den Spaziergänger auf täglichen Wanderungen.

die Sommerresidenz der schwedischen Royals. Königin Viktoria ließ es Anfang des 20. Jahrhunderts im Stil eines italienischen Landsitzes errichten. Der Schlossgarten ist von Mitte Mai bis Mitte September für Besucher zugänglich und fasziniert mit unterschiedlichen Themenbereichen: von einem geometrisch angelegten italienischen Renaissancegarten über einen englischen Park mit weitreichenden Grasflächen bis hin zu einem holländischen Blumenparadies und einem Steingarten, der der öländischen Natur nachempfunden ist. Am 14. Juli füllt sich der Park mit besonders viel Leben: am sogenannten Victoriadagen – auch „Ölands Nationaltag" genannt – feiert die schwedische Kronprinzessin alljährlich ihren Geburtstag mit Touristen und Öländern. Auch in diesem Jahr kann man Victoria mitsamt ihrer Familie wieder vor dem Sommersitz Solliden treffen, dem Ständchen von König Carl Gustaf zum 37. seiner Tochter lauschen und abends ein Konzert in Borgholm mit vielen schwedischen Stars erleben. Die Tickets für die Feier in Borgholm können bereits gebucht werden.

Sonne tanken in Schweden? Auf Öland kein Problem, schließlich ist die Insel die sonnenreichste Region in ganz Schweden. Dazu kommen traumhafte Strände mit feinstem weißen Sand, wie zum Beispiel der 22 Kilometer lange Böda Sand, der vor allem bei Familien mit Kindern beliebt ist. Neben Sonnen und Baden warten jede Menge spannende Aktivitäten auf Öland-Urlauber. Ein Highlight auf der Insel ist die imposante Schlossruine Borgholm, in der im Sommer Konzerte und Theatervorstellungen sowie viele Aktivitäten für Kinder stattfinden. Lebendige Geschichte erwartet Besucher der Festungsanlage Eketorp im Süden Ölands. In der teilweise rekonstruierten Fluchtburg aus dem fünften Jahrhundert

Lichterspiel der bunten Heißluftballons beim „Night Glow".

kann man sich beispielsweise im Schmieden und Lanzenkampf versuchen oder an einer spannenden Führung teilnehmen. Ebenfalls im Süden liegt die UNESCO-Welterbestätte Stora Alvaret, ein gigantisches Kalkplateau mit einer seit 5.000 Jahren unveränderten Agrarlandschaft. Weite Ebenen, urige Straßendörfer, alte Windmühlen und Bauernhöfe ziehen Jahr für Jahr zahlreiche Touristen an und bieten vielen Malern inspirierende Motive.

ERNTEFEST IN DER PROVENCE DES NORDENS

Vom Leuchtturm „Langer Erik" an der Nordspitze der Insel bis zum „Langen Hans" an der Südspitze lädt das Skördefest über die ganze Insel verteilt zu rund 900 Aktivitäten ein. Traditionelles Highlight des Erntefestes sind die Kunstnächte, bei denen Ölands Künstler ihre Ateliers und Ausstellungen durchgehend öffnen. Wie alle Events sind auch diese leicht zu finden, denn jeder Veranstaltungsort wird mit einem Strohballen markiert, auf dem ein Kürbis thront.

Kulinarisch dürfen die traditionellen kroppkakor natürlich nicht fehlen, mit Speck und Zwiebeln gefüllte Kartoffelklöße, die mit Preiselbeeren und zerlassener Butter serviert werden. Eine weitere Spezialität ist der speziell für das Erntefest produzierte Käse „skördeost". Der mit Meerrettich-Branntwein gewürzte Käse wurde 18 Monate gelagert und erinnert mit seiner orangen Hülle an einen Kürbis. Ebenfalls typisch öländisch: braune Bohnen, die in Schweden nur auf Öland wachsen. Sie werden traditionell mit gebratenem Speck serviert und sollen laut neuesten Erkenntnissen sehr gesund sein. Neu in diesem Jahr ist öländisches Bier: Die im Juni 2014 eingeweihte Mikrobrauerei Kackelstugans bryggeri lädt zur Bierverkostung ein.

Zu den beliebtesten Programmpunkten während des Erntedankfestes gehört Fårets dagar (Tage des Schafs), ein Renaissance-Erntemarkt in der imposanten Schlossruine Borgholm. Drei Tage lang bieten rund 60 Aussteller ihre Produkte rund ums Schaf an, und die Calmar Renässansgille (Kalmarer Renaissance-Gilde) heißt Aristokraten und Normalsterbliche willkommen und zeigt zum Beispiel, wie Bier im 16. Jahrhundert gebraut wurde. Publikumsmagneten sind auch das Event „Night Glow" in der Nähe des Tierparks, eine spannende Mischung aus Feuer, Licht und Musik mit Heißluftballons, die sich leuchtend aufrichten, sowie der Wikingermarkt in Köpingsvik.

SCHWEDEN-GEHEIMTIPP

MÄNNER-TRAUM

Motorrad-Rasenmäher-Kettensägen-Museum

Zeig mir, in welches Museum du gehen würdest, und ich sage dir, wer du bist! Aquarelle oder Aufsitz-Rasenmäher? Jugendstil oder Jagdwaffen? Klavierinstrumente oder Kettensägen? Wer sich bei diesen Ausstellungsangeboten jeweils für die zweite Variante entschieden hat, für den ist das „Husqvarna Fabriksmuseum" wie gemacht. Ein Männertraum! Es soll zwar Leute geben, die Husqvarna für einen Badeort an der bulgarischen Schwarzmeerküste halten. Versierte Hobbygärtner und Heimwerker wissen aber: Die zungenbrecherische Buchstabenfolge steht für einen schwedischen Maschinenbauer, der hochwertige Helfer für Haus und Hobby herstellt: von der Flinte bis zur Fräse, vom Außenbordmotor bis zur Akkusäge, vom Mixer bis zum Mähroboter. Und das seit 1689. Was die meisten aber nicht wissen, ist, dass es für die Firmengeschichte ein eigenes Technikmuseum gibt mit Tausenden von Exponaten: Erfindungen, Prototypen, Rohrkrepierern und Ingenieurs-Meisterleistungen. Überraschend sicher auch, dass Husqvarna nach Royal Enfield – und noch vor Harley Davidson! – die zweitälteste bis heute existierende Motorradfabrik der Welt ist.

Eine der ersten Maschinen überhaupt, ein geländetauglicher Zweizylinder von 1911, kann man im Museum besichtigen. Man erfährt, wie aus monströsen Forstmaschinen in den 50er Jahren die handliche Kettensäge für die Einmann-Nutzung entwickelt wurde, staunt darüber, dass die Frühformen des Schneescooters wie rasende Planierraupen aussahen oder folgt der Spur der Büchsenmacher zurück bis ins Jahr 1689, als am Fluss Husqvarnaån die ersten Musketen für die Armee des Schwedenkönigs gefertigt wurden. Auf 2.400 Quadratmetern erzählt das Museum so die Pioniergeschichte genialer Ingenieure – vom Vorderlader bis zum Mähroboter.

Und wer die Technikgeschichte aus Hausfrauensicht erleben mag, findet ebenfalls reichhaltiges Anschauungsmaterial: von Großmutters Gasherd bis zur digitalen Nähmaschine, vom Fleischwolf bis zur Mikrowelle. Das Museum hat täglich geöffnet, wochentags von 10 bis 17 Uhr, am Wochenende von 12 bis 16 Uhr, und kostet 60 Kronen Eintritt. Für Kinder bis zwölf Jahre gratis.

Die schönsten Urlaubserlebnisse sind oftmals die, die nicht im Reiseführer stehen: Insidertipps, Einheimischenwissen, Sensationen und Entdeckungen abseits der touristischen Trampelpfade. Mindestens für Schweden-Reisende gibt es jetzt aber eine einfachere Quelle, die Website „Das Beste an Schweden". Hier findet man so Überraschendes und Schräges wie ein Museum für Motorrad-Oldtimer, Rasenmähroboter und historische Kettensägen.

www.das-beste-an-schweden.de

Traditionsmarke: Vom Motorrad bis zu Küchengeräten und Sägen zeigt der schwedische Hersteller in der Ausstellung.

360° FLUSS

Von der Mündung aus befährt das Schiff zudem den Guadalquivir und den Guadiana flussaufwärts und bringt seine Gäste zu andalusischen Metropolen wie Sevilla und Córdoba und zu den weißen Dörfern Portugals wie Alcoutim.

CRIOSI EUROPE

Guadalquivir und Guadiana

„Costa de la Luz", so wird die spanische Atlantikküste wegen ihres Farbenspiels genannt. Wer auf dem Meer an den breiten Sandstränden vorbeifährt, trifft nicht nur auf Cádiz, sondern erreicht auch die Mündung zweier Flüsse. Der Guadalquivir fließt durch Andalusien. Der Guadiana entspringt in Kastilien und bildet im Süden die spanisch-portugiesische Grenze. Die Reederei Croisi Europe hat für die Region spezielle Meer- und Flusskreuzfahrten aufgelegt.
Sevilla ist für viele die schönste Stadt Andalusiens. Was den Zauber seiner Straßen und Plätze ausmacht, werden die Kreuzfahrer erkunden, bevor sie dort an Bord gehen. Das 110 Meter lange Schiff besitzt 90 Kabinen auf drei Decks. Mitten durch den Nationalpark Coto de Doñana geht die Fahrt nach Cádiz. Die Feuchtgebiete besitzen eine einzigartige Flora und Fauna. Tausende Zugvögel, wie der Rosaflamingo, aber auch Luchse leben dort. Cádiz liegt auf einer Felsenhalbinsel. Der Handel mit der Neuen Welt machte es einst reich. An der Küste führt die Route weiter zur Mündung des Guadiana. Die erste portugiesische Stadt nach der spanischen Grenze ist Vila Real de Santo António, das im 18. Jahrhundert nach einem Erdbeben entstand. Weiter im Landesinneren liegt Alcoutim mit seiner Burg. Zurück auf der spanischen Seite geht es nach El Puerto de Santa Maria, bekannt für seine vielen Sherry-Bodegas. Dieser Höhepunkt jedes Andalusien-Besuchs bildet den Abschluss der Reise.

www.croisieurope.de

OLIMAR

Land des Portweins

Unterwegs auf dem Douro: Flusskreuzfahrt entlang Portugals Weinregion.

Natürlich geht es auch mit dem Auto. Schöner erscheint das Dourotal im Norden Portugals aber vom Fluss aus. An Bord eines eleganten Schiffes lässt sich das von üppigen Weingärten umgebene Tal aus der ersten Reihe erleben. Olimar, der Reisespezialist für Portugal und Südeuropa, hat die siebentägige Tour erstmalig im Programm.
Bequemer und intensiver können Reisende das zauberhafte, UNESCO-geschützte Dourotal kaum entdecken als an Bord eines Schiffes. Die Douro Princess, so der Name des Boutique-Schiffes, steuert durch das Tal der besten portugiesischen Weine, der malerisch gelegenen Dörfer, Kirchen und Landgüter. Hier wachsen die Trauben für den Portwein, aber auch für andere gute Rebsorten wie für den Weißwein „Vinho Verde". Das Wasser des Douro glitzert in Grüntönen. Das Weinlaub, die Olivenhaine und Mandelbäume setzen das satte Grün bis nach oben auf die Bergspitzen fort. Nur im Herbst leuchtet das Weinlaub in Orange, Gelb und Rot und zeichnet einen schönen Kontrast in die friedliche, unberührte Landschaft.
www.olimar.com

A-ROSA-FLUSSKREUZFAHRTEN

Neue Konditionen für Familien mit Kindern

Auch der Osterhase war bei der großen Familienreise mit an Bord.

„Ahoi und Leinen los!" Gelungene Premiere der Familienreise auf der frisch getauften A-Rosa Flora. 47 Kinder im Alter von zwei bis 15 Jahre und deren Familien gingen mit der Rostocker Reederei auf Entdeckerkurs; eine Woche Familienspaß mit den Lieben auf dem Rhein inklusive. Vom Kochkurs und Pizzabacken mit dem Chefkoch, Familien-Barbecue bis hin zum alkoholfreien Cocktailworkshop mit dem Maître, für jeden kleinen Abenteurer war etwas dabei. Besondere Highlights: Die im Preis eingeschlossenen Ausflüge zum „Movie Park" in Bottrop und dem „Europa Park" in Rust. Achterbahnen, Wasserrutschen und Autoscooter – diese und viele weitere Attraktionen wurden als schönste Osterferienerlebnisse bei den Kindern verbucht.
Auch in Zukunft wird es bei A-Rosa die Moglichkeit geben, Urlaub mit der ganzen Familie zu machen. Dafür heißt es „Willkommen an Bord" – Kinder bis 15 Jahre reisen kostenfrei bei Buchung im „Premium alles inklusive"-Tarif, und bei zwei Vollzahlern und zwei Kindern bekommen die jungen Gäste sogar eine eigene Kabine.
www.a-rosa.de

„Dies ist Burma, und es wird wie kein anderes Land sein, das du kennst ...", hat vor über hundert Jahren Rudyard Kipling, der Poet des britischen Kolonialreichs, einem Freund versprochen, als der nach Rangun kam. Rangun wurde zu Yangon, das alte Burma heißt längst Myanmar und ist dabei, sich nach Jahrzehnten des politischen, wirtschaftlichen und touristischen Stillstands der Welt zu öffnen.

„Eine Reise wie keine andere ..." verspricht nun in Abwandlung des berühmten Zitats die Belmond-Gruppe, früher Orient-Express, ihren Passagieren, die mit einem kleinen, feinen Flussdampfer in eine weitgehend unbeschriebene Region vorstoßen. So gleitet also die Orcaella, das neue und intimere Schwesterschiff der bekannten Road to Mandalay, in einem Tempo, das dem Rhythmus dieses Landes angepasst ist, zum Beispiel den Chindwin bis weit in den Norden Myanmars hoch. Ein gut gesichertes und luxuriös abgefedertes Abenteuer für Reise-Gourmets, mit Ausflügen zu abgelegenen Elefantencamps, mit Barbecues in alten englischen Plantagenvillen, mit Besuchen in Dörfern, die nicht jeden Tag, nicht einmal jeden

Wie goldbesetzte Girlanden ziehen sich mancherorts die Pagoden an den Ufern des Chindwin-Flusses im Norden Myanmars, unweit der Grenze zu Indien, die Hügel hoch. Sie sind Ausdruck einer tiefen Frömmigkeit, die den Burmesen geholfen hat, auch schwierigste Zeiten zu überstehen.

DER FLUSS DE

Monat von anderen Gruppen heimgesucht werden, sorgsam vorbereitet durch kundige Begleitung und mit ebenso anspruchsvollen wie verständlichen Vorträgen.

Zwölf Tage waren wir mit der Orcaella in einem Fahrtgebiet unterwegs, das noch vor wenigen Jahren gar nicht bereist werden durfte und immer noch in keinem einzigen deutschsprachigen Reiseführer auch nur mit einer Zeile erwähnt ist. Der Chindwin, seine Ufer, sein Hinterland, die Menschen in den Dörfern und kleinen Städten lassen über weite Strecken den Zauber des alten Asiens erahnen, die Sanftmut und die Wunder eines von tiefer Religiosität geprägten Landes, dessen viel beschriebener Wandel sich bis jetzt noch vor allem in Yangon, Mandalay und anderen großen Städten spiegelt.

ABENTEUER MYANMAR

GOLDENEN PAGODEN

Das Boutique-Schiff Orcaella steuert neue Ziele in Oberburma an

Die orange gekleideten Jungs vom Logistik-Team und ein Offizier stehen Spalier, um die Passagiere von Bord zu geleiten.

AUSZÜGE AUS MEINEM REISETAGEBUCH

BUCHTIPPS

DER HAMBURGER AUTOR BERND SCHILLER hat sich mit zahlreichen Reisebüchern einen Namen als Asien-Kenner gemacht. Am liebsten nähert er sich Land und Leuten mit Booten und Flussdampfern über die großen Ströme und ihre Nebenflüsse, zum Beispiel den Ayeyawady und den Chindwin in Myanmar und natürlich den Mekong, den er vom Himalaja bis zum Delta in Vietnam bereist hat.

Myanmar/Burma: Gute Geister im Land der goldenen Pagode Eine Liebeserklärung an dieses wunderbares Land, das die Probleme nicht ausspart. Es schildert historische, religiöse und kulturelle Hintergründe, vor allem aber den Alltag der kleinen Leute und öffnet den Blick für die großen und kleinen Sehenswürdigkeiten in den Dörfern, auf den Märkten und in den Millionenstädten. Picus-Verlag, 14,90 Euro.

Mekong: Vom Dach der Welt zum Delta der neun Drachen Die Lebensader Südostasiens ist ein Strom von exotischer Schönheit, ein legendäres Sehnsuchtsziel und eine Region zwischen Hoffen und Bangen. Bernd Schiller schildert Impressionen, die die Reiselust wecken: zum Beispiel aus dem berüchtigten Goldenen Dreieck, aus der alten Königstadt Luang Prabang in Laos und aus Angkor Wat, dem weltberühmten Heiligtum im Urwald von Kambodscha. Picus-Verlag, 14,90 Euro.

Beide Bücher sind auch als E-Books erhältlich.

Die Atmosphäre an Bord ist gepflegt und bar jeder Hektik. Auch wenn das Schiff wie auf unserer Tour mit 46 Passagieren knapp ausgebucht ist, bleibt viel Platz, sich zurückzuziehen: zum Beispiel in die im Klubstil eingerichtete Lounge, an den von bequemen Liegen flankierten Pool (was bei der feuchten Hitze in den Monsunmonaten kaum jemand länger als eine halbe Stunde aushält) oder in die halb offene Hecklounge, die u. a. mit Longchairs und Sitzecken ideale Ruhezonen nach schweißtreibenden Exkursionen bietet.

Die Standard-Kabinen sind so komfortabel und ideenreich eingerichtet wie die Junior-Suiten in den beiden oberen Decks, bieten aber für zwei Personen nur knappen Schrankraum. Zur Qualität der Betten, der Beleuchtung und des Video-Angebots – Fernsehen ist nicht überall zu empfangen – haben wir viel Lob gehört. Als ausgesprochen angenehm werden die rutschfreien Granitböden in den Duschbädern empfunden.

Märkte bieten überall dankbare Fotomotive. In Myanmar sind die Händlerinnen nicht nur Statisten, sondern fröhliche Mitwirkende, die sich gern fotografieren lassen.

Es regnet stark, als die Orcaella am dritten Tag ihrer Reise flussaufwärts am Chindwin-Ufer vor dem Dörfchen Moketaw vor Anker geht. Umsteigen aufs Beiboot Panorama, mühsames Anlegen am schlammigen Ufer. Die Scouts – ja, es gibt ein Logistik-Team, das an jedem Ort vorab die Bedingungen des Landgangs checkt – haben Sandsäcke legen lassen.

WO KINDER HAARE LASSEN MÜSSEN ZUR EHRE BUDDHAS

Über die steigen wir einem Kloster entgegen, in dem wir dem Initiationsritus von Kindermönchen beiwohnen dürfen. Das Dorf hat nahezu vollzählig Aufstellung genommen. Die Eltern und Verwandten führen ihre fünf- bis siebenjährigen Jungen, in festliche Gewänder gehüllt, vor den Abt. Der schert den Knaben die Köpfe und nimmt sie mit einer kleinen Rede in die Gemeinschaft der Mönche auf, für ein paar Wochen, für ein Jahr, vielleicht für immer ...

Ein berührendes Schauspiel, ein gut vorbereiteter Einblick in das Leben dieser

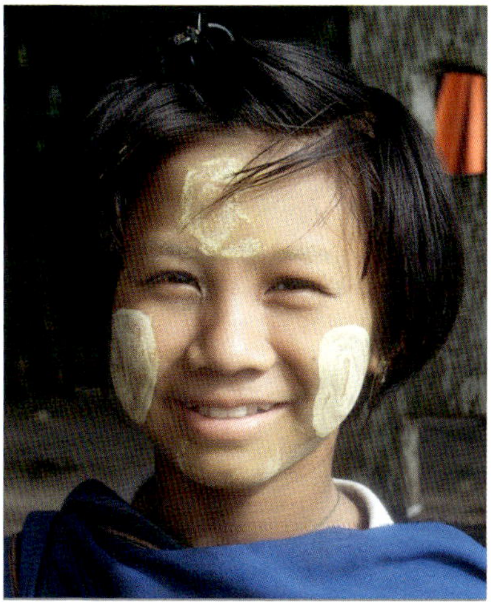

Frisch aufgenommene Kindermönche im Kloster von Moketaw am Mittellauf des Chindwin-Flusses. Die Passagiere waren willkommene Gäste bei dieser Zeremonie. Unter den Zuschauern ein kleines Mädchen mit der typischen Thanaka-Creme im Gesicht. Ist sie nicht Beweis genug, dass Myanmar das wahre Land des Lächelns ist?

ZUM AUSFLUG UMSTEIGEN AUF DIE LASTWAGEN

Kontraste: Das Ambiente des Boutique-Schiffs Orcaella ist geprägt von geschmackvoller Dekoration. An den Wänden hängen Bilder von burmesischen Künstlern, zu den Motiven gehören u. a. Volkstrachten der verschiedenen Ethnien. An der Rezeption wird, fein eingerahmt, kostbarer alter Silberschmuck gezeigt.

tief gläubigen Menschen. Noch beim Abendessen – marinierter Heilbutt, mit asiatischen Kräutern und Gewürzen im Bananenblatt serviert, alternativ Tenderloin aus dem Wok oder Lammmedaillons mit getrüffeltem Kartoffelmus – wird über die Zeremonie diskutiert. Waren wir, immerhin gut 60 Personen mit den Begleitern vom Schiff, Eindringlinge? Haben wir zu viel fotografiert? Nein, beruhigen unsere burmesischen Guides, im Gegenteil: Das Dorf habe sich geehrt gefühlt.

Sieben blaue Lastwagen dieseln an der Uferstraße vor sich hin, jeder mit vier bis fünf Stühlen auf der Ladefläche ausgerüstet. Ein Elefantencamp steht auf dem Programm, eine Art Altenheim für betagte ehemalige Arbeitsdickhäuter, gut 30 Kilometer landeinwärts im Dschungel gelegen. Die Trucks rumpeln und rutschen über sandige und aufgeweichte Pisten. Der Weg ist hier wesentlicher Teil des Ziels. Den Leuten, größtenteils gehobener Mittelstand und

Erst Fahrt mit Lastwagen über abenteuerliche Pisten, dann ein kurzer Ritt auf dem Rücken der Elefanten. Die Dickhäuter verbringen ihren Lebensabend in einem Camp für ehemalige Arbeitselefanten.

Und wieder ein spannender Einblick in den Alltag: Mit Trance-Tänzen wird im Tempel von Kani, hoch über dem Chindwin, ein Schutzgeist des Dorfes besänftigt.

FLUSSTAGE SIND ANGENEHM-TRÄGE TAGE DER ENTSPANNUNG

Bildungbürger aus England, Amerika und Australien, gefällt der Ritt durch die Wildnis mindestens so gut wie vor Ort das Streicheln, Füttern und kurze Besteigen der Elis.

Rückkehr an Bord, nass geschwitzt, Schlammspitzer an der Kleidung, aber glücklich. Mit feuchten Tüchern, kalten Getränken und der Möglichkeit, sich die Schuhe säubern und putzen zu lassen, werden sie empfangen. Zum Yoga kommen danach nur zwei Interessenten, zum Vortrag über den Holzhandel und den Transport in alter und neuer Zeit ist die Lounge hingegen gut besucht. Und am Abend, nach King Prawns in schwarzer Pfeffersauce oder ofengebackenem Seebarsch, rühren die vielen kleinen Ballons, die vom Oberdeck mit leuchtenden Kerzen und guten Wünschen über den Fluss geschickt werden – eine alte asiatische Tradition – nicht wenige Fahrgäste zu Tränen.

„Flusstage": Tage ohne Landgang, angenehm-träge Tage der Entspannung. Für

Bei Landausflügen, zu denen meist mit dem Begleitboot (links) gestartet wird, begrüßt oft das ganze Dorf die Passagiere (oben). Aber auch der Fluss bietet von Deck oder von den Kabinen aus, die alle große Fenster und Schiebetüren haben, viel Abwechslung wie hier der Blick auf das bewohnte Bambusfloß.

Auch in Myanmar gehört ein ausgiebiger Klönschnack unter Frauen zum Ritual eines jeden Marktbesuchs. Das Baby im Tragetuch nimmt es nach Landessitte gelassen hin.

ein paar Minuten sucht der eine die Erfrischung im kleinen Pool. Andere ziehen sich mit einem dicken Bildband über die Völker Burmas auf einen der dicken Lesersessel in die gut gekühlte Bibliothek zurück, lassen sich mit einem Ingwertee oder, wenn die Sonne schon tiefer steht, mit einem Gin Tonic, dem Klassiker unter den Sundownern, verwöhnen. Diese lässige Eleganz und das Ambiente aus ebenso geschmackvoller wie zurückgenommener, vorwiegend asiatisch geprägter Dekoration, prägen den Stil des Schiffes.

Kapitän Thein Tun ist mit 67 eigentlich schon im Rentenalter. Aber seine Erfahrung aus über vierzig Jahren Flussfahrt ist nach wie vor gefragt.

Drei Guides bereiten auf Land und Leute vor: Chef Win Myint (Mitte), englischsprachig wie Soe (mit Hut), während Mg Mg sich um deutsche Gäste in deren Sprache bemüht.

Man besucht an den Tagen zwischen den Exkursionen den stets lachenden Kapitän im Ruderhaus, leiht sich starke Ferngläser aus, bestaunt die Flöße und Lastkähne, die stromabwärts tuckern. Winkt den Kindern und Frau am Ufer zu, die dort sich und ihre Wäsche waschen. Hebt immer wieder die Kamera, wenn hinter jeder Biegung des Flusses neue goldene Pagoden die Hügel krönen oder sich wie Girlanden die Ufer hochziehen. Und mag sich nicht sattsehen, wenn sich nachmittags die Wolken zu unglaublichen Türmen und Gebilden aufschichten, wie sie nur in den Tropen möglich sind, Schauspiele, die kurz nach sechs mit rosa, rot, gelb und blau ausgeleuchteten Himmelsbühnen ihren Abschluss finden.

Goldene Pagoden, Tempel, Schulbesuche oder Wanderungen durchs Reisfeld stehen auf dem Landausflugsprogramm.

GRANDIOSE WOLKENBILDER UND ROT AUSGELEUCHTETE HIMMELSBÜHNEN

ORCAELLA

Schiff

Die Orcaella wurde 2013 in Dienst gestellt und fährt für Belmond Ltd. – früher Orient-Express, die weltweit Luxushotels, nostalgische Luxuszüge und feine Flussschiffe betreibt, in Myanmar außer der Orcaella die Road to Mandalay, ein ehemaliges Rheinschiff der Köln-Düsseldorfer Reederei. Die Orcaella ist nach dem Flussdelfin aus Myanmar benannt, der in kleinen Populationen in dieser Region vorkommt. Das Schiff im Stil eines Boutique-Hotels hat auf vier Decks 25 Kabinen für maximal 50 Passagiere. Es ist 6,10 Meter lang und 12,20 Meter breit. Mit einem Tiefgang von nur 1,10 Meter ist es ideal für die Fahrten auf den nördlichen Gewässern Myanmars. In 2015 wird RV Orcaella auf Touren von 8 – 12 Tagen auf dem Ayeyarwady und auf zwölftägigen Touren auf dem Chindwin unterwegs sein. Ein Beiboot ist für Landausflüge während der ganzen Reise im Einsatz. Alle Exkursionen, Vorträge und das übrige Bordprogramm und natürlich Vollpension, Softdrinks, Bier und gute Tischweine sind im Preis inbegriffen, nicht aber die Fluganreise. Die sehr feine und kreative Küche ist sowohl international als auch asiatisch ausgerichtet. Die Bordsprache ist englisch, der Dresscode smart casual, der Service vom Feinsten.

Fluss

Der Chindwin ist mit ca. 1.200 Kilometer Länge (entspricht ungefähr der Elbe) der bei Weitem größte Nebenfluss des Ayeyarwady. Gemeinsam bilden sie die beiden Lebensadern Mittel- und Oberburmas. Auf weite Strecken kommt der Chindwin den Grenzen zu Bangladesch und den indischen Bundesstaaten Manipur und Nagaland bis auf wenige Kilometer nahe. Schiffbar sind rund 650 Kilometer, nördlichste Stadt, die auch von der Orcaella erreicht und als Wendepunkt genutzt wird, ist Homalin. Die Ufer und das Hinterland werden von Fischern, Bauern und Kleinhändlern verschiedener Ethnien bewohnt, von denen die größtenteils christianisierten Naga mit ihren farbenfrohen Kostümen und ihren Tänzen für Reisende als besonders exotisches Highlight gelten.

Saison

Der Chindwin führt auf der hier beschriebenen Route nur in den Monsunmonaten, die auch als Regenzeit bezeichnet werden, genügend Wasser für Schiffe wie die Orcaella. Es ist die Saison der hohen Temperaturen (oft um 34 Grad), der häufigen, meist nur kurzen Niederschläge und Gewitter, aber auch der hohen Luftfeuchtigkeit. Für den Ayeyarwady hingegen sind unsere Wintermonate die ideale Reisezeit; dann ist es etwas kühler (ca. 28 Grad) und vor allem sehr viel trockener.

www.belmond.com

A-ROSA

FLUSSKREUZFAHRT INS DONAUDELTA

Zum schöneren ukrainischen Donaudelta kommen wir nicht, dafür aber zum rumänischen. Eine kontrastreiche Reise mit viel Natur und erschreckenden Überbleibseln einer Ex-Diktatur.

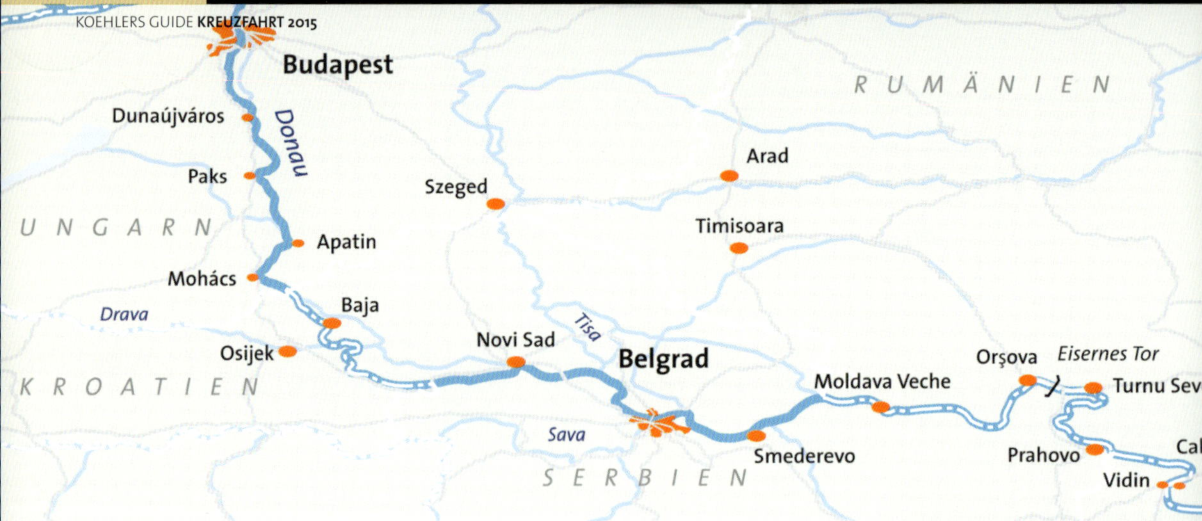

PELIKANE, REIHER UND NOCH MEHR FRÖSCHE

Die berühmtesten Bewohner des Donaudeltas sehen wir nicht in den berühmten Pelikan-Schwärmen, sondern nur einzeln (oben). Einen reich gedeckten Tisch für ihre Jungen finden Störche, die ihre Nester gerne unmittelbar an der Donau bauen.

Der Beginn war vielversprechend. Kaum legt das Ausflugsboot ab, entdecken wir den ersten Pelikan. Ein Fernglas ist nötig, um mit Sicherheit zu sagen, dass es sich um einen der stolzen Wasservögel mit dem auffällig langen Schnabel handelt. Tatsächlich, bestätigt der Tier- und Ortskundige Reiseleiter Tiberius.

Am Tag zuvor hatte er uns an Bord der A-Rosa Silva anhand phänomenaler Dia-Aufnahmen auf das Flora- und Fauna-Paradies des Donaudeltas eingestimmt. Wir sahen Nahaufnahmen von Pelikan-Schwärmen und lernten, dass es zwei Arten von ihrer Art in der Gegend am Schwarzen Meer gibt. Da sind zum einen die Krauskopfpelikane, die zu den größten und schwersten Vögeln zählen. Ähnlich groß sind die Rosapelikane, die allerdings nicht durch ein auffällig rosa Federkleid, sondern vielmehr besonders durch die schwarzen Schwungfedern zu erkennen sind. Aus der Ferne sind sie schwer zu unterscheiden, da beide ein weißes Gefieder

Im dichten Grün leben Hunderte Tierarten. Auf und zwischen den typischen Donaudelta-Seerosen tummeln sich besonders gerne Frösche.

mit gräulichem bzw. rosafarbenen Einschlag haben.

Diese wundervollen Aufnahmen sind im ukrainischen Teil des Donaudeltas entstanden, erklärt Tiberius. Dorthin können wir aufgrund der kriegerischen Auseinandersetzungen in der Ukraine auf unserer Reise leider nicht fahren. Eine Fahrt bis ans Schwarze Meer und zum Donaudelta ist indes der Höhepunkt unserer Donaukreuzfahrt, die uns an den Punkt null – also die Mündung in das Schwarze Meer – führen soll. Anders als beim Ursprung im Schwarzwald hat der längste Fluss Europas mehrere Nullpunkte: Überall dort, wo einer seiner weit verzweigten Arme in das Schwarze Meer mündet. Doch nicht alle sind so breit und tief, dass ein Flusskreuzfahrtschiff hindurchpasst. Da eine Donaudeltareise nicht vollständig wäre, wenn man nicht auch einen Punkt null erreicht, entschied sich die Reederei für eine alternative Route.

Stolz präsentiert ein einheimischer Fischer seinen Fisch, den er aus dem Wasser eines der verzweigten Seitenarme des rumänischen Donaudeltas geangelt hat (oben). Kormorane sind schön anzusehen, nicht allerdings ihre Hinterlassenschaften (links).

Blumenpracht auf dem Balkon eines verfallenen Belgrader Wohnhauses (oben). Am Bug der A-Rosa flattert neben der deutschen Flagge auch die Fahne des Gastlandes.

Schließlich gibt es nicht nur das ukrainische Donaudelta, sondern auch das rumänische. Statt nach Izmail und Vilkovo in der Ukraine wie ursprünglich geplant, legt die A-Rosa Silva in Tulcea und Salina an, um das Biosphärenreservat „Donaudelta" erleben zu können. Der Nachteil ist allerdings, dass das Delta auf ukrainischem Staatsgebiet als das schönste mit der größten Artenvielfalt an Tieren und Pflanzen gilt.

Drei Stunden lang tuckern wir mit dem Ausflugsboot über einen See, fahren in von Bäumen und Schilf umrandete Flussarme und hoffen, nach jeder Biegung die ersehnte Pelikan-Schar vor die Kamera zu bekommen. Nach etwa einer dreiviertel Stunde sehen wir allerdings erst den zweiten Pelikan, der vor unserem nahenden Boot schnell das Weite sucht, im großen Bogen wegfliegt und im Schilf verschwindet. Zu sehen bekommen wir noch ein paar Kormorane und Silberreiher. Während wir vergeblich auf unzählige Pelikane hoffen, tummelt sich unter uns im Wasser die wohl größte Tierpopulation des Deltas: Frösche, Kröten und Molche. Als wir kurz am Rande anhalten, um bei abgeschaltetem Motor auch die Tiergeräusche wahrnehmen zu können, zählen wir auf einem Quadratmeter mindestens zwei der Amphibien, die auf Seerosenblättern und zwischen den Wasserpflanzen hocken.

GERETTETES NATURPARADIES

Es ist nicht selbstverständlich, dass wir das rumänische Donaudelta überhaupt als Naturreservat erleben dürfen. Der Zusammenbruch der Sowjetunion und der Fall des Eisernen Vorhangs wirkten sich nicht nur für die Menschen, die Wirtschaft und den Tourismus positiv aus, sondern auch für die Natur. Denn der ehemalige rumänische Diktator Nicolae Ceausescu wollte das ungenutzte Territorium des Deltas trockenlegen und für die Landwirtschaft nutzbar machen. Dass der kommunistische Despot zu solchen größenwahnsinnigen Projekten in der Lage war, beweist der monströse Staatspalast,

Das mitten im Bukarester Stadtpark gelegene Restaurant mit großzügiger Terrasse soll das Lieblingslokal von Ceausescu gewesen sein. Heute tanzen Folkloregruppen für Touristen, während Nudelsuppe, Gulasch und Eis zum Nachtisch serviert werden.

RUMÄNIEN VON DER BUNTEN UND LEBENSLUSTIGEN SEITE

den er sich ins Zentrum der Hauptstadt Bukarest bauen ließ. An der Namensgebung „Haus des Volkes" durch den Erbauer dürfte vor allem zutreffend sein, dass er sein Land und sein Volk ausbeutete, um den fast 300 Meter langen, 86 Meter hohen und mit 92 Metern sogar noch tiefer ins Erdreich gebauten Protzbau zu verwirklichen. Als Materialien musste es das Edelste sein, das das Land zu bieten hatte: Marmor aus Siebenbürgen, Edelhölzer aus den rumänischen Wäldern, handgewebte Wandteppiche, eigens angefertigte Kristallkronleuchter, Bronzelüster und Samtvorhänge.

Dafür ließ er ein ganzes Stadtviertel, das Uranusviertel, abreißen. Kirchen und Synagogen wurden dem Boden gleichgemacht, gut 40.000 Menschen verloren ihre Häuser und wurden zwangsumgesiedelt. 1984 begannen die Bauarbeiten, die auch fünf Jahre später noch andauerten, als der Bauherr zusammen mit der im Volk noch verhassteren Ehefrau Elena von einem Exekutionskommando wäh-

Länder und Panorama wechseln – das komfortable Hotelzimmer (oben) und die gemütliche Lounge mit Panoramablick (unten) schwimmen mit.

GIGANTISCH, MONSTRÖS – DAS TRAUMSCHLOSS EINES DIKTATORS

Auf Hochglanz geputzt ist auch heute noch der rumänische Marmor im Bukarester Ceausescu-Palast, mit dem das Theater (oben), meterhohe Eingangssäle (links unten) und repräsentative Treppenhäuser (rechts unten) verkleidet sind.

rend des Volksaufstands hingerichtet wurde. Heute sind zumindest in einem Teil des Kolosses, der für die Bürger als Symbol von Unterdrückung und Staatsterror galt, das rumänische Parlament, ein Kongresszentrum und ein Museum untergebracht. Ein Teil des Gebäudes kann besichtigt werden. Ein blasser, schmaler junger Mann führt uns durch meterhohe und saalartige Gänge, die keinen sichtbaren Nutzen zu haben scheinen, außer dem, dass sie da sind. Er spult die offensichtlich auswendig gelernte Touristeninformation in seiner Landessprache herunter. Unser Reiseleiter vom Schiff, Tiberius, übersetzt. Seine Ausführungen sind deutlich länger und ausführlicher, da er uns mit Informationen jenseits des Standardprogramms und der offiziellen Sprachregelung versorgt.

Während wir beispielsweise in einem prunkvollen Theatersaal mit riesigen Kristalllüstern stehen, weist Tiberius auf die übertrieben vielen Lichter und Leuchten hin. Ceausescu habe den gesamten Palast so hell erleuchtet sehen wollen, als strahle selbst im untersten Untergeschoss die Sonne hinein. Der DDR-Staats- und Parteichef Erich Honecker und sein rumänischer Amtskollege schienen eine gemeinsame Leidenschaft für künstliches Licht im Überfluss zu haben. Denn uns deutsche Besucher erinnert dies an „Erichs Lampenladen" in Berlin. Während der Palast der Republik nach langem Leerstand und noch längerer Diskussion 2010 abgerissen wurde, bauten die Rumänen den verhassten Palast ihres Ex-Dikators sogar noch zu Ende. Sprengen und abreißen, so die Argumentation, wäre teurer gewesen.

CEAUSESCUS LAMPENLADEN

Heute werde nur ein Drittel des Lichts angestellt, um Strom zu sparen, sagt Tiberius. Zudem seien Sparlampen installiert. Auch hier im Theater, wo nur jeder dritte Kronleuchter und nur jede dritte Lampe mit Strom versorgt werden, ist alles bestens erleuchtet. Ebenso monströs wie der Palast ist der kilometerlange, von massiven Betonblöcken gesäumte Prachtboulevard, der die Pariser Champs-Élysées in Glanz und Pracht übertreffen sollte. Tatsächlich ist sie mit Absicht ein paar Meter länger als das Pariser Vorbild. Allerdings ist die Straße, die vor dem Ceausescu-Palast endet, ebenso renovierungsbedürftig und verfallen wie der Großteil des immer noch armen Landes.

Je weiter man sich aus dem Zentrum entfernt und an die Stadtränder gelangt, kommt man in die typischen Bukarester Viertel mit sozialistischen Einheitswohnblocks in all ihrer Tristesse, zu Industrieruinen und sichtbarer Armut. Sind wir hier tatsächlich noch in der Europäischen Union, fragen wir uns mehr als ein Mal.

Der Kontrast zwischen dem wohlhabenden Westeuropa und den ehemaligen kommunistischen Ostblockstaaten wird besonders deutlich, als wir zurück zum Schiffsanleger in Oltenita kommen. Streunende Hunde, aufgebaggerte Erde und ein provisorisches schwimmendes Häuschen mit einem Café und Souvenirladen bilden das Hafenpanorama. Sobald alle Ausflügler zurück sind, legen wir ab und fahren flussaufwärts, immer dem Wohlstand entgegen.

A-ROSA SILVA

Baujahr:	2012
Länge:	135 m
Breite:	11,40 m
Passagiere:	186
Crew:	50

Bordsprache Deutsch

Dresscode sportlich, leger

Restaurants/Bars 1/1

Pools/Whirlpools 1/0

Kabinen 89 komfortabel und modern eingerichtete Außenkabinen – davon zwei Balkonsuiten mit ca. 29m², 60 Kabinen und vier Juniorsuiten mit französischem Balkon.

Highlights Großer Außenpool, in dem man schwimmen und nicht nur plantschen kann; Außenbar und überdachter Restaurant-Außenbereich; für Flussschiffe großzügiger Fitness- und Wellnessbereich mit Finnischer Sauna und Dampfsauna.

Trend 2015 Donaudelta von Bukarest nach Passau vom 19.05.bis 30.05.2015 ab 1.749 Euro oder vom 31.08.bis 11.09.2015 ab 2.249 Euro.

1703 beginnen die Bauarbeiten der Peter-und-Paul-Festung auf der Haseninsel im sumpfigen Newa-Delta. Der Grundstein der Zarenmetropole mit Zugang zur Ostsee ist gelegt.

VON ST. PETERSBURG NACH MOSKAU

RUSSLAND IST EIN WEITES LAND

Uferlose Seen, breite Ströme, mächtige Schleusen, Wälder & Weltstädte

St. Petersburg wirkt vertraut. Beim Bummel über die bunt bevölkerten Promenaden am Newa-Ufer oder den belebten Newski-Prospekt fühlen wir uns nicht anders als in Prag oder Paris. Beim Lesen der kyrillisch geschriebenen Namen sind wir etwas aus der Übung, auf den Werbebotschaften von McDonald's, Burger King & Co oder Konzertplakaten mit Elton John und José Carreras finden wir die vergessenen Buchstaben rasch wieder.

Zum 300. Jubiläum der Stadtgründung im Jahr 2003 hat sich St. Petersburg herausgeputzt und präsentiert nun neben kostbaren Kunstschätzen und goldglänzender Zarenpracht auch wieder seine prunkvollen Adelspaläste, seine restaurierten Klöster und Kirchen aller Konfessionen. Dazu alte und neue Luxusherbergen, internationale Gourmettempel, Bars und Cafés, Designer-Boutiquen und einen beachtlichen Fuhrpark an Nobelkarossen.

DIE ANREISE

Unsere Anreise organisieren wir auf unkonventionelle Art. Mit einem schwedischen Schiff der finnischen Finnlines, die zur italienischen Grimaldi-Gruppe gehört. Einmal pro Woche, samstags, legt die Frachtfähre, die auch Passagierkabinen mit Vollpension anbietet, am vom Terminal Lehmannkai an der Trave ab. 2.600 laufende Meter Laster befördert sie, volle Container hin, viele leer zurück. Zwei Stunden nach Abfahrt passiert sie den alten Leuchtturm im Seebad Travemünde und erreicht die Ostsee. Im kantinenartig bestuhlten Restaurant mit nahrhaftem Büfett das zu vier Mahlzeiten am Tag öffnet, sitzen Fernfahrer an langen Tischen. Sprachlich sind wir schon in Russland an-

Die Schlossbrücke verbindet Palastufer und Wassilewski-Insel. Wie alle Newa-Brücken wird sie nachts geöffnet, um Schiffe stromaufwärts passieren zu lassen.

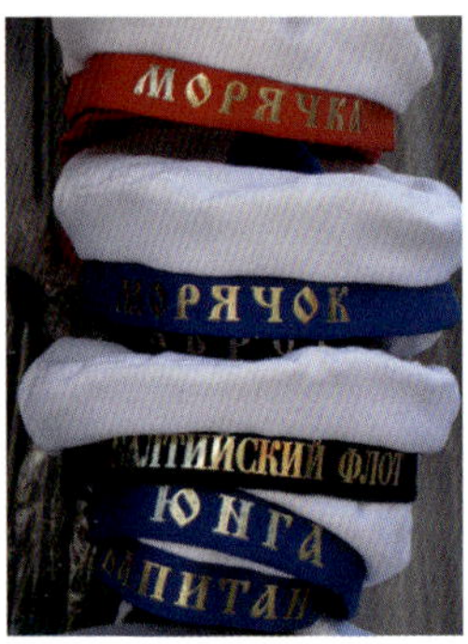

Peter der Große gründet Russlands ersten Ostseehafen und gleichzeitig die Kaiserliche Marine. Matrosenmützen mit kyrillischer Aufschrift sind ein beliebtes Souvenir.

gekommen, die kräftigen Jungs lassen die Wodkaflasche kreisen. Ansonsten haben sich abenteuerlustige Individualisten eingeschifft. Radfahrer, Rentner, Rucksackreisende, Familien mit Kindern. Fehmarn, Bornholm und Gotland bleiben an Backbord liegen. Nach zwei relaxten Tagen und drei ruhigen Nächten ist Dienstagmorgen die Newa erreicht und die goldene Kuppel der Issak-Kathedrale leuchtet uns in der Morgensonne entgegen.

Passkontrolle um fünf Uhr früh an Bord, „face check“ ist vorgeschrieben. Ein Shuttle-Bus bringt uns durch das bisweilen baufällige Hafengelände zum Tor, und der Fahrer zeigt uns den Weg zur öffentlichen Bushaltestelle. Zum Glück haben wir von der letzten Reise noch ein paar Rubel in der Tasche, der Bankomat am Hafenterminal ist „out of cash“. Freundliche Menschen steigen zu, die uns angesichts des mitgeführten Gepäcks immer wieder auf Hotels hinweisen. Wir steigen am Newski-Prospekt aus, trinken bei Starbucks einen Milchkaffee und schauen noch mal nach dem Liegeplatz. Leicht zu erreichen, die grüne Metrolinie bringt uns von Station Majakowskaja direkt zur Proletarskaja am Flusshafen, wo MS Ivan Bunin seine Gäste erwartet.

Weit mehr als 2.000 Bauwerke der Fünf-Millionen-Stadt sind UNESCO-Weltkulturerbe. Renommierte Künstler und Architekten schufen im Newadelta ein einzigartiges europäisches Gesamtkunstwerk aus Barock und Klassizismus. Kunstsinn, Liebhabereien und Zarenluxus repäsentieren Winterpalast und Eremitage, Sommerresidenz Peterhof mit Parks, Brunnenfiguren, Fontänen, Kaskaden und Zarendorf Zarskoje Selo, das heute Puschkin heißt, mit Katharinenpalast, Bernsteinzimmer und Badehaus im Landschaftsgarten.

Es ist Ende Juli, die Tage sind heiß und die Nächte noch hell auf 60 Grad nördlicher Breite. Wir stehen auf dem Schlossplatz, den Architekt Carlo Rossi anlegen ließ. Hier erinnert vieles an die bewegte Geschichte der russischen Residenz- und Hauptstadt: an den Sieg über Napoleon, den „Blutigen Sonntag“, den Untergang

Flammenblumen in bezaubernder Farbenvielfalt blühen in Schlossparks und Bauerngärten, werden auf Märkten feilgeboten. Auf dem Friedhof am Alexander-Newski-Kloster ruhen russische Adlige, Komponisten, Dichter, Gelehrte.

IM STADTWAPPEN ANKER FÜR SEE-UND BINNENSCHIFFE

des Zarenreiches nach der Machtergreifung der Bolschewiken unter Lenin, die Belagerung durch die deutsche Wehrmacht, Artilleriegeschosse und Fliegerbomben. Dennoch ist die wenig attraktive Sowjetarchitektur nicht ins imperiale Zentrum vorgedrungen.

PARKS, PALÄSTE, KONSUMTEMPEL

Hier beginnt die 4,5 km lange Prachtstraße Newski-Prospekt. Die barocke Fassade des Palais Stroganow, erbaut von Elisabeths Hofarchitekt Rastrelli, und seine Raumfluchten lassen ahnen, was Reichtum im alten Russland bedeutete. Die Auslagen der eleganten Ladenpassagen gegenüber und das Angebot im Jelissejew, dem feinsten Delikatessengeschäft der Stadt, das Krimsekt & Kaviar unter Kristallkandelabern an Marmortresen verkauft, berichten vom neuen Reichtum.

Vor der Kasaner Kathedrale, die an St. Peter in Rom erinnert, warten Gläubige. Die „Gottesmutter von Kasan", eine der heiligsten Ikonen der russisch-orthodoxen Kirche, zieht zahlreiche Pilger an, obgleich eine Kopie das verschwundene Original aus dem 16. Jh. ersetzt. Gegenüber ein repräsentatives Jugendstil-Gebäude mit gläsernem Türmchen und Weltkugel. Nähmaschinenfabrikant Singer baute es am Gribojedow-Kanal, in dem sich auch die vielfarbigen Zwiebeltürme der Erlöserkathedrale spiegeln. Kanäle, die Flüsse Moika und Fontanka, romantische Brücken, renovierte Fassaden, moderne Lofts und Dachgärten, Straßencafés, Ticketverkäufer, Ausflugsboote – facettenreiche Momentaufnahmen einer faszinierenden Weltstadt, die auf der Kanalfahrt bei Sonnenuntergang zu einem impressionistischen Gemälde verschmelzen.

Noch ein Spaziergang über den Friedhof am Alexander-Newski-Kloster, um Fjodor Dostojewski, Michail Lomonossow und Pjotr Tschaikowski die Ehre zu erweisen, dann verlassen wir das „Fenster zum Westen", wie Alexander Puschkin St. Petersburg nannte. Flussaufwärts, um einen winzig kleinen Teil vom größten Land der Erde kennenzulernen.

Peter der Große, der Zar, der Segelboote

Pjotr Jelissejew importierte Kaffee, Tee, exotische Früchte. In Moskau und St. Petersburg sind die exquisiten Jugendstil-Geschäfte heute erste Adressen für Delikatessen.

Schwesterschiffe am Ufer des Swir. Sie gehören russischen Reedereien.

Prunk und Zarengold wohin man schaut, man sollte es dosiert genießen. Im Winterpalast an der Newa oder in Katharinas Sommerresidenz in Zarskoje Selo.

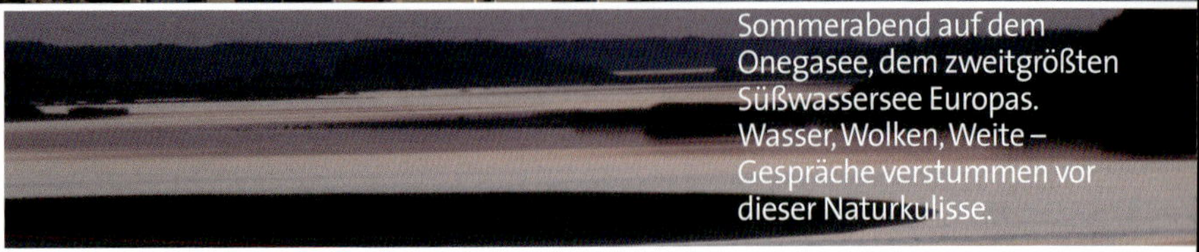

Sommerabend auf dem Onegasee, dem zweitgrößten Süßwassersee Europas. Wasser, Wolken, Weite – Gespräche verstummen vor dieser Naturkulisse.

Ein Matrose, der einen mächtigen Feudel mit Baumstamm als Stil jeden Morgen auf den Decks der Ivan Bunin schwingt, spart sich das Fitnessstudio.

liebte und als Zimmermann auf einer niederländischen Werft der Ostindien Kompanie Schiffe baute, wollte den Seehandel intensivieren, einen Ostseehafen besitzen und Wasserwege quer durch sein Riesenreich bauen. Ein Jahrhundert verging, bis die erste Wolga-Ostsee-Verbindung fertiggestellt war.

WALD IST MEHR ALS BRENNHOLZ

Vor uns liegen gut tausend Fluss- und Seekilometer und einige Superlative unseres Kontinents. Ladoga- und Onegasee sind die größten Süßwasserseen, der Rybinsker zweitgrößter Stausee, die Wolga längster und wasserreichster Fluss Europas. Im Ladogasee kann sich der Bodensee mehr als 30-mal verstecken. Zu der Binnenschifffahrtsstraße gehören mehrere Ströme, Flüsse, Kanäle, Seen und Stauseen, dazu 18 Schleusen. 162 Meter Höhenunterschied werden wir überwinden.

Nach dem Kapitänsdinner verlassen wir die Newa und passieren die Schlüsselburg, vor Festung Kronstadt wichtigstes Bollwerk gegen Eindringlinge aus der Ostsee. Beim Aufstehen sehen wir endlose Wälder am Ufer des Swir. Hie und da ein Holzhaus, selten ein Angler. Mandrogi ist ein Grillplatz mit Folklore, am Bootssteg lassen wir die Füße im Fluss baumeln. Tags darauf kommt Kishi in Sicht, Zwiebeltürme alter Holzkirchen glänzen silbrig in der Sonne, nur 40 Menschen leben auf den historischen Höfen der Insel. Friedvolle Stille, Schilf am Ufer, Wasser bis zum Horizont. Wir tuckern über den spiegelglatten Onegasee, weder Land noch Wolken in Sicht.

Abends passieren wir in Folge sechs Schleusen im Wolga-Baltik-Kanal. Alle Schleusenwärter lieben Blumen, überall blühende Rabatten. Die Beete sind oft gepflegter als die Bauwerke, die bis zur Einweihung des Kanals 1964 entstanden. Dann grüßen die Kirchtürme vom Frauenkloster Goritzy. Alle 600 Einwohner des Dorfes scheinen einen Souvenirstand am Schiffsanleger zu betreiben. Heidelbeeren, Honig, feines Leintuch, Pelzjacken und Puschen aus Birkenborke von anno dazumal werden unaufdringlich feilgeboten. „Tem-

Im Wolga-Baltik-Kanal passieren wir nacheinander sechs mächtige Kammerschleusen, um die insgesamt 162 m Höhenunterschied bis Moskau zu überwinden (unten).

LANG WIRD MEIN VOLK SICH LIEBEND MEIN ERINNERN

peraturen sinken sechs Monate zweistellig unter null, Gewässer haben dicke Eisdecken, mindestens ein halber Meter Schnee fällt. Jetzt wachsen Beeren und Pilze im Wald", erklärt Olga, die uns das von mächtigen Festungsmauern umwallte Kirill-Beloserski-Kloster am Siwerskisee zeigt. Bedeutend waren einst Bibliothek, Ikonenmaler und Holzschnitzer, heute ist es ein Museum und wird mit staatlichen Mitteln restauriert.

Auf den Seen haben wir das Gefühl, allein auf dieser Welt zu sein, an Anlegern aber treffen wir Schwesterschiffe. Sie wurden in den 1980ern in Serie gebaut, auf der mecklenburgischen Elbewerft Boitzenburg. 28 Fluss-Seeschiffe für Russland, zehn für die Ukraine, 4 für China. Ivan Bunin, die für Phoenix-Reisen fährt, gehört der russischen Orthodox Cruise Company mit Sitz in Rostow am Don. Diese ließ 2010 ihre Schiffe in einer 7-monatigen Werftzeit generalüberholen. 72 Standard- wurden zu 36 Luxuskabinen, die Passagierzahl entsprechend reduziert, Fenster der oberen Decks kann man öffnen. Ein

Katjuschka serviert Borschtsch, Blini und warme Piroggen, in russischer Tracht jeden Tag mit ansteckender Fröhlichkeit und strahlendem Lächeln.

Fresken aus dem 17. Jh. Die Elias-Kirche in Jaroslawl zeigt farbenfrohe Szenen aus dem Alten Testament und dem Leben der Propheten. Sie gehört zum Weltkulturerbe der UNESCO. Matrjoschkas im Stadtpark halten die Erinnerung an die Winter-Olympiade 2014 in Sotschi hoch.

KIRCHEN, KLÖSTER, KFC: RUSSLAND GESTERN UND HEUTE

Restaurant, drei Bars, Salon mit Tanzparkett und Bühne bieten innen viel Platz, Sonnendeck mit Pool und umlaufende Promenaden außen. Das Schiff ist makellos und blitzsauber, irgendwo feudelt immer ein Matrose – nicht jedes der Schwesterschiffe kann da mithalten.

Das tausendjährige Jaroslawl, ein architektonisches Juwel am Goldenen Ring um Moskau, zeigt heute historische Fassaden mit Neonwerbung internationaler Fast-Food-Ketten und preist Oktoberfestbier an, während fröhliche Marktfrauen frisches Obst und Gemüse feilbieten. In Uglitsch am Wolga-Knie hören wir die Geschichte vom kleinen Zarewitsch Dimitri, dem im Kreml die Kehle durchgeschnitten wurde, was langanhaltende Unruhen auslöste und zum Niedergang der Handelsstadt führte. Überall faszinieren die Zwiebelkuppeln der Kirchen, in Gold, Grün und Blau. Sie leuchten aus dem Birkengrün am Ufer, über den Dächern der Dörfer und Städte, strahlen nachts heller als die Sterne. Ihre farbenfrohen Fresken sind Bibel-Bilderbücher, goldgerahmte Ikonen in warmen Farben zeigen Patrone, Propheten, religiöse Feiertage und Erzväter.

Moskau wird im 19. Jh. modernisiert, Zar Nikolaus II. gibt ein mondänes Warenhaus am Roten Platz in Auftrag. GUM ist ein Palast zum Geldausgeben.

SPIEGEL DER GESCHICHTE

Wir können nicht sagen, welche Kirche uns mehr berührt, welche die prächtigste. Vielleicht Sergijew Possad, die Residenz des Patriarchen ist. Zum 700. Geburtstag des Gründers ist alles auf Hochglanz gebracht, die Reihe der Gläubigen vor der Dreifaltigkeits-Kathedrale mit dem silbernen Sergius-Schrein scheint endlos. Mitreisende erzählen, in welch verfallenem Zustand sie das Kloster vor 50 Jahren sahen und wie bitterarm die Menschen waren. Sergijew Possad ist heute ein schmucker Ort, mit gepflegten Holzhäusern und Rosen im Vorgarten. Wir erfahren, dass wieder viele junge Familien zum Gottesdienst gehen, die russisch- orthodoxe Kirche keine Nachwuchssorgen plagt, weder bei „weißen" Geistlichen, den verheirateten Gemeindepriestern, noch bei „schwarzen", also Mönchen. Sahen wir unterwegs nur holzbeladene Kähne und altgediente

Der Kreml in Moskau, das Machtzentrum Russlands mit Krönungskathedrale und Amtssitz des Präsidenten, ist erreicht, Kapitän und Crew verabschieden sich.

Tanker, wird das Leben nun bunter. Tragflächenboote flitzen vorbei, Yachten liegen am Kai. Picknickplätze am Ufer, Datschen werden zu Villen, Kräne und gläserne Hochhäuser wachsen in den Himmel. Dazwischen die Plattenbauten der Sowjetära, grau und unansehnlich. Wir haben Moskau erreicht und müssen uns verabschieden. Von der russischen Crew, die uns warmherzig umsorgte, von unseren Reiseleitern und Dolmetschern, deren Fachwissen und Sprachkompetenz uns beeindruckte, von Maria, Oxana und Paul, von Piroggen, Blini und Borschtsch. Noch sind zwei Tage Zeit für die Hauptstadt, für Kreml und Krönungskirche, Metro- und Moskwa-Fahrt. Stalins Zuckerbäckerbauten, Roter Platz, Basilius-Kathedrale, Kaufhaus GUM ... Wir sind fasziniert und erinnern uns an Nathalie. an Gilbert Bécauds "Nathalie": Qu' après le tombeau de Lénine on irait au café Pouchkine ... Im barocken Palais des Café Pushkin verbringen wir den letzten Abend unserer Zeitreise durchs Zarenreich und wissen nun, Russland kann man lieben.

IVAN BUNIN

Baujahr	1985, Umbau 2010
Länge	129 m
Breite	17 m
Decks	5
Passagiere	200
Crew	120

Dresscode sportlich, leger
Panorama-Restaurant/Bars 1/4
Kabinen 200
Highlights 30m²-Deluxe-Kabinen, umlaufende Außendecks, großes Sonnendeck, kleiner Pool. Vielfältiges informatives Musik- und Unterhaltungsprogramm, ausgezeichnet Deutsch sprechende, herzliche russische Crew.
www.phoenixreisen.com

LÜFTNER CRUISES

WEIHNACHTSMARKT-HOPPING

FLUSSKREUZFAHRT ZU CHRISTKINDLMÄRKTEN AN DER DONAU

Alles was bunt, glitzernd und glänzend ist, wird wie hier in Nürnberg als Weihnachtsbaumschmuck angeboten

Wenn nun auch noch Schnee liegen würde, wäre es perfekt. Doch auch ohne schneeweißes Winterwunderland ist eine Donau-Flusskreuzfahrt eine Reise, die hervorragend in die Adventszeit passt. Denn die gemütliche Fahrt auf ruhigem Wasser, auf einem kleinen Schiff mit überschaubarer Anzahl Mitreisender und passend auf die Jahreszeit abgestimmtem Bordprogramm harmoniert mit der vorweihnachtlichen Stimmung. Wir sind mit der Amadeus Diamond der österreichischen Familienreederei Lueftner Cruises unterwegs. Wir starten von Wien aus und lassen uns flussaufwärts über Melk, Passau und Regensburg nach Nürnberg fahren. Die Amadeus Diamond macht ihrem Namen alle Ehre, ist sie doch wunderschön weihnachtlich glänzend und leuchtend geschmückt.

Natürlich könnte man auch mit dem Auto von Ort zu Ort kommen. Doch mit dem Schiff unterwegs zu sein hat entscheidende Vorteile: Während man nach Weihnachtspräsenten für das Fest stöbert, kann man sich bedenkenlos einen Glühwein oder eine Feuerzangenbowle gönnen. Schließlich muss man nicht mehr ins Auto steigen, sondern kann entweder den Transferbus vom Schiff, öffentliche Verkehrsmittel oder ein Taxi nehmen. Zudem kann ein Bummel über einen Weihnachtsmarkt durchaus auch anstrengend sein. Da freut man sich auf ein Hotelzimmer, das immer mitreist, und man sich nicht auch noch mit lästigem Kofferpacken und Autofahren beschäftigen muss.

HANDWERKSKUNST IN PASSAU

In Passau sind es wenige Schritte vom Anleger zur Stadtmitte und damit zum Christkindlmarkt am Stephansdom, mitten in der Altstadt. Es ist ein kleiner, bezaubernder Markt mit viel Handwerkskunst und vergleichsweise wenig von dem üblichen Jahrmarkt-Trödel. Dargeboten werden liebevolle Holzschnitzereien, Glasbläsereien, regionale Spezialitäten

Klein, aber umso feiner ist der Christkindlmarkt in Passau (links). Reichlich verzierte Lebkuchen gibt es nicht nur in Nürnberg.

KEIN WEIHNACHTSMARKT GLEICHT DEM ANDEREN

und selbst gezogene Kerzen. Die stilvolle weihnachtliche Dekoration und der familiäre Charakter runden das Bild ab. Ein solches festliches Erlebnis hätte man von den großen, berühmten Märkten in Nürnberg und Wien erwartet. Umso positiver überrascht sind wir von Passau.

Denn auch deshalb sind wir auf der Weihnachtsmarkt-Tour entlang der Donau: Wir sind auf der Suche nach einem besonderen Geschenk, das es nicht auch auf dem Weihnachtsmarkt oder in den Geschäften zu Hause gibt. Der große Wiener Christkindlmarkt am Rathausmarkt ist zwar wunderschön festlich geschmückt und bietet eine große Auswahl an Präsenten. Doch besondere Stände wie beispielsweise die der Handpuppenmacher muss man zwischen den vielen Fressständen und üblichen Dekoanbietern suchen. Ein Blickfang ist auf jeden Fall der riesige Weihnachtsbaum. Eine tolle Idee der Wiener ist es, für die Kinder im Rathaus „Christkindls Werkstatt" anzubieten. Sehr beliebt ist die Backstube, wo die Kleinen Kekse ausstechen und for-

Eine nostalgische Postkutsche und eine meterhohe Weihnachtspyramide sind während des Nürnberger Weihnachtsmarkts Attraktionen, über die sich nicht nur die Kinder freuen.

Das Benedektinerstift Melk gilt als das Wahrzeichen der Wachau und gehört zum UNESCO-Weltkulturerbe. Die Stiftskirche ist prunkvoll mit Blattgold, Stuck und Marmor verziert.

men können, während die Eltern und Großeltern durch eine Glasscheibe die kulinarischen Künste bewundern können. Nebenan wird gebastelt, werden Bilderrahmen bemalt und Kerzen verziert.

Es gibt jedoch nicht nur einen Adventsmarkt in Wien, sondern mehr als ein Dutzend. Nach nur wenigen Minuten zu Fuß erreicht man den „Altwiener Christkindlmarkt" auf der Freyung. An den Wochenenden wird hier vorgeführt, wie Kunsthandwerk zuzeiten unserer Vorfahren hergestellt wurde. Feilgeboten werden nostalgisches und handgefertigtes Spielzeug, Lebkuchen und andere Leckereien aus Wiener Manufakturen sowie Handgestricktes und -gehäkeltes.

Lohnenswert ist der Weihnachtsmarkt am Schloss Schönbrunn. Hier sollte man auf jeden Fall in den Abendstunden hinkommen, da dann die festliche Stimmung vor der Traumkulisse des Sisi-Schlosses besonders zur Geltung kommt. Zudem sind hier vor allem handwerkliche und regionale Produkte ausgestellt. So heißt er auch „Kultur- und Weihnachtsmarkt". Während manche Märkte bereits vor dem Christfest wieder abgebaut werden, bleibt der Schönbrunner stehen und wird nach Weihnachten in einen Neujahrsmarkt umgewandelt. Am Nachmittag lädt der Küchenchef in den Salon zur Plätzchen-Backvorführung ein. Der rührige Hoteldirektor aus Österreich, Günther Bayer, moderiert das Ausstechen und Formen des Mürbeteigs auf seine launige und unterhaltsame Art. Das selbst gemachte Weihnachtsgebäck bekommen wir nicht nur einmal, sondern täglich zu Kaffee und Tee geboten. Ebenso selbst gemacht sind Glühwein und Fruchtpunsch, die dem ohnehin hohen kulinarischen Anspruch der Lüftner-Reederei gerecht werden. Am Abend vor dem Abendessen liest der Hoteldirektor täglich eine Weihnachtsgeschichte vor – mal ist sie besinnlich, mal lustig, mal zu Herzen gehend. Fast alle Passagiere versammeln sich dann um ihn, bevor es ein Deck tiefer zum gemeinsamen Abendessen geht.

Im niederösterreichischen Melk gibt es zwar keinen Weihnachtsmarkt, der ge-

GOLDENE ZIER NICHT NUR IM PRUNK-KLOSTER MELK

rade zur Zeit unseres Besuchs geöffnet ist. Wir nutzen deshalb die Chance, das Benediktinerkloster Stift Melk einmal ohne Besucherandrang zu erleben und nahezu für uns alleine zu haben. In den Sommermonaten ist das Wahrzeichen der Wachau, das zum UNESCO-Welterbe zählt, von Menschenmassen überlaufen. Wir sind die einzige Besuchergruppe an dem Morgen. So nimmt sich die Touristenführerin wunderbar viel Zeit und lässt uns in Ruhe die Deckenfresken des Marmorsaals und die Auslagen der Bibliothek bestaunen.

WEIHNACHTSBÄCKEREI

Nach diesen Eindrücken des Museums und der prunkvollen Kirchenräume fahren wir jedoch nicht direkt zum Schiff. In einem Gasthaus nahe der Liegestelle brennen bereits kleine Holzkohleöfen im Hof. Der Hoteldirektor der Amadeus Diamond empfängt uns am Eingang und lädt im Namen der Reederei zu einem Glas – oder mehreren Gläsern – Glühwein ein. Das süffige Heißgetränk ist mit gutem Wein und nicht mit billiger Plörre hergestellt, wie man sie leider viel zu häufig auf Weihnachtsmärkten findet. Da kann man von einem wirklichen Genuss sprechen.

Nach dem kleinsten, aber feinsten Adventsmarkt auf unserer Reise in Passau erreichen wir Regensburg. Deutschlandweit zählt er zu einem der schönsten. Zudem hat er eine vier Jahrhunderte alte Tradition. Doch nicht nur der große Weihnachtsmarkt auf dem Neupfarrplatz lohnt einen Besuch, sondern auch der beschauliche „Lucretia“-Markt, der mit sei-

Ausrollen, ausstechen und backen: In der Wiener Christkindl-Weihnachtswerkstatt sind Kinder die Backmeister (oben). Spritzgebäck in Perfektion bereitet der Amadeus-Diamond-Küchenchef vor den Augen der Gäste zu.

KOSTBARKEITEN ZWISCHEN KITSCH- UND FRESSBUDEN

Geschenke, wohin das Auge blickt (oben). Besondere Präsente findet man zwischen der Vielzahl an Ständen auf dem Wiener Christkindlmarkt am Rathaus und um den meterhohen Weihnachtsbaum.

nen 30 Jahren noch vergleichsweise jung ist. Der gemütliche Markt an Haidplatz und Kohlenmarkt hat sich auf Kunsthandwerk spezialisiert und bietet für all diejenigen etwas, die Unikate bevorzugen.

Bei unserer nächsten und letzten Station der Reise verhält es sich vermutlich so, wie beim Münchner Oktoberfest: Einmal muss man dagewesen sein. Einfach, um sagen zu können: Ich war einmal auf dem Nürnberger Weihnachtsmarkt. Doch ebenso wie beim weltweit bekanntesten Volksfest in der bayerischen Hauptstadt sollte man sich auf Menschenmassen und hohe Preise einstellen. Die Nürnberger Innenstadt scheint ein einziger Weihnachtsmarkt zu sein. Denn um den Nürnberger Hauptmarkt im Herzen der Stadt gruppieren sich noch andere kleinere Märkte. Einer ist den Partnerstädten Nürnbergs gewidmet. Hier kann man Spezialitäten ebenso aus Schottland wie aus der Türkei erstehen.

Der Nürnberger Weihnachtsmarkt ist nicht nur einer der berühmtesten seiner

IM GESPRÄCH DR. WOLFGANG LÜFTNER

GRÜNDER UND EIGENTÜMER VON LÜFTNER CRUISES

Dr. Lüftner, wie kamen Sie vor 40 Jahren auf die Idee, Flusskreuzfahrten anzubieten?
Die Idee selbst entstand während meiner Studentenzeit. In den Sommersemesterferien habe ich mir als Reiseleiter etwas Geld verdient. Auf einem der ersten Flussschiffe für Passagiere auf der Donau war ich das, was man heute Kreuzfahrtdirektor nennt. Damals habe ich erkannt, dass dies ein tolles Produkt für den Tourismus ist. Man kommt in unterschiedliche Länder und reist dabei doch angenehm ohne das leidige Kofferpacken. Ich bin dabeigeblieben und habe mein Jurastudium beendet. Statt als Anwalt zu arbeiten, habe ich mich für Flusskreuzfahrten entschieden.

Was war damals ihre Zielgruppe?
Im engen Sinn waren das keine Urlaubstouristen, sondern Leute, die durch den Eisernen Vorhang fahren und die Länder dahinter sehen wollten. Sie waren alle sehr an Kultur und Politik interessiert.

War es während des Ost-West-Konflikts denn so einfach, über den Fluss in den Ostblock zu reisen?
Es war schon eine große Herausforderung – nicht nur für uns als Organisatoren. Denn wir mussten für jedes Land, das zum Sowjetblock gehörte, eine Ein- und Ausreisegenehmigung haben und wurden auch immer streng kontrolliert. Meistens war das in der Nacht. Da kamen die Zollbeamten in jede einzelne Kabine und jeder musste aufstehen und sich ausweisen. Aber das gehörte auch zu dem Erlebnischarakter dieser Reisen. Heute fahren wir auch auf der Donau nahezu die ganze Zeit durch EU- und sogar Schengen-Gebiet. Grenzübergänge merkt man nur noch, wenn wir in Serbien oder in der Ukraine ein- oder ausreisen.

Wie wichtig war der Komfort, der heute eines der wichtigsten Aspekte ist?
Der war eher nebensächlich. Das waren damals Kabinen mit sechs bis acht Betten. Es gab nur Gemeinschftsduschen und -WCs einen Stock höher als die Schlafkabinen. Damals stand wirklich noch die Reise an sich im Vordergrund.

Wer ließ sich auf so viele Beschwernisse auf seiner Urlaubsreise ein?
Unsere Passagiere waren an dem Erlebnis so interessiert, von Wien aus durch den damaligen Eisernen Vorhang nach Budapest und durch das Eiserne Tor bis zum Schwarzen Meer kommen zu können, dass sie so einige Unbequemlichkeiten auf sich genommen haben.

Das klingt, als habe die Flusskreuzfahrt vor vier Jahrzehnten den Charme von einfachen Jugendherbergen gehabt.
Das waren sogar sehr laute Jugendherbergen, weil der Schiffsmotor dauernd unüberhörbar brummte. Aber obwohl es alles andere als bequem und komfortabel war, erlebten

Dr. Wolfgang Lüftner mit seiner Ehefrau Martina.

wir ganz großartige Reisen, weil wir uns noch als Entdecker und Pioniere fühlen konnten.

Wer reiste damals mit Ihnen? Ich kann mir nicht vorstellen, dass das Publikum dem heutigen Flusskreuzfahrt-Klischee von graumelierten älteren Damen und Herren mit Rollator und Krückstock entsprach.
Damals waren es junge, sehr dynamische und fitte Leute. Für Menschen mit eingeschränkter Bewegung war das überhaupt nichts. Das lag nicht nur am Schiff, das keine Aufzüge hatte. Auch die Hafenanlagen waren nicht so ausgebaut wie heute. Zum Teil gab es nur Holzpflöcke, an denen das Schiff festgemacht hat.

Heute gehören Ausflüge zum Angebot jeder Flusskreuzfahrt. Gab es die damals schon?
Tatsächlich haben wir das von Anfang an angeboten. Allerdings darf man sie sich nicht so perfekt ausgearbeitet vorstellen wie heute. Ich würde eher von improvisierten Ausflügen sprechen. In Budapest fuhren wir mit unseren Gästen durch die Stadt und zeigten ihnen die Sehenswürdigkeiten. Hinter dem Eisernen Tor in Rumänien und Bulgarien waren es dann vor allem Folklore-Veranstaltungen. Aber auch hier machte gerade dieses Ungeplante und Improvisierte den Reiz dieser frühen Flusskreuzfahrten aus.

Früher waren es Abenteuer, Überraschungsausflüge und nächtliche Grenzkontrollen – was macht heute den Reiz einer Flusskreuzfahrt aus?
Ganz anders als früher ist es heute eine elegante und sehr bequeme Schifffahrt. Von früher ist die Besonderheit geblieben, durch viele verschiedene Länder zu kommen, ohne ständig die Koffer ein- und auspacken zu müssen.

Worauf legen Sie bei Ihren Schiffen heute wert – was die Ausstattung, das Design, den Service und das Angebot betrifft?
Bei Bau und Ausstattung unserer Amadeus-Flotte arbeiten wir seit Jahren mit derselben Schiffswerft zusammen. Die Flussschiffe haben aufgrund der Schleusen eine Beschrän-

kung in Höhe, Länge und Breite, innerhalb derer wir all unsere Ideen und Wünsche auf kleinem Raum unterbringen müssen.

Ihr jüngstes Flottenmitglied, die Amadeus Silver, hat als Innovation einen zweistöckigen Fitnessraum. Wer kam auf die Idee?
Ich wollte immer schon ein Laufband auf meinen Schiffen, da ich selbst passionierter Läufer bin. Also haben wir nach einer Lösung gesucht, damit über dem Laufband noch genügend Kopffreiheit ist. In Zusammenarbeit mit unserem Innenarchitekten entschieden wir uns für die Lösung über zwei Decks.

In Ihrem Familienunternehmen dominieren die Frauen – neben Ihrer Frau sind da ja auch Ihre drei Töchter sozusagen mit im Boot. Haben Sie dann überhaupt noch Mitspracherecht, was das Design angeht?
Das ist ganz das Gebiet meiner Frau, die dafür eine sehr gute Hand und ein hervorragendes Gespür hat.

Kommen wir zum Service – was ist für Sie da wichtig?
Wir haben uns für ein internationales Publikum entschieden. Das heißt, dass wir immer Passagiere aus unterschiedlichen Ländern und mit unterschiedlichen Sprachen an Bord haben. Entsprechend muss unser Personal auch mehrere Sprachen sprechen können.

Österreich ist bekannt für seine gute Küche – gibt es die auch an Bord der Amadeus-Flotte?
Die große Bedeutung der Gastronomie wird schon alleine dadurch deutlich, dass wir unsere Restaurants immer an einem attraktiven Ort mit viel Glas und toller Aussicht haben. Und exzellentes Essen hat für mich als Österreicher natürlich Priorität.

Ihre Schiffe fahren derzeit auf Rhein, Main, Mosel und Donau. Welches sind Ihrer Erfahrung nach die attraktivsten Reiseziele?
Die Donau ist und bleibt aufgrund ihrer Vielfalt, die sie an Ländern und Landschaften bietet, sicherlich der ideale Fluss für eine Kreuzfahrt. Der Rhein ist landschaftlich nicht ganz so vielfältig, dafür aufgrund der vielen Städte interessant. In Südfrankreich auf der Rhône und Saône sind weniger die Bauwerke oder Städte an sich interessant, sondern eher das Lebensgefühl, das Savoir-vivre.

Wo sehen Sie noch Wachstumsmöglichkeiten auf dem Markt der Flusskreuzfahrten? Zunächst wollen wir ab 2015 von Paris aus auf der Seine fahren. Grundsätzlich wollen wir unsere traditionellen Fahrten auf Rhein, Main und Donau stärken. Da steckt noch viel Potenzial und viel Fantasie drin.

Woran denken Sie dabei?
Klassische Musik eignet sich für unser internationales Publikum besonders, weil es nicht auf die Sprache ankommt. Zudem werden wir den sportlichen Charakter fördern. Es wird Radkreuzfahrten mit speziell ausgearbeiteten Radprogrammen geben.

Sie haben keine Schiffe auf russischen Flüssen und auch keine in Asien?
Künftig werden wir in Vietnam, Myanmar und Kambodscha mit einem amerikanischen Partnerunternehmen auf dem Mekong und dem Irrawaddy Flusskreuzfahrten anbieten. Das sind Zukunftsprogramme, von denen wir uns sehr viel erwarten.

Wenn das ein Erfolg wird, werden Sie dann eigene Schiffe dort einsetzen?
Wir geben uns zwei Jahre Zeit, um die Entwicklungen zu beobachten. Wenn es positiv aussieht, dann werden wir sicherlich über eigene Schiffe nachdenken. Die werden dann aber nicht wie unsere Schiffe hier in Europa aussehen, sondern dem lokalen Stil angepasst sein. Bei Luxus und Komfort machen wir aber keine Abstriche.

Was ist mit Russland?
Dort ist die Zeit, in der Flusskreuzfahrten angeboten werden können, relativ kurz. Sie geht eigentlich nur von Mitte Mai bis Mitte September. Ökonomisch ist das eher schwierig. Wir planen deshalb dort vorerst keine Schiffe einzusetzen.

Flusskreuzfahrten gelten hierzulande ja eher als Reisen für die ältere Generation. Arbeiten Ihre drei jungen Töchter daran, an dem Image etwas zu ändern?
Die Generation, die derzeit als typisch für Flussfahrten gilt, ist viel flexibler, unternehmenslustiger und fitter als die Generation ihrer eigenen Eltern. Wir müssen uns daher gar nicht so sehr darum bemühen, altersmäßig Jüngere an Bord zu bekommen. Wir sind sehr glücklich mit unseren Gästen.

Also dürfen wir auch künftig keine Party-Nächte und Rock-Kreuzfahrten erwarten?
Ich denke, das wäre der falsche Ansatz für eine Flusskreuzfahrt. Das könnte man ein- oder zweimal machen. Aber was soll das bringen? Die Schiffe sind nicht für solche Ereignisse gebaut, sondern für angenehmes, komfortables und ruhiges Reisen. Daran will ich auch nichts ändern.

Hochsee-Reedereien betreiben auch Flussschiffe. Wäre es für Sie interessant, Reisen auf hoher See anzubieten?
Schuster bleib bei deinen Leisten, sage ich mir. Es ist sicher klüger, wenn wir auf dem Markt investieren und uns verbessern, wo wir uns auskennen, und uns nicht ins Abenteuer auf einen ganz anderen Markt stürzen.

Nun wächst bei Ihnen im Haus die nächste Generation nach. Gibt es Pläne, die Verantwortung allmählich in jüngere Hände zu geben?
Die Idee, dass ich irgendwann in Ruhestand gehen muss, ist für mich derzeit noch ein Albtraum. Natürlich werde ich meinen Kindern immer mehr Verantwortung im Unternehmen übertragen. Aber ich kann mir nicht vorstellen, dass ich zu Hause im Sessel sitze und nichts tue. Wir sind bereits heute dabei, die Geschäftsfelder zwischen meiner Frau, meinen Töchtern und mir so aufzuteilen, dass meine Kinder hineinwachsen und sie eines Tages ganz selbstverständlich die Hauptverantwortung tragen können.

Wo machen Sie selbst Urlaub?
Wir fahren sehr gerne nach Mauritius. Dort haben wir einen schönen Platz gefunden, an dem wir uns einmal im Jahr für ein oder zwei Wochen erholen.

Familie Lüftner bei der Taufe eines Flusskreuzers.

DEN BERÜHMTEN MÄRKTEN AUF DER SPUR

Art, sondern gehört auch zu den ältesten in Deutschland. Bereits Mitte des 16. Jahrhunderts soll es eine vorweihnachtliche Verkaufsmesse auf dem Hauptmarkt gegeben haben. Erstmals schriftlich erwähnt wird der Christkindlesmarkt im Jahr 1628. Gerade bei ausländischen Gästen zählt er zu den Weihnachtsmärkten, die man besucht haben muss. So ist der Anteil asiatischer und in anderer Sprache parlierender Besucher auffällig hoch. Schön anzusehen sind die knapp 200 Holzbuden mit ihren rot-weißen Stoffdächern. Natürlich gibt es Nürnberger Lebkuchen – sowohl als Industrieware in sperrigen Kartons ebenso wie deutlich teurere, selbstgemachte Einzelstücke von heimischen Bäckern. Für einen Punsch oder gar eine hochprozentige Feuerzangenbowle ist eine Nürnberger Bratwurst eine gute Grundlage. Zwischen all dem Kommerz stimmen die Chöre und Instrumentalgruppen auf der Bühne unmittelbar vor der Frauenkirche besinnlich auf Weihnachten ein.

AMADEUS DIAMOND

Baujahr	2009
Länge	110 m
Breite	10,40 m
Decks	4
Passagiere	148
Crew	4

Dresscode sportlich, leger

Kabinen 62 Kabinen von 10m² bis 15m² auf den Oberdecks mit französischem Balkon, 12 Suiten mit 22m² mit französischem Balkon. Alle Kabinen und Suiten sind komfortabel und geräumig in warmen Farben gestaltet. Die Badezimmer verfügen über Dusche bzw. Badewanne in den Suiten.

Highlights Hoher kulinarischer Anspruch. Lichtdurchflutetes, großzügig gestaltetes Restaurant in bester Lage mit Panoramafenstern. Gemütliche Lounge auf dem oberen Deck mit Blick nach vorne und zu den Seiten.

SCYLLA
PHOEN
REISEN GMBH B

PHOENIX-REISEN

KARNEVALISTISCHES KABARETT AN BORD

ZWISCHEN KÖLN UND KOBLENZ

An Höhenzügen kleben Winzerorte mit malerischem Fachwerk, an schmalen Ufern schmucke Städtchen wie Bacharach, wo Welfen und Staufer gemeinsam das Glas erhoben.

Die Frühlingssonne taucht die Domstadt in mildes Licht, Kaffeehausstühle auf Gehsteigen, aufgespannte Sonnenschirme und Blauglockenbäume in voller Blüte sind an diesem warmen Apriltag die Vorboten einer vergnüglichen Flussfahrt auf dem Rhein.

An der Uferpromenade duftet es nach Flieder. Hier liegt Alina strahlend weißtürkis, ein schnittiger Neuzugang der Phoenix-Flotte, und erwartet ihre ersten Gäste. Zum Auftakt gibt es Kurzreisen mit Kabarett, passend zu den Karnevalshochburgen Köln und Mainz. Die fünfte Jahreszeit, „helau" und „alaaf" sind zwar passé, bei uns heiß es „ahoi", doch Bernd Stelter, der 1988 sein Debüt beim „Klub Kölner Karnevalisten" gab, wird einen Abend an Bord kommen.

Kreuzfahrtleiterin Katharina begrüßt uns mit strahlendem Lächeln, eine geräumige Kabine mit komfortablem Doppelbett und großem bodentiefen Fenster, durch das eine frische Frühlingsbrise hineinweht, erwartet uns. Unsere kleine Reise durchs Rheintal kann beginnen.

Martinskirche und Schokoladenmuseum werden stromaufwärts passiert, Radler begleiten uns am Ufer, die letzten Sonnenstrahlen genießen wir an Deck. Am nächsten Morgen grüßt der Rheingau, Weiden und Rieslingreben zeigen zartes Grün, in der rheinland-pfälzischen Landeshauptstadt machen wir fest. 2.000 Jahre Geschichte gäbe es zu entdecken. Wir bummeln durch die attraktive Altstadt mit Geschäften, die von gehobenem Lebensstandard zeugen. Rund um den romanischen Kaiserdom stehen prall gefüllte Marktstände, hoch aufgetürmt der erste deutsche Spargel. Die Macht der Mainzer Erzbischöfe und Kurfürsten begleitet unseren Spaziergang, barocke Adelspalais bezeugen ihre Anwesenheit. Für Mainzelmännchen und Lerchenberg nehmen wir uns keine Zeit, Gutenberg und den Buchdruck lassen wir links liegen, finden schmucke Fachwerkgassen und Relikte römischer Vergangenheit. Unser Ziel ist St. Stephan, die gotische Kirche des Stifts, das Erzbischof

Der Rhein ist seit jeher die wichtigste Verkehrsader Mitteleuropas. Im Strom begegnen sich heute Frachtkähne, Fähren, Ausflugsboote und Kreuzfahrer.

EINE LAUBE AM RHEIN, UND ICH TRÄUME BEIM WEIN ...

Willigis Ende des 10. Jh. gründete. Marc Chagall hat ihre Kirchenfenster gestaltet und den hohen Raum in strahlendes Blau getaucht.

Retour führt die Route rheinabwärts. Zwischen Oestrich-Winkel und Geisenheim, am Johannisberg, lagern Welt- und Weingeschichte. Der Legende nach beobachtete Karl der Große selbst, dass der Schnee hier früh schmolz und ließ Reben anpflanzen. Im 18. Jh. errichtet der Fürstbischof von Fulda als Eigentümer des Weinbergs eine dreiflügelige Schlossanlage und lässt Tausende Riesling-Reben pflanzen. Als die Lese einmal verzögert wird, weil der Kurier aus Fulda erst spät mit der Genehmigung eintrifft, hat die Edelfäule der Trauben bereits eingesetzt. Es kommt zur „Spätlese". Nach Napoleon, Säkularisierung und Wiener Kongress wird Clemens Fürst von Metternich Eigentümer von Residenz und Reben. Mit Auflagen: Der österreichische Kaiser verlangt den Weinzehnt, der wird bis heute an das Haus Habsburg gezahlt.

Abends sind wir fest in Rüdesheim.

Die Kirchtürme von Köln, gotisch, romanisch, bescheiden flankiert vom alten Rathausturm, sind noch lange nach dem Ablegen zu sehen.

Schwerelos schweben Engel durch St. Stephan zu Mainz. Die Kirche umfängt Besucher mit den ätherischen Blautönen ihrer Glasfenster, die der jüdische Künstler Marc Chagall in den 1980er Jahren schuf.

RÖMER, ROMANTIK, LEBEN - DARUM IST ES AM RHEIN SO SCHÖN!

Wie ein steinernes Schiff liegt Pfalzgrafenstein in den Fluten des Stromes. Ludwig der Bayer lässt die Zollburg errichten. Weinschiffer passieren im 14. Jh. zwischen Mainz und Köln insgesamt zwölf Mautstellen.

Der malerische Winzerort hat es geschafft, zum Ausflugsmagneten des Rheingaus zu werden. Doch abseits vom Rummel der Drosselgasse finden sich ruhige Winzerhöfe und Weinstuben, um ein Viertel vom heimischen Riesling zu genießen.

Wir gehen zügig wieder an Bord, denn Stargast des Abends ist Bernd Stelter. Angekündigt als Stand-up-Comedian, Lästermaul und Geschichtenerzähler, der sich selbst gern auf die Schippe und deutsche Befindlichkeiten unter die Lupe nimmt. „Ich bin ein Clown, will gar nichts andres sein, ich erzähl vom wahren Leben oder auch vom schönen Schein." Launige Unterhaltung, karnevalistische, leicht verdauliche Kost mit Gitarre und Filzhut vorgetragen zwischen gepflegtem Dinner und Abendimbiss. Jeder bekommt ein bisschen Fett ab, Lacher sind garantiert: „Der Vatikan zieht nach Limburg ..., Alice zeigt, dass es auch bei Schwarzgeld eine Frauenquote gibt ..., schuld ist nur die SPD, stimmt nicht, im Himmel ist Petrus, nicht Gabriel ..." Als

Sagen, Mythen und Märchen umranken Ritterburgen und Ruinen im Rheintal, Kreuzfahrtleiterin Katharina erzählt tags von „Katz" und „Maus", abends präsentiert sie als Stargast den Kabarettisten Bernd Stelter.

begeisterter Kreuzfahrer auf Flüssen und Ozeanen hat er auch hier den passenden Reim: „Einer von der FDP kann ja jetzt aufs Traumschiff gehn, da wird er Nachfolger von Sascha Hehn. Und wird er seekrank, kannst 'nen grünen Gelben sehn!"

„Schiffe ziehn an dir vorbei, unter dir da fließt der Rhein ..." Die Loreley liegt im Mittelrheintal zwischen Bingen und Koblenz, dort, wo der Strom das Rheinische Schiefergebirge durchbricht. Dieser Teil ist UNESCO-Weltkulturerbe. Schmale Ufer, Reben an Steilhängen, Fachwerkhäuser, Ruinen auf Felsvorsprüngen, an jeder Flussbiegung eine Burg. Heiße Schokolade mit Rum wärmt an diesem frischen Frühlingsmorgen die Herzen und lässt Romantiker auf dem Sonnendeck schwelgen. Den Nachmittag verbringen wir am Deutschen Eck, dort, wo Mutter Mosel auf Vater Rhein trifft. Nach dem Abendbummel in Königswinter nehmen wir wieder Kurs auf Köln. Der Rhein begleitet uns durch die Nacht, wir riechen und hören ihn, leise gurgelnd zieht der Fluss an unserem Fenster vorbei.

ALINA

Baujahr	2011
Länge	135 m
Breite	11,40 m
Decks	4
Passagiere	216
Crew	42

Dresscode sportlich, leger

Restaurants/Bars 2/2

Kabinen 108

Highlights Obere Decks Deluxe-Kabinen mit Doppelbett und französischen Balkonen. Sonnendeck mit kleinem Pool, Shuffleboard.

Minigolf Sauna, Dampfbad, kleiner Fitnessbereich. Internet und Aussichtsterrasse am Bug.

Schiffe von Experten bewertet

OLIVER P. MUELLER hat gemeinsam mit internationalen Experten ein einheitliches System entwickelt, nach dem sie Kreuzfahrtschiffe bewerten. Anhand von 240 Kriterien sind insgesamt 700 Punkte zu erreichen. Dabei werden alle relevanten Bereiche des Schiffes von den Bordeinrichtungen bis zum Programm an Bord betrachtet. Besonders großes Gewicht haben Gastronomie und Service, die traditionell zu den Stärken einer Seereise zählen und den deutlichsten Unterschied zum Urlaub an Land machen. Auf See kann der Gast grundsätzlich ein besseres Produkt erwarten als in der gleichen Kategorie an Land. Das liegt am hohen Neubaustandard der Branche und den vielen Leistungen, die bereits im Reisepreis enthalten sind. Die Klassifizierung erfolgt mit Sternen auf einer Skala von eins bis fünf und bezieht sich auf das Basisangebot an Bord. Viele Schiffe im Volumensegment bieten zudem zahlreiche Möglichkeiten, die Leistungen durch Buchung von Suiten oder optionalen Restaurants an einen höheren Standard anzupassen. Bei den Reedereien Cunard, MSC Kreuzfahrten und Norwegian Cruise Line gibt es für besonders anspruchsvolle Gäste schon das Schiff im Schiff mit besonderen Kabinen, Lounges und Restaurants, das wir in einer extra Bewertung ausweisen.

★★★★★ Die Schiffe aus dem Ultra-Luxus-Segment lassen kaum noch Wünsche offen. Es gibt außergewöhnlich viel Platz pro Gast. Die gut ausgebildete Crew liefert stets den perfekten Service, und das gastronomische Angebot erfüllt höchste Ansprüche. Exklusive Routen abseits der Rennstrecken mit teilweise mehrtägigen Aufenthalten. Es werden mindestens 192 der 240 Kriterien erfüllt.

★★★★ Hier kann man Luxus erwarten. Komfortable Kabinen, stilvolle Lounges und Decks mit viel Platz stehen den Gästen an Bord zur Verfügung. Die Gastronomie ist vielfältig und erfüllt auch hohe Ansprüche. Routenplanung mit Liebe zum Detail und ausreichend Zeit an Land. Es werden mindestens 156 der 240 Kriterien erfüllt.

★★★ Das Premium-Segment bietet attraktive Schiffe in einem guten Preis-Leistungs-Verhältnis. Hervorragende Küche und guter Service werden an Bord geboten. Die Neubauten verfügen zudem über zahlreiche optionale Leistungen, die gegen Aufpreis verfügbar sind. Es werden mindestens 120 der 240 Kriterien erfüllt.

★★ Zumeist ältere Schiffe mit ansprechenden Angeboten. Einfache Ausstattung. Jenseits moderner Megaliner erfreuen sich diese Schiffe durch herzlichen Service und vielfältige Verpflegung großer Beliebtheit. Es werden mindestens 84 der 240 Kriterien erfüllt.

★ Einfache, kleinere Schiffe mit begrenztem Angebot an Bord und weniger Platz. Hier stehen meist Reise und Route im Mittelpunkt, die nur von diesen Schiffen bedient werden können. Es werden mindestens 48 der 240 Kriterien erfüllt.

ELITE Schiffe, die innerhalb ihrer Klasse überdurchschnittlich viele Kriterien erfüllen oder besondere und einzigartige Angebote bieten, erhalten als Zusatz zu den Sternen die Bezeichnung „ELITE“.

AIDA CRUISES ist der Marktführer in Deutschland. „Hier ist das Lächeln zu Hause", sagt man in Rostock über das eigene Produkt. Die Schiffe sind im Premium-Segment angesiedelt. Büfett sollte man als Gast mögen, denn das ist das Restaurantkonzept an Bord. Service am Platz gibt es nur gegen Aufpreis im Rossini und weiteren Themenrestaurants, die seit der Aida Diva auf allen Neubauten verfügbar sind. Highlight auf den neuen Schiffen ist das Theatrium mit seinen Shows.
Bordsprache: Deutsch; Kleidung: sportlich, leger; Bordwährung: Euro

Aida Prima

Aida Stella

Aida Mar

Aida Sol

Aida Blu

Aida Bella

Aida Luna

Aida Diva

Aida Vita

Aida Aura

Aida Cara

REEDEREI SCHIFF	STERNE KLASSIFIZIERUNG	BEWERTUNGSPUNKTE	BAUJAHR	SCHIFFSGRÖSSE (BRZ)	GEEIGNET FÜR	BARRIEREFREIE KABINEN	PASSAGIERE (MAX)	CREW	PASSAGIER / CREW VERHÄLTNIS	PASSAGIER / RAUM VERHÄLTNIS
Aida Prima	noch nicht bewertet – Neubau 2015									
Aida Stella	★★★	415	2013	71.304	👪 👫 🧍	•	2.580	607	4,3 : 1	27,6
Aida Mar	★★★	415	2011	71.304	👪 👫 🧍	•	2.580	607	4,3 : 1	27,6
Aida Sol	★★★	415	2011	71.304	👪 👫 🧍	•	2.580	607	4,3 : 1	27,6
Aida Blu	★★★	415	2010	71.304	👪 👫 🧍	•	2.580	607	4,3 : 1	27,6
Aida Bella	★★★	406	2009	69.203	👪 👫 🧍	•	2.500	607	4,1 : 1	27,7
Aida Luna	★★★	406	2008	69.203	👪 👫 🧍	•	2.500	607	4,1 : 1	27,7
Aida Diva	★★★	406	2007	69.203	👪 👫 🧍	•	2.500	607	4,1 : 1	27,7
Aida Vita	★★★	377	2003	42.289	👪 👫 🧍	•	1.584	389	4,1 : 1	26,7
Aida Aura	★★★	377	2002	42.289	👪 👫 🧍	•	1.584	389	4,1 : 1	26,7
Aida Cara	★★★	368	1996	38.557	👪 👫 🧍	•	1.340	369	3,6 : 1	28,8

AMERICAN CRUISE LINES Kleine Küstenschiffe bilden die Flotte von American Cruise Lines. Auf einzigartigen Routen entlang der Küsten Nordamerikas erlebt der Gast amerikanische Gastlichkeit und Ambiente an Bord. Mit American Cruise Lines kann man das Land der unbegrenzten Möglichkeiten von einer wenig bekannten Seite erleben.
Bordsprache: Englisch; Kleidung: sportlich, leger; Bordwährung: US-Dollar

Independence

American Star

American Spirit

American Glory

Independence	★★	322	2010	2.100	👫 🧍	•	104	27	3,9 : 1	20,2
American Star	★★	308	2007	1.600	👫 🧍	•	100	25	4,0 : 1	16,0

Reederei / Schiff	Sterne Klassifizierung	Bewertungspunkte	Baujahr	Schiffsgrösse (BRZ)	Geeignet für	Barrierefreie Kabinen	Passagiere (max)	Crew	Passagier / Crew Verhältnis	Passagier / Raum Verhältnis
American Spirit	★★	310	2005	1.600		•	93	25	3,7 : 1	17,2
American Glory	★★	306	2002	1.100		•	49	18	2,7 : 1	22,4

ASUKA CRUISE bietet mit der Asuka II ein maßgeschneidertes Kreuzfahrtprodukt für den japanischen Markt an. Die ehemalige Crystal Harmony der Schwestergesellschaft Crystal Cruises garantiert ein ansprechendes Ambiente und überdurchschnittlich viel Platz pro Gast. Service und Gastronomie an Bord genügen auch hohen Ansprüchen.
Bordsprache: Japanisch; Kleidung: sportlich, elegant; Bordwährung: Yen

Asuka II

Reederei / Schiff	Sterne Klassifizierung	Bewertungspunkte	Baujahr	Schiffsgrösse (BRZ)	Geeignet für	Barrierefreie Kabinen	Passagiere (max)	Crew	Passagier / Crew Verhältnis	Passagier / Raum Verhältnis
Asuka II	★★★★★	564	1990	50.142		•	1.010	470	2,1 : 1	49,6

AZAMARA CLUB CRUISES Mit zwei überschaubaren Schiffen kreuzt Azamara Club Cruises über die sieben Weltmeere. Und der Name ist auch Programm: An Bord findet der Gast einen schwimmenden County Club. Die Routenplanung bietet auch längere Aufenthalte in interessanten Häfen mit einem maßgeschneiderten Ausflugsprogramm. Service und Gastronomie für hohe Ansprüche kennzeichnen das amerikanische Kreuzfahrtprodukt. Ausgewählte Spirituosen, Weine sowie internationale Biermarken an den Bars und in den Lounges sind kostenfrei. Sie ergänzen die bereits heute im Kreuzfahrtpreis inbegriffenen Leistungen wie die Mahlzeiten im Hauptrestaurant, Hausweine zu den Mahlzeiten, Kaffeespezialitäten, Tee, Wasser und Limonaden, den Butlerservice für die Gäste in den Suiten sowie sämtliche Trinkgelder.
Bordsprache: Englisch; Kleidung: sportlich, elegant; Bordwährung: US-Dollar

Azamara Quest

Azamara Journey

Reederei / Schiff	Sterne Klassifizierung	Bewertungspunkte	Baujahr	Schiffsgrösse (BRZ)	Geeignet für	Barrierefreie Kabinen	Passagiere (max)	Crew	Passagier / Crew Verhältnis	Passagier / Raum Verhältnis
Azamara Quest	★★★★★	568	2000	30.277		•	734	408	1,8 : 1	41,2
Azamara Journey	★★★★★	566	2000	30.277		•	734	408	1,8 : 1	41,2

CARNIVAL CRUISE LINES Carnival ist der unbestrittene Marktführer der Kreuzfahrtbranche. Die „Fun-Schiffe" bieten typisch amerikanische Kreuzfahrt. Ein bisschen Broadway, ein Stück Las Vegas und Spaß rund um die Uhr. Carnival ist ein Produkt für alle Generationen mit einem sehr guten Preis-Leistungs-Verhältnis und einer gleichbleibenden Qualität an Bord. Es gibt ausreichend Servicepersonal. Die Gastronomie ist abwechslungsreich und beinhaltet auch Angebote für hohe Ansprüche (gegen Aufpreis).
Bordsprache: Englisch; Kleidung: sportlich, leger; Bordwährung: US-Dollar

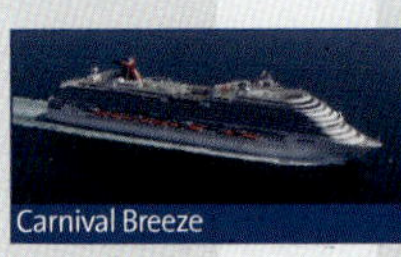
Carnival Breeze

Carnival Magic

Carnival Dream

Carnival Splendor

Carnival Freedom · Carnival Liberty · Carnival Valor · Carnival Miracle
Carnival Glory · Carnival Conquest · Carnival Legend · Carnival Pride
Carnival Spirit · Carnival Victory · Carnival Triumph · Carnival Paradise
Carnival Elation · Carnival Sunshine · Carnival Inspiration · Carnival Imagination
Carnival Fascination · Carnival Sensation · Carnival Ecstasy · Carnival Fantasy

REEDEREI SCHIFF	STERNE KLASSIFIZIERUNG	BEWERTUNGSPUNKTE	BAUJAHR	SCHIFFSGRÖSSE (BRZ)	GEEIGNET FÜR	BARRIEREFREIE KABINEN	PASSAGIERE (MAX)	CREW	PASSAGIER / CREW VERHÄLTNIS	PASSAGIER / RAUM VERHÄLTNIS
Carnival Breeze	★★★ ELITE	437	2012	128.248		•	4.631	1.367	3,4 : 1	27,7
Carnival Magic	★★★ ELITE	437	2011	128.248		•	4.631	1.367	3,4 : 1	27,7
Carnival Dream	★★★ ELITE	437	2009	128.248		•	4.631	1.367	3,4 : 1	27,7
Carnival Splendor	★★★ ELITE	431	2008	113.300		•	3.914	1.160	3,4 : 1	28,9
Carnival Freedom	★★★ ELITE	429	2007	110.240		•	3.700	1.160	3,2 : 1	29,8
Carnival Liberty	★★★ ELITE	429	2005	110.240		•	3.700	1.160	3,2 : 1	29,8
Carnival Valor	★★★ ELITE	429	2004	110.240		•	3.700	1.160	3,2 : 1	29,8
Carnival Miracle	★★★ ELITE	439	2004	88.500		•	2.680	930	2,9 : 1	33,0
Carnival Glory	★★★ ELITE	429	2003	110.240		•	3.700	1.160	3,2 : 1	29,8
Carnival Conquest	★★★ ELITE	429	2002	110.240		•	3.700	1.160	3,2 : 1	29,8
Carnival Legend	★★★ ELITE	439	2002	88.500		•	2.680	930	2,9 : 1	33,0
Carnival Pride	★★★ ELITE	439	2002	88.500		•	2.680	930	2,9 : 1	33,0
Carnival Spirit	★★★ ELITE	439	2001	88.500		•	2.680	930	2,9 : 1	33,0
Carnival Victory	★★★ ELITE	426	2000	101.509		•	3.470	1.100	3,2 : 1	29,3
Carnival Triumph	★★★ ELITE	426	1999	101.509		•	3.470	1.100	3,2 : 1	29,3
Carnival Paradise	★★★	414	1998	71.367		•	2.606	920	2,8 : 1	27,4
Carnival Elation	★★★	414	1998	71.367		•	2.606	920	2,8 : 1	27,4
Carnival Sunshine	★★★ ELITE	422	1996	102.850		•	3.756	1.150	3,3 : 1	27,4
Carnival Inspiration	★★★	413	1995	71.367		•	2.658	920	2,9 : 1	26,8
Carnival Imagination	★★★	413	1995	71.367		•	2.658	920	2,9 : 1	26,8

Reederei / Schiff	Sterne Klassifizierung	Bewertungspunkte	Baujahr	Schiffsgröße (BRZ)	Geeignet für	Barrierefreie Kabinen	Passagiere (max)	Crew	Passagier / Crew Verhältnis	Passagier / Raum Verhältnis
Carnival Fascination	★★★	413	1994	71.367	👨‍👩‍👧 👫 🧍	•	2.634	926	2,8 : 1	27,1
Carnival Sensation	★★★	413	1993	71.367	👨‍👩‍👧 👫 🧍	•	2.658	920	2,9 : 1	26,8
Carnival Ecstasy	★★★	413	1991	71.367	👨‍👩‍👧 👫 🧍	•	2.638	926	2,9 : 1	27,6
Carnival Fantasy	★★★	413	1990	71.367	👨‍👩‍👧 👫 🧍	•	2.610	920	2,8 : 1	27,3

CELEBRITY CRUISES Mit der Solstice-Klasse setzt Celebrity Cruises neue Maßstäbe im Luxus-Segment. Viel Platz, modernes Design, Küche für hohe Ansprüche und gut ausgebildetes Servicepersonal findet der Gast an Bord. Mittlerweile ist auch die Flottenrenovierung der Millennium-Klasse abgeschlossen, bei der Elemente der neuesten Generation integriert wurden. Mit der Celebrity Xpedition gehört zusätzlich noch ein kleines Expeditionsschiff zur Flotte, das ganzjährig auf den Galapagosinseln zum Einsatz kommt.
Bordsprache: Englisch; Kleidung: sportlich, elegant; Bordwährung: US-Dollar

Celebrity Reflection

Celebrity Silhouette

Celebrity Eclipse

Celebrity Equinox

Celebrity Solstice

Celebrity Constellation

Celebrity Summit

Celebrity Infinity

Celebrity Xpedition

Celebrity Millennium

Reederei / Schiff	Sterne Klassifizierung	Bewertungspunkte	Baujahr	Schiffsgröße (BRZ)	Geeignet für	Barrierefreie Kabinen	Passagiere (max)	Crew	Passagier / Crew Verhältnis	Passagier / Raum Verhältnis
Celebrity Reflection	★★★★ ELITE	553	2012	125.360	👨‍👩‍👧 👫 🧍	•	3.462	1.272	2,7 : 1	36,2
Celebrity Silhouette	★★★★ ELITE	554	2011	122.000	👨‍👩‍👧 👫 🧍	•	3.145	1.246	2,5 : 1	38,8
Celebrity Eclipse	★★★★ ELITE	552	2010	122.000	👨‍👩‍👧 👫 🧍	•	3.145	1.246	2,5 : 1	38,8
Celebrity Equinox	★★★★ ELITE	552	2009	122.000	👨‍👩‍👧 👫 🧍	•	3.145	1.246	2,5 : 1	38,8
Celebrity Solstice	★★★★ ELITE	552	2008	122.000	👨‍👩‍👧 👫 🧍	•	3.145	1.246	2,5 : 1	38,8
Celebrity Constellation	★★★★ ELITE	549	2002	91.000	👨‍👩‍👧 👫 🧍	•	2.368	999	2,4 : 1	38,4
Celebrity Summit	★★★★ ELITE	547	2001	91.000	👨‍👩‍👧 👫 🧍	•	2.368	999	2,4 : 1	38,4
Celebrity Infinity	★★★★ ELITE	547	2001	91.000	👨‍👩‍👧 👫 🧍	•	2.368	999	2,4 : 1	38,4
Celebrity Xpedition	★★★★	512	2001	2.842	👫 🧍		98	64	1,5 : 1	29,0
Celebrity Millennium	★★★★ ELITE	547	2000	91.000	👨‍👩‍👧 👫 🧍	•	2.368	999	2,4 : 1	38,4

CLUB MED Das französische Club-Konzept gibt es auch auf dem Wasser. Das Schiff verfügt über moderne, computergesteuerte Segeltechnologie und ein hydraulisches Ballastsystem. Mediterrane Küche und ein breites Sportangebot erwarten den Gast.
Bordsprachen: Englisch, Französisch; Kleidung: sportlich, leger; Bordwährung: Euro

Club Med 2

Reederei / Schiff	Sterne Klassifizierung	Bewertungspunkte	Baujahr	Schiffsgröße (BRZ)	Geeignet für	Barrierefreie Kabinen	Passagiere (max)	Crew	Passagier / Crew Verhältnis	Passagier / Raum Verhältnis
Club Med 2	★★★★ ELITE	538	1992	14.983	👫 🧍		402	198	2,0 : 1	37,3

COMPAGNIE DU PONANT Die französische Reederei bieten ein Produkt, das den Charme Frankreichs auf die Weltmeere bringt. Kleine Schiffe mit ihrer erfahrenen Crew bietet Expeditionsreisen im Yacht-Stil. Das gastronomische Angebot wird auch verwöhnten Ansprüchen gerecht. An Bord ist französische Gastfreundschaft und Kochkunst Programm.
Bordsprachen: Französisch, Englisch; Kleidung: sportlich, elegant; Bordwährung: Euro

Le Lyrial · Le Soléal · L'Austral · Le Boréal · Le Ponant

Reederei / Schiff	Sterne Klassifizierung	Bewertungspunkte	Baujahr	Schiffsgrösse (BRZ)	Geeignet für	Barrierefreie Kabinen	Passagiere (max)	Crew	Passagier / Crew Verhältnis	Passagier / Raum Verhältnis
Le Lyrial	noch nicht bewertet – Neubau 2015									
Le Soléal	★★★★★	591	2013	10.940		•	268	139	1,9 : 1	40,8
L'Austral	★★★★★	591	2011	10.940		•	268	139	1,9 : 1	40,8
Le Boréal	★★★★★	591	2010	10.940		•	268	139	1,9 : 1	40,8
Le Ponant	★★★★	478	1991	1.489			64	32	2,0 : 1	22,6

COSTA KREUZFAHRTEN Die italienische Reederei ist für alle Altersgruppen geeignet und bietet besonders attraktive Konditionen für Familien. Hier kommt keine Langeweile auf und im Spa herrscht Entspannung pur. Die Reederei bietet ein gutes Preis-Leistungs-Verhältnis und ist deshalb auch für Erstkreuzfahrer eine gute Wahl. Für deutsche Gäste gibt es Ansprechpartner und zahlreiche Angebote in der Muttersprache.
Bordsprachen: Italienisch, Englisch; Kleidung: sportlich, elegant; Bordwährung: Euro

Costa Diadema · Costa Fascinosa · Costa Favolosa · Costa Deliziosa · Costa Luminosa · Costa Pacifica · Costa Serena · Costa Magica · Costa Fortuna · Costa Mediterranea · Costa Atlantica · Costa Victoria

Reederei / Schiff	Sterne Klassifizierung	Bewertungspunkte	Baujahr	Schiffsgrösse (BRZ)	Geeignet für	Barrierefreie Kabinen	Passagiere (max)	Crew	Passagier / Crew Verhältnis	Passagier / Raum Verhältnis
Costa Diadema	noch nicht bewertet – Neubau 2014									
Costa Fascinosa	★★★ ELITE	435	2012	114.500		•	3.780	1.110	3,4 : 1	30,3
Costa Favolosa	★★★ ELITE	435	2011	114.500		•	3.780	1.110	3,4 : 1	30,3
Costa Deliziosa	★★★ ELITE	438	2010	92.600		•	2.826	1.050	2,7 : 1	32,8
Costa Luminosa	★★★ ELITE	438	2009	92.600		•	2.826	1.050	2,7 : 1	32,8

Reederei Schiff	Sterne Klassifizierung	Bewertungspunkte	Baujahr	Schiffsgröße (BRZ)	Geeignet für	Barrierefreie Kabinen	Passagiere (max)	Crew	Passagier / Crew Verhältnis	Passagier / Raum Verhältnis
Costa Pacifica	★★★ ELITE	428	2009	114.500	👨‍👩‍👧 👫 🧍	•	3.763	1.100	3,4 : 1	30,4
Costa Serena	★★★ ELITE	428	2007	114.500	👨‍👩‍👧 👫 🧍	•	3.763	1.100	3,4 : 1	30,4
Costa Magica	★★★ ELITE	428	2004	102.587	👨‍👩‍👧 👫 🧍	•	3.470	1.068	3,2 : 1	29,6
Costa Fortuna	★★★ ELITE	428	2003	102.587	👨‍👩‍👧 👫 🧍	•	3.470	1.068	3,2 : 1	29,6
Costa Mediterranea	★★★ ELITE	436	2003	85.619	👨‍👩‍👧 👫 🧍	•	2.680	920	2,9 : 1	31,9
Costa Atlantica	★★★ ELITE	436	2000	85.619	👨‍👩‍👧 👫 🧍	•	2.680	920	2,9 : 1	31,9
Costa Victoria	★★★ ELITE	422	1996	75.166	👨‍👩‍👧 👫 🧍	•	2.394	800	3,0 : 1	31,4

NEO COSTA Die Neo-Linie der italienische Reederei ist besonders für Paare und Alleinreisende geeignet. Neo Style steht für eine entschleunigte Reise, langsamer, stressfreier Rhythmus und flexible Planung. Ein neues Gastronomiekonzept wurde in Zusammenarbeit mit der Universität Pollenzo entwickelt. Die besuchten Orte und Regionen sollen gefühlt und geschmeckt werden. Dazu kommt mehr Freiheit im Tagesablauf durch flexible Essenszeiten, eine intimere und ruhigere Atmosphäre an Bord und längere Liegezeiten. Für deutsche Gäste gibt es Ansprechpartner und Angebote in der Muttersprache.
Bordsprachen: Italienisch, Englisch; Kleidung: sportlich, elegant; Bordwährung: Euro

Costa Neo Riviera

Costa Neoromantica

Costa NeoClassica

Reederei Schiff	Sterne Klassifizierung	Bewertungspunkte	Baujahr	Schiffsgröße (BRZ)	Geeignet für	Barrierefreie Kabinen	Passagiere (max)	Crew	Passagier / Crew Verhältnis	Passagier / Raum Verhältnis
Costa Neo Riviera	noch nicht bewertet – Neuzugang 2013 (Ex- Grand Mistral)									
Costa Neo Romantica	★★★★	465	1993	57.100	👫 🧍	•	1.800	622	2,9 : 1	31,7
Costa Neo Classica	noch nicht bewertet – Neuzugang 2015 (Ex- Costa Classica)									

CROISIÈRE DE FRANCE Die Reederei verfügt über ein Schiff und richtet sich an den französischen Markt. Croisière de France ist eine Marke von RCL Cruises. An Bord findet sich ein modernes, ansprechendes Ambiente, und man legt viel Wert auf das kulinarische Angebot.
Bordsprachen: Französisch, Englisch; Kleidung: sportlich, elegant; Bordwährung: Euro

Horizon

Zenith

Reederei Schiff	Sterne Klassifizierung	Bewertungspunkte	Baujahr	Schiffsgröße (BRZ)	Geeignet für	Barrierefreie Kabinen	Passagiere (max)	Crew	Passagier / Crew Verhältnis	Passagier / Raum Verhältnis
Horizon	★★★ ELITE	428	1992	47.250	👨‍👩‍👧 👫 🧍	•	1.796	670	2,7 : 1	26,3
Zenith	★★★ ELITE	428	1992	47.250	👨‍👩‍👧 👫 🧍	•	1.796	670	2,7 : 1	26,3

CRUISE & MARITIME VOYAGES Ein typisch britisches Produkt findet sich an Bord von CMV. Zwei ältere, übersichtliche Schiffe richten sich an ein vorwiegend älteres Publikum. Die Marco Polo ist ausschließlich Erwachsenen vorbehalten.
Bordsprache: Englisch; Kleidung: sportlich, elegant; Bordwährung: Brit. Pfund

Discovery

Marco Polo

Azores

Funchal

REEDEREI SCHIFF	STERNE KLASSIFIZIERUNG	BEWERTUNGSPUNKTE	BAUJAHR	SCHIFFSGRÖSSE (BRZ)	GEEIGNET FÜR	BARRIEREFREIE KABINEN	PASSAGIERE (MAX)	CREW	PASSAGIER / CREW VERHÄLTNIS	PASSAGIER / RAUM VERHÄLTNIS
Discovery	noch nicht bewertet									
Marco Polo	★★ ELITE	332	1966	22.080		•	915	356	2,6 : 1	24,1
Azores	noch nicht bewertet									
Funchal	noch nicht bewertet									

CRYSTAL CRUISES Die internationale Atmosphäre an Bord lockt Reisende aus aller Welt auf die Schiffe von Crystal Cruises. Sie zählen zu den großen Schiffen im Ultra-Luxus-Segment. Große Suiten, vielfältige Gastronomie und jede Menge Platz drinnen und draußen kennzeichen den eleganten Liner. Die Reederei überzeugt den Gast mit perfektem Service und einem kulinarischen Angebot auf höchstem Niveau.
Bordsprache: Englisch; Kleidung: sportlich, elegant, festlich; Bordwährung: US-Dollar

Crystal Serenity

Crystal Symphony

REEDEREI SCHIFF	STERNE KLASSIFIZIERUNG	BEWERTUNGSPUNKTE	BAUJAHR	SCHIFFSGRÖSSE (BRZ)	GEEIGNET FÜR	BARRIEREFREIE KABINEN	PASSAGIERE (MAX)	CREW	PASSAGIER / CREW VERHÄLTNIS	PASSAGIER / RAUM VERHÄLTNIS
Crystal Serenity	★★★★★ ELITE	665	2003	68.870		•	1.100	652	1,7 : 1	62,6
Crystal Symphony	★★★★★ ELITE	662	1995	51.042		•	998	548	1,8 : 1	51,1

CUNARD LINE Die Queen Mary 2 ist der letzte Liner, der im regelmäßigen Liniendienst Europa und Amerika verbindet. In der Wintersaison unterstützt sie das Kreuzfahrtprogramm der Flotte. Die Cunard-Schiffe haben zwei Serviceklassen. Die Kabinen bieten das richtige für jeden Geldbeutel – von der Innenkabine bis zur Duplex-Suite mit Butler-Service. An Bord wartet britische Tradition mit perfektem Service und klassischem Ambiente auf die Gäste.
Bordsprache: Englisch; Kleidung: sportlich, elegant, festlich; Bordwährung: US-Dollar

Queen Elizabeth

Queen Victoria

Queen Mary 2

REEDEREI SCHIFF	STERNE KLASSIFIZIERUNG	BEWERTUNGSPUNKTE	BAUJAHR	SCHIFFSGRÖSSE (BRZ)	GEEIGNET FÜR	BARRIEREFREIE KABINEN	PASSAGIERE (MAX)	CREW	PASSAGIER / CREW VERHÄLTNIS	PASSAGIER / RAUM VERHÄLTNIS
Queen Elizabeth	★★★★	522	2010	90.900		•	2.547	996	2,6 : 1	35,7
Schiff mit zwei Klassen	★★★★★	565 Punkte in der Grill-Klasse								
Queen Victoria	★★★★	522	2007	90.050		•	2.534	996	2,5 : 1	35,5
Schiff mit zwei Klassen	★★★★★	565 Punkte in der Grill-Klasse								
Queen Mary 2	★★★★	513	2004	148.550		•	3.090	1.253	2,5 : 1	48,1
Schiff mit zwei Klassen	★★★★★	587 Punkte in der Grill-Klasse								

DISNEY CRUISE LINE Wer mit Kindern unterwegs ist und sich mit Englisch als Bordsprache zurechtfindet, ist bei Disney gut aufgehoben. Die kostenlosen „Soft-Drinks" entlasten zusätzlich die Reisekasse. Es gibt nur wenige Schiffe, auf denen junge Gäste sich so frei und ungezwungen bewegen können. Das ist entspannend für Kinder und Eltern, die auch ausreichend Rückzugsräume finden. Aber auch Gäste ohne Kinder, die das Ambiente eines klassischen Liners suchen, kommen auf ihre Kosten und werden schon bald das Kind in sich entdecken.
Bordsprache: Englisch; Kleidung: sportlich, leger; Bordwährung: US-Dollar

Disney Fantasy

Disney Dream

Disney Wonder

Disney Magic

Reederei Schiff	Sterne Klassifizierung	Bewertungspunkte	Baujahr	Schiffsgrösse (BRZ)	Geeignet für	Barrierefreie Kabinen	Passagiere (max)	Crew	Passagier / Crew Verhältnis	Passagier / Raum Verhältnis
Disney Fantasy	★★★★ ELITE	547	2012	128.000		•	4.000	1.458	2,9 : 1	32,0
Disney Dream	★★★★ ELITE	547	2011	128.000		•	4.000	1.458	2,9 : 1	32,0
Disney Wonder	★★★★ ELITE	538	1999	83.338		•	2.700	950	2,8 : 1	30,9
Disney Magic	★★★★ ELITE	538	1998	83.338		•	2.700	950	2,8 : 1	30,9

FRED. OLSEN CRUISE LINES Elegante, klassische Schiffe nennt die britische Reederei ihr Eigen. Service und Gastronomie sind perfekt auf die Bedürfnisse älterer britischer Passagiere abgestimmt. Urlaub, wie man ihn auf der Insel mag.
Bordsprache: Englisch; Kleidung: sportlich, elegant; Bordwährung: Brit. Pfund

Breamar

Balmoral

Boudicca

Black Watch

Reederei Schiff	Sterne Klassifizierung	Bewertungspunkte	Baujahr	Schiffsgrösse (BRZ)	Geeignet für	Barrierefreie Kabinen	Passagiere (max)	Crew	Passagier / Crew Verhältnis	Passagier / Raum Verhältnis
Breamar	★★★★	457	1993	24.344		•	930	371	2,5 : 1	26,2
Balmoral	★★★★	469	1988	43.538		•	1.602	471	3,6 : 1	27,2
Boudicca	★★★★	465	1973	28.388		•	900	320	2,8 : 1	31,5
Black Watch	★★★★	461	1972	28.612		•	866	335	2,6 : 1	33,0

FTI CRUISES Mit der Berlin kommt eine alte Bekannte zurück nach Deutschland. Das ehemalige Traumschiff hat sich allerdings verändert und wurde in vielen Bereichen mit einer neuen Innenausstattung versehen. Das Schiff ist klein und überschaubar und kann damit auch besondere Routen anbieten. Dazu gehört auch der Kanal von Korinth.
Bordsprache: Deutsch; Kleidung: sportlich, leger; Bordwährung: Euro

FTI Berlin

Reederei Schiff	Sterne Klassifizierung	Bewertungspunkte	Baujahr	Schiffsgrösse (BRZ)	Geeignet für	Barrierefreie Kabinen	Passagiere (max)	Crew	Passagier / Crew Verhältnis	Passagier / Raum Verhältnis
Berlin	★★★	359	1980	9.570			412	180	2,3 : 1	23,2

HAPAG-LLOYD KREUZFAHRTEN Die Flotte von Hapag-Lloyd Kreuzfahrten besteht aus drei Kreuzfahrt- und zwei Expeditionsschiffen. Alle Schiffe punkten mit Service und Gastronomie. Die Europa gehört zu den besten Schiffen weltweit. Das Ultra-Luxus-Schiff überzeugt den Gast mit stilvollem Ambiente, perfektem Service und einem kulinarischen Angebot auf höchstem Niveau. Die Passagiere logieren ausschließlich in Suiten.
Bordsprache: Deutsch; Kleidung: sportlich, elegant, festlich; Bordwährung: Euro

Europa 2

Europa

Hanseatic

Bremen

REEDEREI SCHIFF	STERNE KLASSIFIZIERUNG	BEWERTUNGSPUNKTE	BAUJAHR	SCHIFFSGRÖSSE (BRZ)	GEEIGNET FÜR	BARRIEREFREIE KABINEN	PASSAGIERE (MAX)	CREW	PASSAGIER / CREW VERHÄLTNIS	PASSAGIER / RAUM VERHÄLTNIS
Europa 2	★★★★★ ELITE	672	2013	42.830		•	516	370	1,4 : 1	83,0
Europa	★★★★★ ELITE	669	1999	28.890		•	408	280	1,5 : 1	70,8
Hanseatic	★★★★★	601	1993	8.378		•	194	124	1,6 : 1	43,2
Bremen	★★★★★	562	1990	6.752		•	178	94	1,9 : 1	37,9

HEBRIDIEN ISLAND CRUISES Die Hebridean Princess ist ein schwimmender County Club englischer Prägung. An Bord gilt all-inclusive und man könnte meinen, Designerin Laura Ashly sei für die Stoffe und Polster zuständig. Kein Wunder also, dass die britische Königin das Schiff gelegentlich für ihren Sommerurlaub chartert. Die Routen konzentrieren sich schwerpunktmäßig auf die schottischen Inseln und Hebriden. Für die Gäste sind auch viele Ausflüge bereits im Reisepreis eingeschlossen.
Bordsprache: Englisch; Kleidung: sportlich, elegant; Bordwährung: Brit. Pfund

Hebridean Princess

REEDEREI SCHIFF	STERNE KLASSIFIZIERUNG	BEWERTUNGSPUNKTE	BAUJAHR	SCHIFFSGRÖSSE (BRZ)	GEEIGNET FÜR	BARRIEREFREIE KABINEN	PASSAGIERE (MAX)	CREW	PASSAGIER / CREW VERHÄLTNIS	PASSAGIER / RAUM VERHÄLTNIS
Hebridean Princess	★★★★★	565	1964	2.112			52	37	1,4 : 1	40,6

HOLLAND AMERICA LINE Der Reederei gelingt es, Tradition und Moderne zu einem gelungenen Produkt zu verbinden. Die Schiffe bieten eine schöne Decklandschaft mit vielen Rückzugsmöglichkeiten. Abendunterhaltung im Broadway-Stil und zahlreiche kulinarische Möglichkeiten mit abwechslungsreichen Büfetts und À-la-carte-Restaurants runden das Angebot ab. Klassisches Kreuzfahrt-Feeling mit modernen Stilelementen.
Bordsprache: Englisch; Kleidung: sportlich, elegant; Bordwährung: US-Dollar

Nieuw Amsterdam

Eurodam

Noordam

Westerdam

Osterdam

Zuiderdam

Amsterdam

Zaandam

Volendam

Rotterdam

Veendam

Ryndam

Maasdam

Statendam

Prinsendam

Reederei Schiff	Sterne Klassifizierung	Bewertungspunkte	Baujahr	Schiffsgrösse (BRZ)	Geeignet für	Barrierefreie Kabinen	Passagiere (max)	Crew	Passagier / Crew Verhältnis	Passagier / Raum Verhältnis
Nieuw Amsterdam	★★★★ ELITE	539	2010	86.700		•	2.670	928	2,9 : 1	32,5
Eurodam	★★★★ ELITE	539	2008	86.700		•	2.670	928	2,9 : 1	32,5
Noordam	★★★★ ELITE	536	2006	82.305		•	2.502	816	3,1 : 1	32,9
Westerdam	★★★★ ELITE	536	2004	82.305		•	2.502	816	3,1 : 1	32,9
Osterdam	★★★★ ELITE	536	2003	82.305		•	2.502	816	3,1 : 1	32,9
Zuiderdam	★★★★ ELITE	536	2002	82.305		•	2.502	816	3,1 : 1	32,9
Amsterdam	★★★★	517	2000	62.735		•	1.772	615	2,9 : 1	35,4
Zaandam	★★★★	517	2000	61.396		•	1.837	615	3,0 : 1	33,4
Volendam	★★★★	517	1999	61.396		•	1.837	615	3,0 : 1	33,4
Rotterdam	★★★★	517	1997	61.850		•	1.826	600	3,0 : 1	33,9
Veendam	★★★★	510	1996	57.092		•	1.702	580	2,9 : 1	33,5
Ryndam	★★★★	512	1994	55.819		•	1.625	580	2,8 : 1	34,4
Maasdam	★★★★	512	1993	55.819		•	1.625	580	2,8 : 1	34,4
Statendam	★★★★	512	1993	55.819		•	1.625	580	2,8 : 1	34,4
Prinsendam	★★★★ ELITE	549	1988	37.983		•	910	470	1,9 : 1	41,7

HURTIGRUTEN Die übersichtlichen Schiffe garantieren kurze Wege, und die neueste Generation bietet eine Kombination aus traditionellem Postschiff und modernem Kreuzfahrer. Die Kabinen sind zweckmäßig eingerichtet. Durch den Fähreinsatz mit Tagespassagieren ergibt sich ein ungünstiges Verhältnis von Passagier zu Raum und Crew. *Bordsprachen: Norwegisch, Englisch; Kleidung: sportlich, leger; Bordwährung: Norw. Krone*

Reederei Schiff	Sterne Klassifizierung	Bewertungspunkte	Baujahr	Schiffsgrösse (BRZ)	Geeignet für	Barrierefreie Kabinen	Passagiere (max)	Crew	Passagier / Crew Verhältnis	Passagier / Raum Verhältnis
Fram	★★★	402	2007	11.647		•	318	75	4,2 : 1	36,6
Midnatsol	★★ ELITE	331	2003	16.151		•	1.000	75	13,3 : 1	16,2
Finnmarken	★★ ELITE	331	2002	15.690		•	1.000	75	13,3 : 1	15,7
Trollfjord	★★ ELITE	334	2002	16.140		•	822	75	10,7 : 1	19,6
Nordnorge	★★ ELITE	339	1997	11.386		•	496	70	7,1 : 1	23,0
Polarlys	★★ ELITE	329	1996	11.386		•	702	70	10,0 : 1	16,2
Nordkapp	★★ ELITE	329	1995	11.386		•	702	70	10,0 : 1	16,2

REEDEREI SCHIFF	STERNE KLASSIFIZIERUNG	BEWERTUNGSPUNKTE	BAUJAHR	SCHIFFSGRÖSSE (BRZ)	GEEIGNET FÜR	BARRIEREFREIE KABINEN	PASSAGIERE (MAX)	CREW	PASSAGIER / CREW VERHÄLTNIS	PASSAGIER / RAUM VERHÄLTNIS
Nordlys	★★ ELITE	329	1994	11.204	👫 👤	•	692	70	9,8 : 1	16,2
Kong Harald	★★ ELITE	329	1993	11.205	👫 👤	•	691	70	9,9 : 1	16,2
Richard With	★★ ELITE	329	1993	11.205	👫 👤	•	691	70	9,9 : 1	16,2
Vesteralen	★★	301	1983	6.261	👫 👤	•	510	55	9,3 : 1	12,7
Lofoten	★★	251	1964	2.621	👫 👤		400	40	10,0 : 1	6,6

ISLAND CRUISES Die Thomson-Tochter Island Cruises bietet ein legeres Produkt im Klubschiffstil. Ein Allrounder für alle Altersgruppen mit typisch britischer Ausrichtung bei Gastronomie und Unterhaltung an Bord. Ein Alles-inklusive-Produkt.
Bordsprache: Englisch; Kleidung: sportlich, leger; Bordwährung: Britisches Pfund

Island Escape

REEDEREI SCHIFF	STERNE KLASSIFIZIERUNG	BEWERTUNGSPUNKTE	BAUJAHR	SCHIFFSGRÖSSE (BRZ)	GEEIGNET FÜR	BARRIEREFREIE KABINEN	PASSAGIERE (MAX)	CREW	PASSAGIER / CREW VERHÄLTNIS	PASSAGIER / RAUM VERHÄLTNIS
Island Escape	★★ ELITE	341	1992	40.137	👪 👫 👤		1.710	548	3,1 : 1	23,5

LINDBLAD EXPEDITION / NATIONAL GEOGRAPHIC Die Expedition steht im Vordergrund jeder Reise. Die einfachen, zweckmäßigen Schiffe können durch ihre kompakte Größe abgelegene Orte erreichen. Die Kabinen sind funktional. Service und Gastronomie sind durch die Schiffsgröße limitiert, aber von guter Qualität.
Bordsprache: Englisch; Kleidung: sportlich, leger; Bordwährung: US-Dollar

Nat. Geographic Explorer

Nat. Geographic Sea Lion

Nat. Geographic Sea Bird

Nat. Geographic Endeavour

REEDEREI SCHIFF	STERNE KLASSIFIZIERUNG	BEWERTUNGSPUNKTE	BAUJAHR	SCHIFFSGRÖSSE (BRZ)	GEEIGNET FÜR	BARRIEREFREIE KABINEN	PASSAGIERE (MAX)	CREW	PASSAGIER / CREW VERHÄLTNIS	PASSAGIER / RAUM VERHÄLTNIS
National Geographic Explorer	★★ ELITE	326	1982	6.470	👫 👤		181	70	2,6 : 1	35,7
National Geographic Sea Lion	★ ELITE	229	1982	630	👫 👤		66	42	1,6 : 1	9,5
National Geographic Sea Bird	★ ELITE	229	1981	630	👫 👤		62	42	1,5 : 1	10,2
National Geographic Endeavour	★★	284	1966	3.132	👫 👤		124	64	1,9 : 1	25,3

LOUIS CRUISES Schiffe mittlerer Größe bilden die Flotte der Reederei Louis Cruises. Einfacher Standard mit herzlichem Service und guter Küche werden an Bord geboten. Ein attraktives Preis-Leistungs-Verhältnis macht die Schiffe auch für Einsteiger interessant. Stammgäste sind der Reederei bereits seit vielen Jahren treu. Für deutsche Gäste gibt es Ansprechpartner und zahlreiche Angebote in der Muttersprache.
Bordsprache: Englisch; Kleidung: sportlich, leger; Bordwährung: Euro

Louis Olympia

Louis Cristal

REEDEREI SCHIFF	STERNE KLASSIFIZIERUNG	BEWERTUNGSPUNKTE	BAUJAHR	SCHIFFSGRÖSSE (BRZ)	GEEIGNET FÜR	BARRIEREFREIE KABINEN	PASSAGIERE (MAX)	CREW	PASSAGIER / CREW VERHÄLTNIS	PASSAGIER / RAUM VERHÄLTNIS
Louis Olympia	★★★	360	1982	37.772	👪 👫 👤		1.668	540	3,1 : 1	22,6
Louis Cristal	★★★	361	1980	25.610	👫 👤		1.256	400	3,1 : 1	20,4

MITSUI OSK PASSENGER LINE Typisch japanisches Produkt mit zwei Schiffen für unterschiedliche Ansprüche. Die Reederei richtet sich an den japanischen Markt, und an Bord sind Gastronomie und Unterhaltung daran ausgerichtet.
Bordsprachen: Japanisch, Englisch; Kleidung: sportlich, elegant; Bordwährung: Japanischer Yen

Nippon Maru · Fuji Maru

Reederei / Schiff	Sterne Klassifizierung	Bewertungspunkte	Baujahr	Schiffsgrösse (BRZ)	Geeignet für	Barrierefreie Kabinen	Passagiere (max)	Crew	Passagier / Crew Verhältnis	Passagier / Raum Verhältnis
Nippon Maru	★★★★	456	1990	22.470	👫 🧍	•	603	230	2,6 : 1	37,3
Fuji Maru	★★★ ELITE	439	1989	23.340	👫 🧍	•	603	190	3,2 : 1	38,7

MSC KREUZFAHRTEN bringt italienisches Flair auf die Weltmeere. Ideal für Singles und Paare jeden Alters sowie für Familien mit Kindern. Besonders Familien profitieren von den günstigen Kinderpreisen. Seit der ersten Neubau-Generation ist das Studio De Jorio für die typische Inneneinrichtung verantwortlich. Sie trägt aber auch die unverwechselbare Handschrift der Reedergattin Rafaela Aponte. Für deutsche Gäste gibt es Ansprechpartner und zahlreiche Angebote in der Muttersprache.
Bordsprache: Italienisch, Englisch; Kleidung: sportlich, elegant; Bordwährung: Euro

MSC Preziosa · MSC Divina · MSC Splendida · MSC Fantasia · MSC Magnifica · MSC Poesia · MSC Orchestra · MSC Musica · MSC Opera · MSC Lirica · MSC Sinfonia · MSC Armonia

Reederei / Schiff	Sterne Klassifizierung	Bewertungspunkte	Baujahr	Schiffsgrösse (BRZ)	Geeignet für	Barrierefreie Kabinen	Passagiere (max)	Crew	Passagier / Crew Verhältnis	Passagier / Raum Verhältnis
MSC Preziosa	★★★ ELITE	434	2013	139.500	👪 👫 🧍	•	4.344	1.386	3,1 : 1	32,1
Schiff mit zwei Klassen	★★★★ ELITE	554 Punkte im MSC Yacht Club								
MSC Divina	★★★ ELITE	434	2012	139.500	👪 👫 🧍	•	4.344	1.386	3,1 : 1	32,1
Schiff mit zwei Klassen	★★★★ ELITE	552 Punkte im MSC Yacht Club								
MSC Magnifica	★★★ ELITE	432	2010	92.400	👪 👫 🧍	•	3.013	987	3,1 : 1	30,7
MSC Splendida	★★★ ELITE	434	2009	137.900	👪 👫 🧍	•	4.358	1.325	3,3 : 1	31,6
Schiff mit zwei Klassen	★★★★ ELITE	548 Punkte im MSC Yacht Club								
MSC Fantasia	★★★ ELITE	434	2008	137.900	👪 👫 🧍	•	4.358	1.325	3,3 : 1	31,6
Schiff mit zwei Klassen	★★★★ ELITE	548 Punkte im MSC Yacht Club								
MSC Poesia	★★★ ELITE	428	2008	92.400	👪 👫 🧍	•	3.013	987	3,1 : 1	30,7
MSC Orchestra	★★★ ELITE	428	2007	92.400	👪 👫 🧍	•	3.013	987	3,1 : 1	30,7
MSC Musica	★★★ ELITE	428	2006	92.400	👪 👫 🧍	•	3.013	987	3,1 : 1	30,7
MSC Opera	★★★ ELITE	421	2004	59.000	👪 👫 🧍	•	2.055	700	2,9 : 1	28,7

Reederei Schiff	Sterne Klassifizierung	Bewertungspunkte	Baujahr	Schiffsgrösse (BRZ)	Geeignet für	Barrierefreie Kabinen	Passagiere (max)	Crew	Passagier / Crew Verhältnis	Passagier / Raum Verhältnis
MSC Lirica	★★★ ELITE	421	2003	59.000	👪 👫 🧍	•	2.055	700	2,9 : 1	28,7
MSC Sinfonia	★★★ ELITE	420	2002	58.620	👪 👫 🧍	•	2.087	700	3,0 : 1	28,1
MSC Armonia	★★★ ELITE	420	2001	58.620	👪 👫 🧍	•	2.087	700	3,0 : 1	28,1

NOBLE CALEDONIA Kleines, kompaktes Schiff für gehobene Ansprüche. Das Schiff ist stilvoll eingerichtet und verfügt über eine eigene Marina. Das vorwiegend britische Publikum wird von einer gut ausgebildeten Crew perfekt umsorgt und erlebt Gastronomie auf hohem Niveau.
Bordsprache: Englisch; Kleidung: sportlich, leger; Bordwährung: Britisches Pfund

Caledonian Sky

Island Sky

Reederei Schiff	Sterne Klassifizierung	Bewertungspunkte	Baujahr	Schiffsgrösse (BRZ)	Geeignet für	Barrierefreie Kabinen	Passagiere (max)	Crew	Passagier / Crew Verhältnis	Passagier / Raum Verhältnis
Caledonian Sky	★★★★ ELITE	553	1991	4.280	👫 🧍		120	66	1,8 : 1	35,7
Island Sky	★★★★ ELITE	553	1991	4.280	👫 🧍		120	66	1,8 : 1	35,7

NORWEGIAN CRUISE LINE „Freestyle Cruising" nennt die amerikanische Reederei ihr Konzept. Kulinarische Vielfalt ohne feste Tischzeiten bestimmt das Angebot an Bord. Die vielen Restaurants – einige gegen Aufpreis – ermöglichen eine gastronomische Weltreise. Das flexible Angebot ermöglicht dem Gast eine sehr individuelle Urlaubsplanung. Die bekannten NCL-Shows im Broadway-Stil runden das Angebot ab. Die meisten Schiffe verfügen mit dem Suitenkomplex „The Haven" über eine zusätzliche Klasse für gehobene Ansprüche.
Bordsprache: Englisch; Kleidung: sportlich, leger; Bordwährung: US-Dollar

Norwegian Escape

Norwegian Getaway

Norwegian Breakaway

Norwegian Epic

Norwegian Gem

Norwegian Jade

Norwegian Pearl

Norwegian Jewel

Pride of America

Norwegian Dawn

Norwegian Star

Norwegian Sun

Norwegian Sky

Norwegian Spirit

Reederei Schiff	Sterne Klassifizierung	Bewertungspunkte	Baujahr	Schiffsgrösse (BRZ)	Geeignet für	Barrierefreie Kabinen	Passagiere (max)	Crew	Passagier / Crew Verhältnis	Passagier / Raum Verhältnis
Norwegian Escape Schiff mit zwei Klassen	noch nicht bewertet – Neubau 2015									
Norwegian Getaway Schiff mit zwei Klassen	★★★ ELITE ★★★★ ELITE	445 554 Punkte im The Haven	2013	145.650	👪 👫 🧍	•	5.104	1.595	3,1 : 1	28,5
Norwegian Breakaway Schiff mit zwei Klassen	★★★ ELITE ★★★★ ELITE	445 554 Punkte im The Haven	2013	145.650	👪 👫 🧍	•	5.104	1.595	3,1 : 1	28,5

REEDEREI SCHIFF	STERNE KLASSIFIZIERUNG	BEWERTUNGSPUNKTE	BAUJAHR	SCHIFFSGRÖSSE (BRZ)	GEEIGNET FÜR	BARRIEREFREIE KABINEN	PASSAGIERE (MAX)	CREW	PASSAGIER / CREW VERHÄLTNIS	PASSAGIER / RAUM VERHÄLTNIS
Norwegian Epic	★★★ ELITE	448	2010	155.873	👨‍👩‍👧 👫 🧍	•	5.368	1.708	3,1 : 1	29,0
Schiff mit zwei Klassen	★★★★ ELITE	549 Punkte im The Haven								
Norwegian Gem	★★★ ELITE	424	2007	93.000	👨‍👩‍👧 👫 🧍	•	2.846	1.048	2,7 : 1	32,7
Schiff mit zwei Klassen	★★★★ ELITE	548 Punkte im The Haven								
Norwegian Jade	★★★ ELITE	424	2006	93.000	👨‍👩‍👧 👫 🧍	•	2.846	1.048	2,7 : 1	32,7
Schiff mit zwei Klassen	★★★★ ELITE	548 Punkte im The Haven								
Norwegian Pearl	★★★	418	2006	93.000	👨‍👩‍👧 👫 🧍	•	2.846	1.048	2,7 : 1	32,7
Schiff mit zwei Klassen	★★★★ ELITE	548 Punkte im The Haven								
Norwegian Jewel	★★★ ELITE	424	2005	93.000	👨‍👩‍👧 👫 🧍	•	2.846	1.048	2,7 : 1	32,7
Schiff mit zwei Klassen	★★★★ ELITE	548 Punkte im The Haven								
Pride of America	★★★ ELITE	428	2005	80.438	👨‍👩‍👧 👫 🧍	•	2.438	946	2,6 : 1	33,0
Norwegian Dawn	★★★ ELITE	426	2002	92.250	👨‍👩‍👧 👫 🧍	•	2.846	1.048	2,7 : 1	32,7
Norwegian Star	★★★ ELITE	424	2001	92.250	👨‍👩‍👧 👫 🧍	•	2.846	1.048	2,7 : 1	32,7
Norwegian Sun	★★★	401	2001	78.300	👨‍👩‍👧 👫 🧍	•	2.400	916	2,6 : 1	32,6
Norwegian Sky	★★★	404	1999	77.100	👨‍👩‍👧 👫 🧍	•	2.450	916	2,7 : 1	31,5
Norwegian Spirit	★★★ ELITE	423	1998	75.338	👨‍👩‍👧 👫 🧍	•	2.475	949	2,6 : 1	30,4

OCEANIA CRUISES Oceania Cruises richtet sich an ein internationales Publikum, das viel Wert auf Reiseziele und Routen legt. Die Ultra-Luxus-Schiffe überzeugen den Gast durch Service mit Liebe zum Detail und einem kulinarischen Angebot auf höchstem Niveau.
Bordsprache: Englisch; Kleidung: sportlich, elegant; Bordwährung: US-Dollar

Insignia

Riviera

Marina

Nautica

Regatta

Riviera	★★★★★	635	2012	66.084	👫 🧍	•	1.368	790	1,7 : 1	48,3
Marina	★★★★★	635	2011	66.084	👫 🧍	•	1.368	790	1,7 : 1	48,3
Nautica	★★★★★	579	1998	30.277	👫 🧍	•	684	386	1,8 : 1	44,3
Regatta	★★★★★	579	1998	30.277	👫 🧍	•	684	386	1,8 : 1	44,3
Insignia	noch nicht bewertet – Neuzugang 2014 (Ex- Columbus 2)									

OCEANWIDE EXPEDITIONS Der holländische Reederei ist spezialisiert auf Touren zu den Polarmeeren und außergewöhnlichen Regionen dieser Erde. Die Schiffe sind perfekt für entlegene Regionen, die kaum über Infrastruktur verfügen, ausgestattet.
Bordsprache: Englisch; Kleidung: sportlich, leger; Bordwährung: US-Dollar

Ortelius

Plancius

REEDEREI SCHIFF	STERNE KLASSIFIZIERUNG	BEWERTUNGSPUNKTE	BAUJAHR	SCHIFFSGRÖSSE (BRZ)	GEEIGNET FÜR	BARRIEREFREIE KABINEN	PASSAGIERE (MAX)	CREW	PASSAGIER / CREW VERHÄLTNIS	PASSAGIER / RAUM VERHÄLTNIS
Ortelius	★★ ELITE	338	1989	4.575	👫 🧍		106	50	2,1 : 1	43,2
Plancius	★★	319	1976	3.175	👫 🧍		114	45	2,5 : 1	27,9

P&O CRUISES Mit einer modernen Flotte bedient P&O Cruises den britischen Markt. So unterschiedlich wie die Kundenwünsche sind auch die Schiffsgrößen. Einige Liner von P&O sind erwachsenen Kunden vorbehalten. Das Ambiente an Bord ist stilvoll mit britisch inspirierter Gastronomie und Unterhaltung.
Bordsprache: Englisch; Kleidung: sportlich, elegant; Bordwährung: Britisches Pfund

Britannia

Azura

Ventura

Arcadia

Adonia

Aurora

Oceana

Oriana

REEDEREI SCHIFF	STERNE KLASSIFIZIERUNG	BEWERTUNGSPUNKTE	BAUJAHR	SCHIFFSGRÖSSE (BRZ)	GEEIGNET FÜR	BARRIEREFREIE KABINEN	PASSAGIERE (MAX)	CREW	PASSAGIER / CREW VERHÄLTNIS	PASSAGIER / RAUM VERHÄLTNIS
Britannia	noch nicht bewertet – Neubau 2015									
Azura	★★★★	518	2010	115.000	👪 👫 🧍	•	3.592	1.236	2,9 : 1	32,0
Ventura	★★★★	518	2008	115.000	👪 👫 🧍	•	3.592	1.236	2,9 : 1	32,0
Arcadia	★★★★	514	2005	83.000	👫 🧍	•	2.624	884	3,0 : 1	31,6
Adonia	★★★★	502	2001	30.277	👫 🧍	•	824	300	2,7 : 1	36,7
Aurora	★★★★	512	2000	76.150	👪 👫 🧍	•	1.983	812	2,4 : 1	38,4
Oceana	★★★★	508	2000	77.500	👪 👫 🧍	•	2.284	846	2,7 : 1	33,9
Oriana	★★★★	512	1995	69.150	👫 🧍	•	2.117	760	2,8 : 1	32,7

P&O AUSTRALIA Für Australien hat P&O eine eigene Marke etabliert. Jünger und weniger traditionell geht es zu an Bord. Spaß für die ganze Familie ist Programm. Ein breites Entertainment-Angebot und abwechslungsreiche Verpflegung runden das Angebot ab.
Bordsprache: Englisch; Kleidung: sportlich, leger; Bordwährung: Australischer Dollar

Pacific Aria

Pacific Eden

Pacific Dawn

Pacific Juwel

Pacific Pearl

REEDEREI SCHIFF	
Pacific Aria	noch nicht bewertet - Neuzugang 2015 (Ex-Ryndam)
Pacific Eden	noch nicht bewertet - Neuzugang 2015 (Ex-Statendam)

REEDEREI SCHIFF	STERNE KLASSIFIZIERUNG	BEWERTUNGSPUNKTE	BAUJAHR	SCHIFFSGRÖSSE (BRZ)	GEEIGNET FÜR	BARRIEREFREIE KABINEN	PASSAGIERE (MAX)	CREW	PASSAGIER / CREW VERHÄLTNIS	PASSAGIER / RAUM VERHÄLTNIS
Pacific Dawn	★★★	412	1991	70.280		•	2.018	710	2,8 : 1	33,8
Pacific Jewel	★★★	412	1991	70.280		•	2.018	710	2,8 : 1	33,8
Pacific Pearl	★★★	415	1986	63.500		•	1.842	512	3,5 : 1	34,5

PAUL GAUGIN CRUISES ist seit Jahren kontinuierlich und erfolgreich in Polynesien unterwegs. Mit der Paul Gaugin erwartet den Gast ein kleines, stilvolles Schiff, auf dem man sich sofort zu Hause fühlt. Das Ambiente ist ganz auf das Fahrtgebiet abgestimmt, und mit der eigenen Marina ist das Schiff optimal für Wassersportler. Mit der Tere Moana ist die Reederei jetzt auch jenseits der Südsee aktiv.
Bordsprache: Französisch, Englisch; Kleidung: sportlich, elegant; Bordwährung: US-Dollar

Tere Moana

Paul Gauguin

REEDEREI SCHIFF	STERNE KLASSIFIZIERUNG	BEWERTUNGSPUNKTE	BAUJAHR	SCHIFFSGRÖSSE (BRZ)	GEEIGNET FÜR	BARRIEREFREIE KABINEN	PASSAGIERE (MAX)	CREW	PASSAGIER / CREW VERHÄLTNIS	PASSAGIER / RAUM VERHÄLTNIS
Tere Moana	noch nicht bewertet									
Paul Gaugin	★★★★★	572	1997	19.200		•	332	217	1,5 : 1	57,8

PHOENIX REISEN Drei Schiffe für unterschiedliche Ansprüche bietet der Bonner Veranstalter auf dem deutschen Markt an. Stilvolle Einrichtung, geräumige Kabinen und Lounges bieten alle drei Liner. Auf spannenden Routen rund um den Globus verwöhnt das bewährte Phoenix-Team die Reisenden an Bord.
Bordsprache: Deutsch; Kleidung: sportlich, elegant; Bordwährung: Euro

Amadea

Artania

Albatros

REEDEREI SCHIFF	STERNE KLASSIFIZIERUNG	BEWERTUNGSPUNKTE	BAUJAHR	SCHIFFSGRÖSSE (BRZ)	GEEIGNET FÜR	BARRIEREFREIE KABINEN	PASSAGIERE (MAX)	CREW	PASSAGIER / CREW VERHÄLTNIS	PASSAGIER / RAUM VERHÄLTNIS
Amadea	★★★★ ELITE	541	1991	28.856		•	600	265	2,3 : 1	48,1
Artania	★★★★	507	1984	44.348		•	1.200	420	2,9 : 1	37,0
Albatros	★★★	409	1973	28.078		•	850	340	2,5 : 1	33,0

PLANTOURS KREUZFAHRTEN Mit Liebe zum Detail punktet der Bremer Veranstalter. Das neue Schiff präsentiert sich als klein, individuell und gesellig. Ein Schiff für maximal 400 Gäste, das durch seine kompakte Größe sogar die Großen Seen im Nordosten Amerikas befahren kann.
Bordsprache: Deutsch; Kleidung: sportlich, elegant; Bordwährung: Euro

Hamburg

REEDEREI SCHIFF	STERNE KLASSIFIZIERUNG	BEWERTUNGSPUNKTE	BAUJAHR	SCHIFFSGRÖSSE (BRZ)	GEEIGNET FÜR	BARRIEREFREIE KABINEN	PASSAGIERE (MAX)	CREW	PASSAGIER / CREW VERHÄLTNIS	PASSAGIER / RAUM VERHÄLTNIS
Hamburg	★★★ ELITE	420	1997	14.900			422	164	2,6 : 1	35,3

PRINCESS CRUISES Das „Love Boat" lebt auch an Bord der neusten Schiffe von Princess Cruises fort. Bei ausgewählten Reisen ist auch heute noch der „Kapitän" aus der beliebten Serie als Gast mit an Bord. Die Schiffe überzeugen den Gast mit dem breiten Angebot an

Bord, Service mit Liebe zum Detail und einem kulinarischen Angebot auf hohem Niveau.
Bordsprache: Englisch; Kleidung: sportlich, elegant; Bordwährung: US-Dollar

Regal Princess, Royal Princess, Ruby Princess, Emerald Princess, Crown Princess, Caribbean Princess, Diamond Princess, Sapphire Princess, Coral Princess, Island Princess, Star Princess, Golden Princess, Ocean Princess, Pacific Princess, Grand Princess, Sea Princess, Dawn Princess, Sun Princess

REEDEREI SCHIFF	STERNE KLASSIFIZIERUNG	BEWERTUNGSPUNKTE	BAUJAHR	SCHIFFSGRÖSSE (BRZ)	GEEIGNET FÜR	BARRIEREFREIE KABINEN	PASSAGIERE (MAX)	CREW	PASSAGIER / CREW VERHÄLTNIS	PASSAGIER / RAUM VERHÄLTNIS
Regal Princess	★★★★	512	2013	141.200	👪 👫 🚹	•	4.612	1.344	3,4 : 1	30,6
Royal Princess	★★★★	512	2013	141.200	👪 👫 🚹	•	4.612	1.344	3,4 : 1	30,6
Ruby Princess	★★★★	500	2008	113.560	👪 👫 🚹	•	3.763	1.200	3,1 : 1	30,2
Emerald Princess	★★★★	500	2007	113.560	👪 👫 🚹	•	3.763	1.200	3,1 : 1	30,2
Crown Princess	★★★★	500	2006	113.560	👪 👫 🚹	•	3.763	1.200	3,1 : 1	30,2
Caribbean Princess	★★★★	500	2004	113.560	👪 👫 🚹	•	3.763	1.200	3,1 : 1	30,2
Diamond Princess	★★★★	502	2004	115.880	👪 👫 🚹	•	3.286	1.100	3,0 : 1	35,3
Sapphire Princess	★★★★	502	2004	115.880	👪 👫 🚹	•	3.286	1.100	3,0 : 1	35,3
Coral Princess	★★★★	502	2003	92.000	👪 👫 🚹	•	2.586	900	2,9 : 1	35,6
Island Princess	★★★★	502	2003	92.000	👪 👫 🚹	•	2.586	900	2,9 : 1	35,6
Star Princess	★★★★	501	2002	109.000	👪 👫 🚹	•	3.209	1.100	2,9 : 1	34,0
Golden Princess	★★★★	501	2001	109.000	👪 👫 🚹	•	3.209	1.100	2,9 : 1	34,0
Ocean Princess	★★★★	503	1999	30.277	👫 🚹	•	802	373	2,2 : 1	37,8
Pacific Princess	★★★★	503	1999	30.277	👫 🚹	•	802	373	2,2 : 1	37,8
Grand Princess	★★★★	501	1998	109.000	👪 👫 🚹	•	3.209	1.100	2,9 : 1	34,0
Sea Princess	★★★★	499	1998	77.690	👪 👫 🚹	•	2.250	900	2,5 : 1	34,5
Dawn Princess	★★★★	499	1997	77.690	👪 👫 🚹	•	2.250	900	2,5 : 1	34,5
Sun Princess	★★★★	499	1995	77.690	👪 👫 🚹	•	2.250	900	2,5 : 1	34,5

PULLMANTUR Die Reederei bietet ein gutes Preis-Leistungs-Verhältnis dank des Alles-inklusive-Konzepts, das die Reederei an Bord eingeführt hat. Wer südeuropäisches Flair und Essen nicht missen möchte, sind hier bestens aufgehoben. Das Bordleben und Unterhaltungsprogramm ist geprägt vom spanischen Lebensgefühl.
Bordsprachen: Spanisch, Englisch; Kleidung: sportlich, leger; Bordwährung: Euro

Monarch

Empress

Sovereign

REEDEREI SCHIFF	STERNE KLASSIFIZIERUNG	BEWERTUNGSPUNKTE	BAUJAHR	SCHIFFSGRÖSSE (BRZ)	GEEIGNET FÜR	BARRIEREFREIE KABINEN	PASSAGIERE (MAX)	CREW	PASSAGIER / CREW VERHÄLTNIS	PASSAGIER / RAUM VERHÄLTNIS
Monarch	★★★	361	1991	73.940	👪 👫 🧍	•	2.744	848	3,2 : 1	26,9
Empress	★★★	359	1990	48.560	👪 👫 🧍	•	2.024	684	3,0 : 1	24,0
Sovereign	★★★	361	1988	73.190	👪 👫 🧍	•	2.886	818	3,5 : 1	25,4

QUARK EXPEDITIONS Der Experte für Expeditionsreisen in die entlegensten Regionen der Erde bietet unvergleichliche Erlebnisse. Neben klassischen Expeditionsschiffen kommen bei Quark Expedition moderne atombetriebene Eisbrecher zum Einsatz. Alle Reisen werden von renommierten Expeditionsleitern, Wissenschaftlern und Lektoren konzipiert und begleitet.
Bordsprache: Englisch; Kleidung: sportlich, leger; Bordwährung: US-Dollar

Fifty Years of Victory

Sea Spirit

Ocean Diamond

Clipper Edventurer

REEDEREI SCHIFF	STERNE KLASSIFIZIERUNG	BEWERTUNGSPUNKTE	BAUJAHR	SCHIFFSGRÖSSE (BRZ)	GEEIGNET FÜR	BARRIEREFREIE KABINEN	PASSAGIERE (MAX)	CREW	PASSAGIER / CREW VERHÄLTNIS	PASSAGIER / RAUM VERHÄLTNIS
Fifty Years of Victory	noch nicht bewertet									
Sea Spirit	noch nicht bewertet									
Ocean Diamond	★★★	386	1986	8.282	👫 🧍		240	144	1,7 : 1	34,5
Clipper Adventurer	noch nicht bewertet									

REEDEREI PETER DEILMANN Mit der Deutschland hat Firmengründer Peter Deilmann 1998 etwas Einzigartiges unter den Boutique-Schiffen etabliert. An Bord erwartet die Gäste persönlicher Service, Herzlichkeit und ein gastronomisches Angebot auf höchstem Niveau. Die Deutschland hält schlicht, was das Traumschiff verspricht.
Bordsprache: Deutsch; Kleidung: sportlich, elegant, festlich; Bordwährung: Euro

Deutschland

REEDEREI SCHIFF	STERNE KLASSIFIZIERUNG	BEWERTUNGSPUNKTE	BAUJAHR	SCHIFFSGRÖSSE (BRZ)	GEEIGNET FÜR	BARRIEREFREIE KABINEN	PASSAGIERE (MAX)	CREW	PASSAGIER / CREW VERHÄLTNIS	PASSAGIER / RAUM VERHÄLTNIS
Deutschland	★★★★★ ELITE	641	1998	22.400	👫 🧍	•	480	280	1,7 : 1	46,7

REGENT SEVEN SEAS CRUISES Die amerikanische Reederei richtet sich an ein internationales Publikum, das viel Wert auf Reiseziele und Routen legt. Die Suiten an Bord sind luxuriös ausgestattet. Neben dem Hauptrestaurant mit offener Tischzeit locken weitere drei Spezialitätenrestaurants mit erlesenen Köstlichkeiten.
Bordsprache: Englisch; Kleidung: sportlich, elegant; Bordwährung: US-Dollar

Seven Seas Voyager

Seven Seas Mariner

Seven Seas Navigator

REEDEREI SCHIFF	STERNE KLASSIFIZIERUNG	BEWERTUNGSPUNKTE	BAUJAHR	SCHIFFSGRÖSSE (BRZ)	GEEIGNET FÜR	BARRIEREFREIE KABINEN	PASSAGIERE (MAX)	CREW	PASSAGIER / CREW VERHÄLTNIS	PASSAGIER / RAUM VERHÄLTNIS
Seven Seas Voyager	★★★★★ ELITE	648	2003	42.360	👫 🧍	•	748	446	1,7 : 1	56,6
Seven Seas Mainer	★★★★★ ELITE	652	2001	48.070	👫 🧍	•	742	444	1,7 : 1	64,8
Seven Seas Navigator	★★★★★ ELITE	646	1999	28.550	👫 🧍	•	516	342	1,5 : 1	55,3

ROYAL CARIBBEAN INTERNATIONAL Broadway-Shows, Sport, Spaß und Genuss findet man an Bord von Royal Caribbean. Die amerikanische Reederei bietet den optimalen Mix für ein internationales Publikum. Die eleganten Premium-Schiffe bieten den perfekten Rahmen für eine Kreuzfahrt auf den sieben Weltmeeren. Service, Gastronomie und Ausstattung können überzeugen. Sport, Spaß und Unterhaltung sind garantiert. Mit der Oasis und Allure of the Seas unterhält die Reederei die größten Kreuzfahrtschiffe der Welt. *Bordsprache: Englisch; Kleidung: sportlich, leger; Bordwährung: US-Dollar*

REEDEREI SCHIFF	STERNE KLASSIFIZIERUNG	BEWERTUNGSPUNKTE	BAUJAHR	SCHIFFSGRÖSSE (BRZ)	GEEIGNET FÜR	BARRIEREFREIE KABINEN	PASSAGIERE (MAX)	CREW	PASSAGIER / CREW VERHÄLTNIS	PASSAGIER / RAUM VERHÄLTNIS
Anthem of the Seas	noch nicht bewertet – Neubau 2015									
Quantum of the Seas	noch nicht bewertet – Neubau 2014									
Allure of the Seas	★★★ ELITE	452	2010	225.280	👪 👫 🧍	•	6.296	2.162	2,9 : 1	35,8
Oasis of the Seas	★★★ ELITE	453	2009	225.280	👪 👫 🧍	•	6.296	2.162	2,9 : 1	35,8
Independence of the Seas	★★★ ELITE	428	2008	154.400	👪 👫 🧍	•	4.374	1.384	3,2 : 1	35,3
Liberty of the Seas	★★★ ELITE	428	2007	154.400	👪 👫 🧍	•	4.374	1.384	3,2 : 1	35,3
Freedom of the Seas	★★★ ELITE	428	2006	154.400	👪 👫 🧍	•	4.374	1.384	3,2 : 1	35,3
Jewel of the Seas	★★★ ELITE	438	2004	90.090	👪 👫 🧍	•	2.502	858	2,9 : 1	36,0
Mariner of the Seas	★★★ ELITE	426	2003	137.280	👪 👫 🧍	•	3.838	1.172	3,3 : 1	35,8

Reederei Schiff	Sterne Klassifizierung	Bewertungspunkte	Baujahr	Schiffsgrösse (BRZ)	Geeignet für	Barrierefreie Kabinen	Passagiere (max)	Crew	Passagier / Crew Verhältnis	Passagier / Raum Verhältnis
Serenade of the Seas	★★★ ELITE	438	2003	90.090		•	2.502	858	2,9 : 1	36,0
Navigator of the Seas	★★★ ELITE	426	2002	137.280		•	3.838	1.172	3,3 : 1	35,8
Brilliance of the Seas	★★★ ELITE	438	2002	90.090		•	2.502	858	2,9 : 1	36,0
Adventure of the Seas	★★★ ELITE	426	2001	137.280		•	3.838	1.172	3,3 : 1	35,8
Radiance of the Seas	★★★ ELITE	438	2001	90.090		•	2.502	858	2,9 : 1	36,0
Explorer of the Seas	★★★ ELITE	426	2000	137.280		•	3.838	1.172	3,3 : 1	35,8
Voyager of the Seas	★★★ ELITE	426	1999	137.280		•	3.838	1.172	3,3 : 1	35,8
Vision of the Seas	★★★ ELITE	425	1998	78.490		•	2.442	762	3,2 : 1	32,1
Enchantment of the Seas	★★★ ELITE	425	1997	81.460		•	2.730	838	3,3 : 1	29,8
Rhapsody of the Seas	★★★ ELITE	425	1997	78.490		•	2.442	762	3,2 : 1	32,1
Grandeur of the Seas	★★★ ELITE	425	1996	74.140		•	2.446	758	3,2 : 1	30,3
Splendour of the Seas	★★★ ELITE	430	1996	69.130		•	2.078	724	2,9 : 1	33,3
Legend of the Seas	★★★ ELITE	430	1995	69.130		•	2.078	724	2,9 : 1	33,3
Majesty of the Seas	★★★	386	1992	73.940		•	2.744	848	3,2 : 1	26,9

SAGA CRUISES Traditionell und britisch geht es bei Saga zu. Die klassischen Liner sind liebevoll gepflegt. Die Zielgruppe der Reederei ist über 50 Jahre alt. Eine entsprechende Altersgrenze gilt auch für die Buchung. Nur beim Partner macht man dann eine Ausnahme, der darf bis zu 45 Jahre jung sein.
Bordsprache: Englisch; Kleidung: sportlich, elegant; Bordwährung: Britisches Pfund

Saga Sapphire

Quest for Adventure

Reederei Schiff	Sterne Klassifizierung	Bewertungspunkte	Baujahr	Schiffsgrösse (BRZ)	Geeignet für	Barrierefreie Kabinen	Passagiere (max)	Crew	Passagier / Crew Verhältnis	Passagier / Raum Verhältnis
Saga Sapphire	★★★★	528	1982	37.300		•	706	415	1,7 : 1	52,8
Quest for Adventure	★★★★	498	1981	18.590			456	250	1,8 : 1	40,8

SEA CLOUD CRUISES Die Sea Cloud Cruises ist Segelkreuzfahrt auf höchstem Niveau. Die überschaubaren Schiffe punkten mit Service, Gastronomie und der luxuriösen Atmosphäre an Bord. Entdecken und Genuss unter weißen Segeln.
Bordsprache: Deutsch; Kleidung: sportlich, elegant; Bordwährung: Euro

Sea Cloud II

Sea Cloud

Reederei Schiff	Sterne Klassifizierung	Bewertungspunkte	Baujahr	Schiffsgrösse (BRZ)	Geeignet für	Barrierefreie Kabinen	Passagiere (max)	Crew	Passagier / Crew Verhältnis	Passagier / Raum Verhältnis
Sea Cloud II	★★★★★	564	2001	3.849			94	61	1,5 : 1	40,9
Sea Cloud	★★★★★	569	1931	2.532			64	59	1,1 : 1	39,7

SEABOURN CRUISE LINE Drei große und drei kleine Yachten bilden die Seabourn-Flotte im Ultra-Luxus-Segment. Sie richtet sich an ein internationales Publikum, das viel Wert auf Reiseziele und Routen legt. Die Reederei überzeugt den Gast mit perfektem Service und einem kulinarischen Angebot auf höchstem Niveau. Die intime Atmosphäre erlaubt es

der Crew, sich sofort auf die individuellen Bedürfnisse der Gäste einzustellen. Die geschmackvolle und hochwertige Einrichtung rundet das Bild ab.
Bordsprache: Englisch; Kleidung: sportlich, elegant; Bordwährung: US-Dollar

Seabourn Quest

Seabourn Sojourn

Seabourn Odyssey

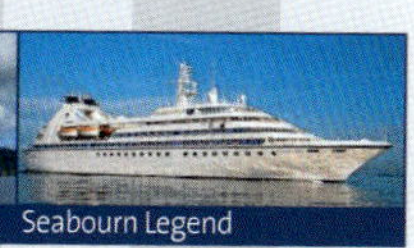
Seabourn Legend

REEDEREI SCHIFF	STERNE KLASSIFIZIERUNG	BEWERTUNGSPUNKTE	BAUJAHR	SCHIFFSGRÖSSE (BRZ)	GEEIGNET FÜR	BARRIEREFREIE KABINEN	PASSAGIERE (MAX)	CREW	PASSAGIER / CREW VERHÄLTNIS	PASSAGIER / RAUM VERHÄLTNIS
Seabourn Quest	★★★★★ ELITE	667	2011	32.000	👥 👤	•	462	330	1,4 : 1	69,3
Seabourn Sojourn	★★★★★ ELITE	667	2010	32.000	👥 👤	•	462	330	1,4 : 1	69,3
Seabourn Odyssey	★★★★★ ELITE	667	2009	32.000	👥 👤	•	462	330	1,4 : 1	69,3
Seabourn Legend	★★★★★ ELITE	653	1992	9.960	👥 👤	•	208	164	1,3 : 1	47,9

SEADREAM YACHT CLUB Individualität steht bei Seadream im Vordergrund. An Bord der kleinen Yacht werden Reisende schnell zu Freunden und genießen den unaufdringlichen Service. Die eingespielte Crew erfüllt den Gästen fast jeden Wunsch. Dazu zählt auch ein Bett unter den Sternen. Ein vergleichsweise großer Pool und eine Marina mit kostenlosen Wassersportmöglichkeiten finden sich an Bord.
Bordsprache: Englisch; Kleidung: sportlich, elegant; Bordwährung: US-Dollar

Seadream II

Seadream I

REEDEREI SCHIFF	STERNE KLASSIFIZIERUNG	BEWERTUNGSPUNKTE	BAUJAHR	SCHIFFSGRÖSSE (BRZ)	GEEIGNET FÜR	BARRIEREFREIE KABINEN	PASSAGIERE (MAX)	CREW	PASSAGIER / CREW VERHÄLTNIS	PASSAGIER / RAUM VERHÄLTNIS
Seadream II	★★★★★ ELITE	654	1985	4.260	👥 👤	•	112	95	1,3 : 1	38,0
Seadream I	★★★★★ ELITE	654	1984	4.260	👥 👤	•	112	95	1,3 : 1	38,0

SILVERSEA richtet sich an ein kultiviertes, internationales Publikum. Die exzellente Küche ist inspiriert von den international anerkannten Chefs von Relais & Chateaux. Eine internationale Crew an Bord bemüht sich insbesondere auch um deutschsprachige Gäste. Die überschaubaren Kreuzfahrtschiffe punkten mit Service, Gastronomie und ultra-luxuriöser Atmosphäre an Bord.
Bordsprache: Englisch; Kleidung: sportlich, elegant; Bordwährung: US-Dollar

Silver Spirit

Silver Whisper

Silver Shadow

Silver Wind

Silver Cloud

Silver Galapagos

Silver Explorer

Silver Discoverer

REEDEREI SCHIFF	STERNE KLASSIFIZIERUNG	BEWERTUNGSPUNKTE	BAUJAHR	SCHIFFSGRÖSSE (BRZ)	GEEIGNET FÜR	BARRIEREFREIE KABINEN	PASSAGIERE (MAX)	CREW	PASSAGIER / CREW VERHÄLTNIS	PASSAGIER / RAUM VERHÄLTNIS
Silver Spirit	★★★★★ ELITE	669	2009	36.000	👥 👤	•	578	376	1,5 : 1	62,3
Silver Whisper	★★★★★ ELITE	668	2001	28.260	👥 👤	•	398	294	1,4 : 1	71,0
Silver Shadow	★★★★★ ELITE	668	2000	28.260	👥 👤	•	398	294	1,4 : 1	71,0
Silver Wind	★★★★★ ELITE	653	1995	16.900	👥 👤	•	312	210	1,5 : 1	54,2

REEDEREI SCHIFF	STERNE KLASSIFIZIERUNG	BEWERTUNGSPUNKTE	BAUJAHR	SCHIFFSGRÖSSE (BRZ)	GEEIGNET FÜR	BARRIEREFREIE KABINEN	PASSAGIERE (MAX)	CREW	PASSAGIER / CREW VERHÄLTNIS	PASSAGIER / RAUM VERHÄLTNIS
Silver Cloud	★★★★★ ELITE	653	1994	16.900		•	312	210	1,5 : 1	54,2
Silver Galapagos	noch nicht bewertet – Neuzugang 2014 (Ex- Galapagos Explorer II)									
Silver Explorer	★★★★★	607	1989	6.072		•	149	116	1,3 : 1	40,8
Silver Discoverer	noch nicht bewertet – Neuzugang 2014 (Ex- Clipper Odyssey)									

STAR CLIPPERS Star Clippers betreibt drei der größten Passagier-Segelschiffe der Welt. Mit Anlaufhäfen abseits der Routen der größeren Kreuzfahrtschiffe sowie Aktivitäten und Annehmlichkeiten, die man sonst nur auf privaten Yachten findet, zählt Star Clippers zu den führenden Veranstaltern von Spezialkreuzfahrten.
Bordsprachen: Deutsch, Englisch, Französisch; Kleidung: sportlich, leger; Bordwährung: Euro

Royal Clipper

Star Clipper

Star Flyer

Royal Clipper	★★★★	523	2000	5.060			254	106	2,4 : 1	19,9
Star Clipper	★★★ ELITE	449	1992	2.298			180	70	2,6 : 1	12,8
Star Flyer	★★★ ELITE	449	1991	2.298			180	70	2,6 : 1	12,8

STAR CRUISES Die Reederei Star Cruises bietet Kreuzfahrten für ein asiatisches Publikum zu einem attraktiven Preis. Die Schiffe sind für alle Altersgruppen ausgelegt und verfügen über große Casinos.
Bordsprachen: Englisch, Chinesisch; Kleidung: sportlich, leger; Bordwährung: Hongkong-Dollar

Superstar Virgo

Superstar Aquarius

Star Pisces

Superstar Libra

Superstar Virgo	★★★ ELITE	424	1999	75.338		•	2.786	1.218	2,3 : 1	27,1
Superstar Aquarius	★★★	402	1993	50.760		•	1.812	878	2,1 : 1	28,0
Star Pisces	★★ ELITE	348	1990	40.053		•	1.876	750	2,5 : 1	21,4
Superstar Libra	★★★	362	1988	42.270		•	1.688	698	2,4 : 1	25,0

SWAN HELLENIC DISCOVERY CRUISING
Ein typisch britisches Produkt für Alleinreisende und Paare im fortgeschrittenen Alter. Familien sind hier fehl am Platz. Das kompakte Schiff ist gut geeignet für Routen abseits der typischen Rennstrecken moderner Megaliner.
Bordsprache: Englisch; Kleidung: sportlich, elegant; Bordwährung: Britisches Pfund

Minerva

Minerva	★★★★	524	1996	12.890		•	380	158	2,4 : 1	33,9

THOMSON CRUISES gehört zur TUI AG und bietet ein typisch britisches Kreuzfahrtprodukt. Routenauswahl, Essen und Unterhaltung sind auf diesen Markt abgestimmt. Die Flotte besteht aus einer Reihe beliebter Schiffe, die früher für Holland America oder NCL unterwegs waren.
Bordsprache: Englisch; Kleidung: sportlich, leger; Bordwährung: Britisches Pfund

Thomson Majesty

Thomson Dream

Thomson Celebration

Thomson Spirit

REEDEREI SCHIFF	STERNE KLASSIFIZIERUNG	BEWERTUNGSPUNKTE	BAUJAHR	SCHIFFSGRÖSSE (BRZ)	GEEIGNET FÜR	BARRIEREFREIE KABINEN	PASSAGIERE (MAX)	CREW	PASSAGIER / CREW VERHÄLTNIS	PASSAGIER / RAUM VERHÄLTNIS
Thomson Majesty	★★★	388	1992	40.880		•	1.802	620	2,9 : 1	22,7
Thomson Dream	★★★	394	1986	53.870		•	1.748	648	2,7 : 1	30,8
Thomson Celebration	★★★	392	1984	33.930		•	1.356	516	2,6 : 1	25,0
Thomson Spirit	★★★	392	1983	33.930		•	1.356	516	2,6 : 1	25,0

TRANSOCEAN KREUZFAHRTEN Die Astor kreuzt in der Sommersaison für Transocean in Europa. Die neuen Suiten setzen Maßstäbe in ihrer Klasse. Das erweiterte Büfett--Restaurant ergänzt das kulinarische Angebot, das vom gut ausgebildeten Servicepersonal dem Gast präsentiert wird. Mit dem Umbau gewinnt der Klassiker durch die neuen Kabinen an Format.
Bordsprache: Deutsch; Kleidung: sportlich, elegant; Bordwährung: Euro

Astor

REEDEREI SCHIFF	STERNE KLASSIFIZIERUNG	BEWERTUNGSPUNKTE	BAUJAHR	SCHIFFSGRÖSSE (BRZ)	GEEIGNET FÜR	BARRIEREFREIE KABINEN	PASSAGIERE (MAX)	CREW	PASSAGIER / CREW VERHÄLTNIS	PASSAGIER / RAUM VERHÄLTNIS
Astor	★★★★	458	1987	21.000		•	578	278	2,1 : 1	36,3

TUI CRUISES Mein Schiff heißen die „Wohlfühlschiffe“ des Joint Venture der TUI AG und von Royal Caribbean Cruises. Mit einem Alles-inklusive-Konzept haben sie den deutschen Markt im Luxus-Segment erobert. Im Preis sind bereits fast alle Restaurants und Getränke an Bord inbegriffen. Selbstbedienung am Büfett oder Service am Platz – der Gast hat die Wahl. Für das Steakhouse, die Sushi-Bar und das Richard's wird ein Aufpreis fällig. Besonders beliebt: die große Saunalandschaft mit zahlreichen Themenräumen im Spa & Meer. Zahlreiche Aktivausflüge sinds die perfekte Angebotsergänzung.
Bordsprache: Deutsch; Kleidung: sportlich, elegant; Bordwährung: Euro

Mein Schiff 4

Mein Schiff 3

Mein Schiff 2

Mein Schiff 1

REEDEREI SCHIFF	STERNE KLASSIFIZIERUNG	BEWERTUNGSPUNKTE	BAUJAHR	SCHIFFSGRÖSSE (BRZ)	GEEIGNET FÜR	BARRIEREFREIE KABINEN	PASSAGIERE (MAX)	CREW	PASSAGIER / CREW VERHÄLTNIS	PASSAGIER / RAUM VERHÄLTNIS
Mein Schiff 4	noch nicht bewertet – Neubau 2015									
Mein Schiff 3	★★★★ ELITE	552	2014	99.520		•	2.798	996	2,8 : 1	35,6
Mein Schiff 2	★★★★	532	1997	76.998		•	2.390	780	3,1 : 1	32,2
Mein Schiff 1	★★★★	527	1996	77.303		•	2.405	780	3,1 : 1	32,1

VARIETY CRUISES Auf kleinen Yachten und Segelschiffen bietet Variety Cruises ein intimes Kreuzfahrtprodukt, das auf die Destination zugeschnitten ist. Die kleine Größe der Schiffe erlaubt Routen abseits der Rennstrecken. Im Sommer sind die Schiffe überwiegend im Mittelmeer zu Hause. Zu den Winterdestinationen zählen Westafrika, Kuba oder die Seychellen.
Bordsprachen: Englisch; Kleidung: sportlich, elegant; Bordwährung: Euro

Variety Voyager

Panorama II

Harmony V

Harmony G

Panorama

Pegasus

Galileo

Reederei / Schiff	Sterne Klassifizierung	Bewertungspunkte	Baujahr	Schiffsgröße (BRZ)	Geeignet für	Barrierefreie Kabinen	Passagiere (max)	Crew	Passagier / Crew Verhältnis	Passagier / Raum Verhältnis
Variety Voyager	noch nicht bewertet									
Panaorama II	noch nicht bewertet									
Harmony V	noch nicht bewertet									
Harmony G	noch nicht bewertet									
Panorama	noch nicht bewertet									
Pegasus	noch nicht bewertet									
Galileo	noch nicht bewertet									

VENUS CRUISES Typisch japanisches Produkt für gehobene Ansprüche. Die Reederei richtet sich an asiatische Kunden. An Bord sind Gastronomie und Unterhaltung daran ausgerichtet.
Bordsprachen: Japanisch, Englisch; Kleidung: sportlich, elegant; Bordwährung: Japanischer Yen

Pacific Venus

Reederei / Schiff	Sterne Klassifizierung	Bewertungspunkte	Baujahr	Schiffsgröße (BRZ)	Geeignet für	Barrierefreie Kabinen	Passagiere (max)	Crew	Passagier / Crew Verhältnis	Passagier / Raum Verhältnis
Pacific Venus	★★★★	521	1998	28.500	👫 👤	•	624	218	2,9 : 1	45,7

VOYAGES OF DISCOVERY Traditionell und britisch sind die klassischen Liner. Ältere Gäste, die eine klassische britische Kreuzfahrt suchen, sind hier genau richtig.
Bordsprache: Englisch; Kleidung: sportlich, leger; Bordwährung: Britisches Pfund

Voyager

Reederei / Schiff	Sterne Klassifizierung	Bewertungspunkte	Baujahr	Schiffsgröße (BRZ)	Geeignet für	Barrierefreie Kabinen	Passagiere (max)	Crew	Passagier / Crew Verhältnis	Passagier / Raum Verhältnis
Voyager	★★★ ELITE	435	1990	15.340	👫 👤	•	558	240	2,3 : 1	27,5

VOYAGES TO ANTIQUITY Längere Kreuzfahrten mit dem Focus auf Kultur und Geschichte stehen auf dem Programm der Reederei. Das einzige Schiff wurde zu diesem Zweck vor vier Jahren aufwendig umgebaut. Lektoren begleiten die Reisen, freundliches Servicepersonal und eine gute Küche runden das Erlebnis ab.
Bordsprache: Englisch; Kleidung: sportlich, elegant; Bordwährung: Euro

Aegean Odyssey

REEDEREI SCHIFF	STERNE KLASSIFIZIERUNG	BEWERTUNGSPUNKTE	BAUJAHR	SCHIFFSGRÖSSE (BRZ)	GEEIGNET FÜR	BARRIEREFREIE KABINEN	PASSAGIERE (MAX)	CREW	PASSAGIER / CREW VERHÄLTNIS	PASSAGIER / RAUM VERHÄLTNIS
Aegean Odyssey	★★★ ELITE	422	1974	11.560	👥 👤	•	390	198	2,0 : 1	29,6

WINDSTAR CRUISES Urlaub unter Segeln bietet eine Kreuzfahrt mit der Windstar Cruises. Die modernen Segelschiffe nutzen neben der elektronisch gesteuerten Segelfläche auch einen konventionellen Antrieb. Die Flotte verbindet Yachtatmosphäre mit allen Annehmlichkeiten moderner Kreuzfahrer. Klassische Segelromantik sucht man an Bord vergeblich. Dennoch vermittelt die Wind Spirit ein besonderes Reisegefühl. Kabinen und Küche können überzeugen.
Bordsprache: Englisch; Kleidung: sportlich, leger; Bordwährung: US-Dollar

Wind Surf

Wind Spirit

Wind Star

Star Breeze

Star Pride

REEDEREI SCHIFF	STERNE KLASSIFIZIERUNG	BEWERTUNGSPUNKTE	BAUJAHR	SCHIFFSGRÖSSE (BRZ)	GEEIGNET FÜR	BARRIEREFREIE KABINEN	PASSAGIERE (MAX)	CREW	PASSAGIER / CREW VERHÄLTNIS	PASSAGIER / RAUM VERHÄLTNIS
Wind Surf	★★★★ ELITE	542	1990	14.745	👥 👤		362	192	1,9 : 1	40,7
Wind Spirit	★★★★	528	1990	5.700	👥 👤		158	92	1,7 : 1	38,5
Wind Star	★★★★	528	1990	5.700	👥 👤		158	92	1,7 : 1	38,5
Star Breeze	noch nicht bewertet – Neuzugang 2015 (Ex- Seabourn Spirit)									
Star Pride	★★★★★	574	1988	9.960	👥 👤	•	208	164	1,3 : 1	47,9

DEUTSCHER KREUZFAHRTPREIS 2015

Die Mein Schiff 3 von TUI Cruises erhält den Deutschen Kreuzfahrtpreis als „Schiff des Jahres 2015“. „Mit der Mein Schiff 3 haben wir uns für ein Schiff entschieden, das für den deutschen Markt geplant und gebaut wurde. Es ist die konsequente Weiterentwicklung des Wohlfühl-Konzeptes von TUI Cruises und punktet mit den Inklusiv-Leistungen“, erläutert Oliver P. Mueller.

Die Atlantic Alliance, der Zusammenschluss westeuropäischer Häfen, würdigt in diesem Jahr die Ultra-Luxus-Reederei Crystal Cruises für ihr Engagement mit den Häfen der Region.

Auf dem Fluss haben wir uns in diesem Jahr für A-Rosa Flusskreuzfahrten entschieden. Die Rostocker Reederei überzeugt vor allem mit einem neuen Preismodell, das besonders Familien mit Kindern deutliche Vorteile bietet und damit die Entscheidung für eine Urlaubsreise auf dem Fluss in dieser Zielgruppe erleichtert.

Der rennomierte Preis wurde bereits 2008 begründet und zeichnet jährlich die Besten der Branche aus.

DIE PREISTRÄGER

MEIN SCHIFF 3
Schiff des Jahres

CRYSTAL CRUISES
Sonderpreis Atlantic Alliance

A-ROSA FLUSSKREUZFAHRTEN
Sonderpreis Fluss

BARCELONA
Hafen des Jahres

VIETNAM
Destination des Jahres

ROSSINI – AIDA CRUISES
Bestes Restaurant

TUI CRUISES – MEIN SCHIFF
Bester Spa & Wellnessbereich

MSC KREUZFAHRTEN
Bestes Familienprodukt

COSTA CROCIERE –
NEO COLLECTION
Beste Produktinnovation

HAPAG LLOYD-KREUZFAHRTEN
Beste Routenvielfalt

AIDA CRUISES
Bestes Unterhaltungsprogramm

A-Rosa überzeugt in der Kategorie Fluss. Crystal Cruises ist Gewinner des Sonderpreises der Atlantic Alliance.

SCHIFFE AM HORIZONT

HOLLAND AMERICA LINE

Neues Schiff heißt Konigsdam

„Mit der Wahl des Namens Koningsdam verneigen wir uns vor unseren niederländischen Wurzeln und signalisieren zugleich den Eintritt in eine neue Ära des Unternehmens", so Stein Kruse, CEO der Holland America Group. „Das neue Schiff ist zukunftsweisend für unsere Flotte, daher war es die Aufgabe, einen Namen zu finden, der genau dies ausdrückt und gleichzeitig für unsere zeitlosen Traditionen steht."

Der Name unterstreicht die lange Unternehmenstradition und die tiefe Verwurzelung der Reederei in den Niederlanden. Gleichzeitig wird mit diesem starken Namen eine neue Ära in der 141-jährigen Geschichte eingeläutet. Das für 2.650 Passagiere konzipierte Kreuzfahrtschiff begründet eine neue Klasse bei Holland America Line und ist eine Weiterentwicklung in Design und Ausstattung. Derzeit ist das neue Schiff in der italienischen Fincantieri-Werft in Bau. Mit dem neuen Namen setzt Holland America Line die seit 1883 bestehende Tradition fort, ihre Schiffsnamen mit der Silbe „dam" enden zu lassen. Das Wort „Koning", in Deutsch „König", unterstreicht die Bedeutung des neuen Kreuzers und ehrt gleichzeitig den niederländischen König Willem-Alexander, den ersten König in den Niederlanden seit über 100 Jahren.

Mit 99.500 BRZ ist es das größte Schiff, das Holland America Line jemals erbauen ließ. Für den frischen Look an Bord sorgt der weltweit anerkannte Hotel- und Restaurantdesigner Adam D. Tihany. Zusammen mit dem renommierten Schiffsarchitekten Bjorn Storbraaten, der bereits die Eurodam und Nieuw Amsterdam entwarf, ist er für das Design und die Innenausstattung zuständig.

ROYAL CARIBBEAN INTERNATIONAL

Revitalisierung der Voyager of the Seas

In diesem Herbst wurde die Voyager of the Seas von Royal Caribbean International im Trockendock in Singapur einen Monat lang umfassend revitalisiert. Im Wert von mehreren Millionen US-Dollar stattet die Reederei das Kreuzfahrtschiff dabei mit Einrichtungen wie auf der neuen Quantum- und Oasis-Klasse aus. Als erstes Schiff neben der neuen Quantum-Klasse erhielt die Navigator of the Seas Anfang des Jahres Innenkabinen mit virtuellen Balkonen. Nun folgt die Voyager of the Seas, sodass auch ihre Gäste auf einem bodentiefen 80-Zoll-Monitor in Echtzeit den Ausblick auf den Ozean oder Hafen sowie die Töne von draußen genießen können. Das neue 3-D-Kino, bekannt von der Oasis of the Seas und Allure of the Seas, zeigt unter anderem die aktuellsten DreamWorks Animationsfilme. Zudem wird eine 20 Quadratmeter große Outdoor-Kinoleinwand am Hauptpool eingerichtet, die auch für Videospiel-Wettbewerbe genutzt wird.
Zu den neuen Restaurants an Bord zählen das asiatische Restaurant Izumi Japanese Cuisine, das Steakhaus Chops Grille sowie die italienische Trattoria Giovanni's Table. Die Champagne-Bar wird in die R Bar im Stil der 60er Jahre umgebaut. Mitglieder des Treueprogramms Crown & Anchor Society können sich auf eine neue Diamond Lounge freuen. Weitere Neuerungen sind Flachbildschirme in den Kabinen, digitale Wegweiser und flächendeckendes Wi-Fi. Die Voyager-Klasse hatte als Erste die vielseitigen Sport- und Unterhaltungsmöglichkeiten an Bord eingeführt. Bestehende Angebote wie die Eislaufbahn, die Kletterwand, der Basketballplatz in Turniergröße und der Shopping- und Restaurant-Boulevard Royal Promenade runden das Angebot an Bord ab.

Auf der finnischen Traditionswerft wurden schon Oasis und Allure of the Seas gebaut. Heute lässt TUI Cruises seine Neubauten hier fertigen.

MEYER WERFT

Einstieg bei STX Finland

Die Meyer Werft bündelt ihre Kräfte mit STX Finland. Nach zahlreichen Gesprächen über eine engere Zusammenarbeit mit der Kreuzfahrtwerft STX Finland in Turku wurde jetzt eine Beteiligung der Papenburger Schiffbauer vereinbart.
Mit ihrem 70%-Anteil übernimmt die Papenburger Werft das operative Management der finnischen Werft, die dann Meyer Turku heißen wird..
In Finnland arbeiten derzeit ca. 1.300 direkt beschäftigte Menschen am Kreuzfahrtschiff Mein Schiff 4 für die deutsche Reederei TUI Cruises . Die Hamburger Reederei, ein Joint Venture von TUI und Royal Caribbean Cruises Ltd. , hat zudem jetzt bekannt gegeben, zwei weitere Schiffe dieser Klasse – Mein Schiff 5 & 6 - in Turku zu bestellen.
STX Finland ist ein ausgewiesener Spezialist für Kreuzfahrtschiffe und eine Werft mit sehr hohem technologischen Know-how. „Wir stärken alle Standorte gleichermaßen. Positive Effekte sind durch eine höhere Flexibilität gegenüber den Kunden gegeben. Auch durch ein zukünftig noch stärkeres gemeinsames Vorgehen im Bereich Forschung & Entwicklung im Kreuzfahrtmarkt sowie gegenseitige Lerneffekte bei den Arbeitsabläufen sind positive Synergien möglich. Ein Personalabbau in Niedersachsen, Mecklenburg-Vorpommern oder in Finnland sind kein Thema", so Geschäftsführer Dr. Jan Meyer. Mit dem Land Niedersachsen wird sogar derzeit ein Vertrag zur Standortsicherung in Papenburg diskutiert. Das macht sehr klar, dass es hier nicht um eine Verlagerung von Kapazitäten geht, sondern um eine deutliche Stärkung der gebündelten europäischen Kompetenz im Kreuzfahrtsektor.

NORWEGIAN CRUISE LINE

Kiellegung der Escape

Im September hat der erste Bauabschnitt des neuesten Flottenmitglieds auf der Papenburger Meyer Werft begonnen. Während der offiziellen Zeremonie wurde Block 35/41, der erste von 86 Baublöcken des 164.600 BRZ großen Schiffs, in das überdachte Baudock der Werft gehoben. Sie wird das größte Flottenmitglied der Reederei sein. „Es macht uns stolz, nun den Bau des ersten Breakaway-Plus-Schiffes zu beginnen", sagte Bernard Meyer, geschäftsführender Gesellschafter der Werft. „Die Norwegian Escape wird ein spektakuläres Schiff, und es ist uns eine Ehre, die innovativen Ideen von Norwegian Cruise Line erneut in die Tat umsetzen zu dürfen."

ORDERBUCH

	REEDEREI	GRÖSSE	SCHIFFSNAME	WERFT
2015	**P&O Cruises**	141.000	Britannia	Fincantieri
	Viking Ocean Cruises	47.000	Viking Star	Fincantieri
	TUI Cruises	97.000	Mein Schiff 4	Meyer Turku
	Royal Caribbean International	167.800	Anthem of the Seas	Meyer Werft
	Compagnie du Ponant	11.000	Le Lyrial	Fincantieri
	Aida Cruises	125.000	Aida Prima	Mitsubishi Heavy Industries
	Norwegian Cruise Line	163.000	Norwegian Escape	Meyer Werft
2016	**Holland America Line**	99.500	Unbenannt	Fincantieri
	Regent Seven Seas Cruises	54.000	Seven Seas Explorer	Fincantieri
	Viking Ocean Cruises	47.000	Viking Sky	Fincantieri
	Viking Ocean Cruises	47.000	Viking Sea	Fincantieri
	Aida Cruises	125.000	Unbenannt	Mitsubishi Heavy Industries
	Royal Caribbean International	167.000	Ovation of the Seas	Meyer Werft
	Royal Caribbean International	227.000	Unbenannt	STX France
	Seabourn Cruise Line	40.000	Unbenannt	Fincantieri
	Carnival Cruise Lines	135.000	Carnival Vista	Fincantieri
	Star Cruises	150.000	Unbenannt	Meyer Werft
	TUI Cruises	97.000	Mein Schiff 5	Meyer Turku
2017	**MSC Kreuzfahrten**	167.600	Unbenannt	STX France
	Princess Cruises	143.000	Unbenannt	Fincantieri
	TUI Cruises	97.000	Mein Schiff 6	Meyer Turku
	Norwegian Cruise Line	163.000	Norwegian Bliss	Meyer Werft
	Star Cruises	150.000	Unbenannt	Meyer Werft
	MSC Kreuzfahrten	154.000	Unbenannt	Fincantieri
2018	**Royal Caribbean International**	227.000	Unbenannt	STX France
	Norwegian Cruise Line	164.400	Unbenannt	Meyer Werft
	MSC Kreuzfahrten	154.000	Unbenannt	Fincantieri
2019	**MSC Kreuzfahrten**	167.600	Unbenannt	STX France
	Norwegian Cruise Line	164.400	Unbenannt	Meyer Werft

PREMIEREN 2015

7 NEUBAUTEN

Viking Ocean Cruises startet mit erstem Hochsee-Schiff

Mit sieben Neubauten in 2015 wächst die internationale Kreuzfahrtflotte. Am 05. Juni 2015 wird TUI Cruises erstmals in seiner Historie ein Schiff der Wohlfühlflotte in Kiel taufen. „Der Kieler Hafen hat schon immer eine wichtige Bedeutung für uns", so Richard J. Vogel, CEO von TUI Cruises. „Er war von Anfang an Ausgangspunkt für die meisten unserer Ostseereisen und für einen Großteil unserer Nordlandabfahrten.„ Die Jungfernfahrt findet vom 6. bis 14. Juni 2015 statt. Sie führt das jüngste Flottenmitglied ins Baltikum: Von Kiel aus geht es durch die Ostsee in die Häfen Tallinn, St. Petersburg, Helsinki und Stockholm, bevor es dann zurück nach Kiel geht.

Stark vertreten: Die Mein Schiff 4 und die Aida Prima kommen für deutsche Gäste in Fahrt.

Die Aida Prima ist der zweite Neubau für den deutschen Markt. Sie startet nun am 1. Oktober zu ihrer Jungfernreise von der Bauwerft in Japan bis nach Hamburg. Einen Zwischenstop legt sie dabei in der Wintersaison in Dubai ein.

Klassischer Stil nebst zeitgemäßer Angebotsvielfalt, kombiniert mit einer gehörigen Portion an Innovationen. Auf diese Kurzformel gebracht präsentiert sich ab März 2015 das neue Flaggschiff von P&O Cruises. So wird die Britannia mit ihren 141.000 Tonnen die übrigen sieben Flottenmitglieder nicht nur an Größe übertrumpfen. Es sind die vielen außergewöhnlichen Merkmale, mit denen sie sich an die Spitzen setzt. Schon beim Betreten der 330 Meter langen Britannia geraten die Passagiere ins Staunen. Inmitten des dreistöckigen Atriums fasziniert der „Starburst", ein von der Decke bis zum Boden reichender monumentaler Mix

Mit der Viking Star startet der Flussreisenanbieter Viking auch auf der Hochsee durch. Ein Highlight: der Infinity-Pool.

aus Kronleuchter und kunstvoller Skulptur. Dabei tauchen die golden reflektierenden Oberflächen das Atrium in ein außergewöhnliches Licht.

Die Anthem of the Seas hat eine Ausichtsgondel hoch über den Decks.

Der Fallschirmsprung-Simulator „Ripcord by iFly", der 90 Meter hohe Schwenkarm „North Star", der „SeaPlex" mit Autoscooter, Rollerskating sind nur wenige Highlights der Anthem of the Seas, die als zweites Schiff ihrer Klasse in Fahrt kommt.

Auf die Norwegian Escape darf man sich in Hamburg zur Premiere freuen.

Die erste Saison der Norwegian Escape beginnt mit einer Europapremiere auf einer Zwei-Nächte-Kreuzfahrt ab Hamburg. Ganz neu im Hochseebereich ist Viking mit der Viking Star, die für das Luxussegemt gebaut wurde, ebenso wie das neuste Expeditionsschiff der französischen Reederei Ponant. Die Le Lyrial gehört dabei zu den kleinen Schiffen. Sie bietet ca. 220 Gästen exklusive Erlebnisse auf See.

Die Le Lyrial ergänzt die Expeditionsflotte der französischen Reederei Ponant.

AIDA CRUISES

WERFTBESUCH IN JAPAN

Aida Prima mit Verspätung

Sechs Monate länger dauert der Bau der neuen Aida Prima. Diese Zeit benötigt die japanische Werft, um das anspruchsvolle Typenschiff auszurüsten. Damit startet die 50-tägige Jungfernfahrt nun am 1. Oktober 2015 von Yokohama nach Dubai, wo die Aida Prima auch den Winter verbringen wird und ab Dubai und Abu Dhabi auf siebentägigen Kreuzfahrten unterwegs sein wird, bevor es am 18. März 2016 in 38 Tagen nach Norden in den zukünftigen Heimathafen Hamburg geht. Von hier aus startet das neue Aida Flaggschiff ab dem 30. April 2016 zu den schönsten Metropolen Westeuropas. London/Southampton, Paris/Le Havre, Brüssel/Zeebrügge und Rotterdam sind die Stationen dieser Reise, die künftig ganzjährig angeboten wird.

Der markante Bug ist Teil einer neuen, effizienteren Rumpfstruktur, die deutliche Ersparnisse beim Treibstoff bringen soll.

AUFSCHWIMMEN IN DER BUCHT VON NAGASAKI

Mehrere Schlepper flankieren den ersten Wasserkontakt des Neubaus auf dem Weg in das Ausrüstungsdock.

Einen wichtigen Meilenstein erreichte die Aida Prima am 3. Mai 2014. Um 14 Uhr Ortszeit öffneten sich die Schleusentore des Baudocks in der Tategami-Werft von Mitsubishi Heavy Industries im japanischen Nagasaki. Das Kreuzfahrtschiff wurde erstmals zu Wasser gelassen und stellte seine Stabilität und Schwimmfähigkeit erfolgreich unter Beweis. Anschließend wurde die Prima während einer rund einstündigen Fahrt vom MHI-Werftteil Tategami im Stadtzentrum zum Kojagi-Dock am Stadtrand von Nagasaki verholt. Bevor das Schiff dort zur weiteren Ausrüstung erneut eingedockt wurde, standen in den folgenden Tagen umfangreiche Tests verschiedenster technischer Systeme an.

NEUE ANTRIEBSTECHNIK

Modernste Pod-Antriebe tragen ebenfalls zur Senkung des Treibstoffverbrauchs bei. Als erstes Passagierschiff wird die Aida Prima mit Dual-Fuel-Motoren ausgerüstet und kann im Hafen fast emissionsfrei auch mit Flüssiggas betrieben werden.

Der Neubau setzt nicht nur neue Maßstäbe in Sachen Umwelttechnologie, sondern auch beim nachhaltigen Interieur. Die Prima wird in allen Passagier- und Crewbereichen auf einer Fläche von insgesamt knapp 64.000 Quadratmetern mit umweltfreundlichen und recycelfähigen Teppichböden der Firma Brintons ausgestattet. Das britische Unternehmen, u. a. Hoflieferant des englischen Königshauses, fertigt seine Teppiche aus natürlichen und nachwachsenden Rohstoffen, zum größten Teil bestehen sie aus Schafwolle. Zudem erfüllen die Teppiche die strengen Normen des Programms Green Label Plus des Carpet and Rug Institute. Die umweltfreundliche Herstellung ist jedoch nur eine Seite der Medaille. Wenn die Teppiche ihren ersten Lebenszyklus an Bord beendet haben, werden sie von Brintons im Rahmen eines exklusiven Take-back-Programms zurückgenommen.

AIDA PRIMA IM ÜBERBLICK

WERFT	Mitsubishi Heavy Industries Ltd., Nagasaki
KIELLEGUNG	30. Juni 2013
STAPELLAUF	April 2014
INDIENSTSTELLUNG	1. Oktober 2015
LÄNGE/BREITE	300 m/37,6 m
TIEFGANG	8 m
BRUTTORAUMZAHL	124.100
GESCHWINGKEIT (max.)	21,5 kn
ANTRIEB	2 x Azipod 1,4 MW
ELEKTRISCHE LEISTUNG	46,8 MW
DECKS	18
KABINEN	1.643, 32 Suiten, 1.100 Balkon, 198 Außen, 312 Innenkabinen
RESTAURANTS/BARS	12/18
SONNENDECKS	8.050 m2
SPA	3.100 m2
CREW	900

Das neuartige Rumpfdesign führt zu einer erheblichen Steigerung der Energieeffizienz. Erstmals kommt das Mitsubishi Air Lubrication System (MALS) zum Einsatz. Diese Technologie lässt die Schiffe auf einem Teppich aus Luftbläschen gleiten, wodurch der Treibstoffverbrauch zusätzlich reduziert wird.

HAMBURG
Seite 264 bis 267

HAMBURG-PREMIERE
Seite 268 bis 271

ROSTOCK/
WARNEMÜNDE
Seite 284 bis 287

DIE HÄFEN

DER KURZE WEG ZUM SCHIFF:
DIE KREUZFAHRTHÄFEN
VOR DER HAUSTÜR SIND BELIEBTE
ABFAHRTS- UND AUSFLUGSZIELE

Seite 272 bis 275

Seite 276 bis 279

Seite 280 bis 283

Seite 288 bis 291

Seite 292 bis 295

KOEHLERS GUIDE **KREUZFAHRT 2015**

HAMBURG

DAS BESTE AUF EINEN BLICK **2 STUNDEN** HAMBURG

Shopping-Metropole: Am Neuen Wall, in der Mönckebergstraße oder in der Europa-Passage kann man nach Herzenslust einkaufen.

➡ **Der Hamburger Hafen** ist die Hauptattraktion der Freien und Hansestadt. Barkassen legen an den Landungsbrücken zu Rundfahrten ab. Diese führen in die denkmalgeschützte Speicherstadt, zu den Containerterminals Tollerort und Altenwerder, wo Schiffe bis 366 Meter Länge ihre Ladung löschen, zum Seemannshöft, wo Lotsenboote an- und ablegen oder zum Museumshafen Oevelgönne, wo Kapitänshäuschen das Elbufer zieren. Auch mit HADAG-Fähren lässt sich der Hafen erkunden.

➡ **Eine Barkassenfahrt** über die Fleete, einst angelegt zur Entwässerung des Mündungsgebietes von Alster und Bille, entführt in die Geschichte der Hansestadt. Spannend ist die Entwicklung nach dem Anschluss an das Deutsche Zollgebiet 1888. An Alster- und Nikolaifleet befinden sich alte Speicher und Brücken, die beim Stadtbrand 1842 verschont blieben. Zwei Schleusen werden bis Rathaus und Binnenalster passiert. Die Fahrten sind tidenabhängig. Bei Ebbe fallen die Fleete trocken.

➡ **Zollmuseum,** Gewürzmuseum, die größte Modelleisenbahn der Welt und das Dungeon bieten beste Unterhaltung für ein paar Stunden. Im alten Zollamt Kornhausbrücke in der Speicherstadt erfahren Sie alles über Schmuggelverstecke; dann erkunden Sie die Provenienz hanseatischer Pfeffersäcke und exotische Gewürze; danach sehen Sie Michel, Köhlbrand, Hagenbeck und Herbertstraße originalgetreu nachgebildet im Miniatur-Wunderland, dazu die größte und kleinste Eisenbahn der Welt. Gänsehaut pur ist im im Gruselkabinett grantiert.

➡ **Stadtrundfahrten** mit Stationen wie Landungsbrücken, Alter Elbtunnel, historische Deichstraße, Speicherstadt und HafenCity, Kontorhausviertel, Kunsthalle, Kaufmannsvillen, Außenalster, Blaue Moschee, Senatsgästehaus am Feenteich, Alsterschleuse, Jungfernstieg und Rathaus, St. Pauli und Reeperbahn bieten zahlreiche Veranstalter – mit und ohne Unterbrechungen – an. Günstiger Hafenblick: Mit der U-Bahn-Linie 3 vom Jungfernstieg bis St. Pauli.

DAS BESTE AUF EINEN BLICK **4 STUNDEN** HAMBURG

Auf der Reeperbahn nachts um halb eins ... tobt das Leben. In Schmidts Tivoli, im Pulverfass, in Bars, Nachtklubs, Discos. Auch tagsüber ist auf dem Kiez was los. Am Beatles-Platz stehen Skulpturen der Musiker, die ihre Weltkarriere in Hamburg starteten. Vor dem Star-Club erinnert ein Gedenkstein an ihre Auftritte in den 1960ern. Das Denkmal vom blonden Hans, dem Hamburger Jung, thront mitten auf dem Hans-Albers-Platz. Funktionale Backsteinbauten waren die Sache von Fritz Schumacher. Die Davidwache von 1814 gehört dazu. Star-Architekt Hadi Teherani hat St. Pauli mit den Tanzenden Türmen ein weiteres Wahrzeichen gesetzt. Auf dem Spielbudenplatz gibt es Open-Air-Veranstaltungen, im Operettenhaus Musicals. Pin-up-Malereien von Kiez-Maler Erwin Ross sind allgegenwärtig. Prominenz begegnet man im Panoptikum – allerdings aus Wachs. Die Pilzköpfe sind natürlich auch dabei.

Hagenbecks Tierpark ist eine Oase der Hansestadt. Mehr als 1.850 Tiere aller Kontinente leben hier. Orang-Utan, Nordchinesischer Leopard, Asiatischer Elefant und Riesenotter, dazu tropische Fische, Krokodile, Eisbären, Pinguine und Papageientaucher – bei Hagenbeck sind alle zu Hause!

Das Internationale Maritime Museum präsentiert die private Kollektion maritimer Kostbarkeiten von Prof. Peter Tamm. Kaispeicher B, der älteste Backsteinbau der Speicherstadt, zeigt auf zehn Decks Tausende Schiffsmodelle, Schiffsminiaturen und Seekarten. Exponate führen auf Routen von Entdeckern und Eroberern durch 3.000 Jahre Schifffahrts- und Marinegeschichte. Gemälde, Grafiken und Fotografien illustrieren diese Reise, nautische Instrumente, Uniformen und Militaria ergänzen das Bild. Auch an Kuriositäten mangelt es nicht. Dazu gehört der Schädel des berühmten Likedeelers Klaus Störtebeker. Der Seeräuber wurde 1401 am Grasbrook geköpft. Ein Barkassenanleger beim Museum im Magdeburger Hafen wurde mittels einer Brücke von 1887 und eines historischen Pontons errichtet.

Beach-Clubs gibt es viele entlang der Elbe. Hier wird im Sommer gefeiert, und beim Sonnenbaden lassen sich die Liner auf dem Strom bewundern.

Am Terminal in der HafenCity lockt moderne Architektur.

FOTO-SPOTS

HIER MACHEN SIE DIE INTERESSANTEN FOTOS

Großer Grasbrook, Promenade vor Unilever. Kostenlos.

Cap San Diego, Überseebrücke. Eintritt 7 Euro, Kinder 2,50 Euro.

Park Fiction, St. Pauli Hafenstraße. Kostenlos.

Anleger am St. Pauli Fischmarkt. Kostenlos.

Aussichtsterrasse des Dockland am Terminal Altona. Kostenlos.

HOTEL-TIPP

SO LÄSST SICH'S GUT SCHLAFEN

Louis C. Jacob
Fünf-Sterne-Hotel mit tollem Ausblick auf die Elbe. +49 (0)40 822550, www.hotel-jacob.de

25 hours Hotel HafenCity
Szene- und Themenhotel im Herzen der HafenCity. +49 (0)40 2577770, www.25hours-hotels.com

Empire Riverside
Direkt auf St. Pauli mit perfektem Blick über Hafen und Elbe. +49 (0)40 311190, www.empire-riverside.de

Cap San Diego
Maritime Unterkunft auf dem Museumsschiff an der Überseebrücke. +49 (0)40 364209, www.capsandiego.de

DAS BESTE AUF EINEN BLICK **8 STUNDEN** HAMBURG

➡ **Elbvororte,** Flottbek, Blankenese und Schulauer Fährhaus erreicht man bequem mit Bus, S-Bahn oder Stadtrad entlang der Elbe (Landungsbrücken–Wedel 20 km). Hamburg ist seit 75 Jahren eine Patchwork-Familie. Altona, Flottbek, Blankenese, das südelbische Heimfeld, Fischbek und Finkenwerder waren einst preußisch. 1937 wurden sie eingemeindet und 500.000 Einwohner Neu-Hanseaten. Am Fluss lebten Fischer, Kapitäne und Lotsen. Dann siedelten sich Hamburger Kaufleute hier an. Großbürgerliche Sommersitze, Anwesen von „Pfeffersäcken" in weitläufigen Parks neben Katen und Kapitänshäuschen. Das mediterran anmutende Treppenviertel am Süllberg ist heute Hamburgs beste Adresse. Die Schiffsbegrüßungsanlage in Wedel liegt schon jenseits der Stadtgrenze und gehört doch zu Hamburg wie die Elbe. Seit 1952 heißt es: „Willkommen in Hamburg. Wir freuen uns, Sie im Hamburger Hafen zu begrüßen", gefolgt von der Nationalhymne des Flaggenstaates. Salutfähig sind Schiffe über 1.000 GT auf Überseefahrt. Kleinere grüßt man durch Dippen der Flagge.

➡ **Eine Radtour ins Alte Land** erschließt eine der malerischsten Regionen Norddeutschlands. Holländische Siedler entwässerten die fruchtbaren Böden, bauten Deiche, schützten das Land vor Sturmflu-

SO REISEN SIE AN

Zum Cruise Center HafenCity
Von der Bundesautobahn A 1 zur A 255 und B 75. Über die Elbbrücken und dann links auf die B 4 Amsinckstraße bzw. Willy-Brandt-Straße. An der Brandstwiete links in die HafenCity bis zum Kreuzfahrtterminal. Mit der Bahn bis zum Hauptbahnhof und von dort mit dem Bus 6 bis HafenCity.

Zum Cruise Center Altona
Von der A 7 durch den Elbtunnel bis zur Ausfahrt 29 (Othmarschen). Rechts auf die Behringstraße bis zum Hohenzollernring. Dort rechts abbiegen und bis zum Ende der Straße folgen. Links auf die Elbchaussee/Klopstockstraße. An der Kaistraße rechts den Elbhang hinunter und unten links in die Große Elbstraße. Bei nächster Gelegenheit rechts in die Van-der-Smissen-Straße zum Terminal Altona.

Mit der Bahn bis zum Bahnhof Hamburg-Altona. Von dort weiter mit dem Bus 383 bis zum **Cruise Center Altona** Oder in 10 Minuten zu Fuß.

Info www.hamburg-tourism.de, www.hamburgcruisecenter.eu

ten und nutzten das milde Nordseeklima für den Obstanbau. Fachwerkhöfe mit geschnitzten Prunkpforten, Reetdachhäuser, Kanäle, Zugbrücken, Deiche, Leuchttürme und schmucke Dorfkirchen entstanden. In einer denkmalgeschützten Hofstelle in York ist das Museum Altes Land untergebracht. Die auf einer Wurt erbaute Backsteinkirche mit blauer Holztonnendecke, goldenen Sternen, grauen Stützbalken und Kastengestühl ist typisch für die Gegend. Die Werke von Arp Schnitger, dem berühmte Orgelbauer des Barock, sind in den Altländer Kirchen ebenfalls anzutreffen. Um ins Alte Land zu gelangen, sollte man Räder in Hamburg mieten und dann die Elbfähre Blankenese–Cranz oder Landungsbrücken–Finkenwerder nehmen. Die Giganten vom Airbuswerk sind dabei immer im Blick.

Hamburg vom Wasser aus erkunden kann man auch auf der Alster.

TOP-EVENT 2015

DER HAMBURGER HAFENGEBURTSTAG vom 5. bis 8. Mai 2015

Graf Adolf III. von Schauenburg gründete im Jahr 1188 die Hamburger Neustadt und gewährte Schiffern und Kaufleuten viele Vergünstigungen. Das wichtigste Privileg war zweifelsfrei der Freibrief, den Kaiser Friedrich Barbarossa ausstellte.

Mit diesem Dokument vom 7. Mai 1189 wurde Zollfreiheit für die Schiffe auf der Elbe vom Hafen Hamburg bis zur Nordsee festgeschrieben.

Dies ist der Anlass für den alljährlichen Hafengeburtstag, das große, bunte, maritime Volksfest der Elbmetropole.

Das Schlepper-Ballett gehört zu den beliebten Attraktionen auf dem Hafengeburtstag.

MSC KREUZFAHRTEN

HAMBURG-PREMIERE

MSC Splendida kommt 2015 mit MSC Yacht Club und Butlerservice

Im kommenden Jahr wird zum ersten Mal ein Schiff der MSC Fantasia-Klasse in den Sommermonaten von Hamburg zu Kreuzfahrten nach Nordeuropa starten. Die elegante MSC Splendida verfügt über insgesamt 1.115 Balkonkabinen; als Premiere steht der exklusive MSC Yacht Club mit luxuriösem Ambiente und Butlerservice für Nordeuropa-Reisen zur Verfügung. Die Kreuzfahrtdestination Nordeuropa erfreut sich stetig wachsender Nachfrage und ist neben dem Mittelmeer eine der beliebtesten Zielregionen für Gäste aus Deutschland. Auf Grund des großen Erfolges wird MSC Splendida 2015 MSC Magnifica ablösen. Damit stehen künftig 1.637 Kabinen statt 1.259 für den Einsatz ab Hamburg zur Verfügung, das entspricht einer Kapazitätssteigerung von knapp 30 Prozent pro Abfahrt. An Bord genießen die Gäste mediterrane Lebensart kombiniert mit deutschsprachigen Angeboten, wie beispielsweise Frühschoppen oder Lektorenvorträge.

Erstmals können MSC Reisende in Nordeuropa nun auch die Vorteile des exklusiven MSC Yacht Club genießen. Dieser VIP-Bereich mit 69 eleganten Suiten bietet den Gästen einen persönlichen Butlerservice und 24-Stunden-Concierge-Service sowie eine All-inclusive-Getränkeauswahl, einen privaten Zugang zum Spa-Bereich sowie ein privates Restaurant ohne feste Tischzeiten. Zusätzlich gehören eine exklusive Lounge am Bug des Schiffes sowie ein privater Poolbereich zum Club.

Grund genug, sich einmal die Arbeit eines Butlers an Bord vorzustellen. Wie

die Arbeit eines Butlers im Alltag auf einem Kreuzfahrtschiff aussieht, berichtet Lorenzo Fioto. Der 57-Jährige arbeitet seit seinem 16. Lebensjahr an Bord von Kreuzfahrtschiffen. Er ist als Chefbutler bei MSC Kreuzfahrten im exklusiven MSC Yacht Club tätig und verantwortlich für ein Team von 23 Mitarbeitern.

Was sind Ihre Aufgaben an Bord?
Fioto: „Ein Butler an Bord eines MSC-Schiffes betreut maximal zehn Gäste, nur so kann unser exklusiver Service garantiert werden. Wir begrüßen und empfangen unsere Gäste beim Check-in und packen auf Wunsch ihr Gepäck aus. Wir geleiten die Gäste zum Essen oder zum Beispiel ins Theater und kümmern uns um alle Wünsche der Gäste, wie beispielsweise die Organisation individueller Landausflüge, Blumen oder Geschenke für die Liebste. Nachmittags servieren wir Tee oder auch Snacks auf der Kabine. Generell stehen wir für alle Wünsche zur Verfügung und versuchen, sie möglich zu machen."

Was sind die wichtigsten Eigenschaften, die ein Butler mitbringen muss?
Fioto: „Die ersten und wichtigsten Regeln, die ich meinen jungen Kollegen beibringe, sind: Lächeln, eine gewisse Demut und Arbeitsethik. Ein Butler sollte dem Gast immer in die Augen sehen und nach dem Grundsatz ‚freundlich, aber nicht familiär' handeln. Butler müssen flexibel sein und die Zeichen der Gäste richtig interpretieren können – idealerweise immer wissen, was der Gast wünscht, noch bevor er es ausspricht."

Was unterscheidet die Arbeit eines Butlers an Bord eines Kreuzfahrtschiffes von der an Land?
Fioto: „Das Besondere für einen Butler auf See sind die Gäste aus verschiedenen Nationen. Dadurch lernen wir immer wieder neue Perspektiven kennen und können so stetig unseren Service verbessern. Zusätzlich wird jeder Tag vom Meer beeinflusst, sodass man sich auf wechselnde Gegebenheiten einstellen muss."

Wie ist die Resonanz seitens der Gäste?
Fioto: „Sehr positiv. Unsere Gäste schätzen den persönlichen Service, unser Yacht-Club-Konzept und die Atmosphäre des exklusiven ‚Schiff im Schiff'-Bereichs. Besonders die speziellen Royal Suiten des MSC Yacht Club sind oft ausgebucht."

Der MSC Yacht Club ist ein exklusives ‚Schiff im Schiff' Konzept, das neben der MSC Splendid auch auf den Schiffen MSC Preziosa, MSC Divina und MSC Fantasia angeboten wird.

NORWEGIAN CRUISE LINE

ESCAPE-DEBÜT

In 19 Monaten von Papenburg an die Elbe

Neunzehn Monate braucht die Papenburger Meyer Werft, um einen ihrer größten Neubauten fertigzustellen. Ablieferung Oktober 2015 an einen der treusten Kunden – Norwegian Cruise Line. Im September legte Kevin Sheehan, Chef von Norwegian Cruise Line, den traditionellen „Glückscent" auf die Pallungen, bevor der erste 400 Tonnen schwere Block mit Hilfe eines massiven Krans in Position gebracht wurde. Die international operierende Kreuzfahrtreederei mit Hauptsitz in Miami ist seit nunmehr 47 Jahren auf den Weltmeeren unterwegs. Erstmals kommt dabei ein Neubau im Oktober nach Hamburg und feiert seine Weltpremiere in der Hansestadt. Neben Veranstalungen für internationale Medien und Partner der Reederei gibt es auch eine Kurzreise, auf der man das Schiff als Gast entdecken kann. Besonderes Highlight an Bord ist das umfagreiche kulinarische Angebot des Freestyle-Dining. Mit neuen Menüs in den Hauptrestaurants und einer großen Auswahl statt modernen Gerichten, eine süße „Chocoholic Night" und die Möglichkeit, Reservierungen nun auch für die Hauptrestaurants ab 90 Tage vor Abfahrt durchzuführen.

Die neuen, regional inspirierten Menüs der Hauptrestaurants variieren je nach

Schiff im Schiff: der exklusive Suiten-Bereich „The Haven".

Inspiriert von der Unterwasserwelt zeigt sich die Rumpfbemalung der Norwegian Escape.

Route und ändern sich an jedem Abend der Kreuzfahrt. Eine Auswahl aus bis zu zwölf Vorspeisen und 15 Hauptgerichten mit erweiterten Seafood-Optionen sowie ebenfalls neu gestaltete Mittags-Mittagsmenüs lassen das Herz eines jeden Passagiers höher schlagen. Die raffinierten Schoko-Desserts der „Chocoholic Night" erfreuen Naschkatzen an jeweils einem Abend einer jeden Kreuzfahrt mit bis zu sieben schokoladigen Köstlichkeiten in jedem Restaurant an Bord.

Mit dem Debüt in Hamburg bekennt sich die Reederei zur wichtigen Rolle, die der deutsche und europäische Markt für das Unternehmenswachstum spielt. Für Hamburg eine besondere Ehre und zugleich das gößte Schiff, das sich bislang für 2015 angesagt hat. Schon heute können sich Schaulustige auf das spektakuläre Ein- und Auslaufen mit Tausenden Beobachtern entlang der Elbe freuen, wenn der Megaliner zu einer Zwei-Nächte-Kreuzfahrt von Hamburg nach Southampton aufbricht. Am 29. Oktober startet das Kreuzfahrtschiff dann auch die Transatlantik-Reise von England zum neuen Heimathafen Miami. Dort wird sie ganzjährig auf einer wöchentlichen Route in der östliche Karibik kreuzen.

DAS BESTE AUF EINEN BLICK
2 STUNDEN BREMERHAVEN

Das Klimahaus Bremerhaven 8° Ost ist eine Wissens- und Erlebniswelt rund um die Themen Klima, Klimawandel und Wetter. Es lässt Besucher Klimazonen der Erde hautnah bei einer Reise in die Schweizer Alpen, die Wüsten der Sahara und das Packeis der Antarktis erleben. Es werden physikalische und meteorologische Prinzipien erklärt, die den Phänomenen Wetter und Klima zugrunde liegen. Außerdem werden Perspektiven und Chancen der Zukunftsgestaltung aufgezeigt. Aquarien geben Einblicke in warme und kalte Unterwasserwelten. Zudem gibt es konkrete Klimaschutz-Tipps, die jeder im Alltag umsetzen kann. Ein spannender und informativer Ausflug.

Das Nationalmuseum Deutsches Schiffahrtsmuseum zeigt in historischer Umgebung auf einem parkähnlichen Gelände Objekte wie Ozeanriesen, Großsegler und Dampfschiffe und dazu eindrucksvolle Nachlässe früher Entdecker und Eroberer. Mit dem Freilichtmuseum und der Museumsflotte im Alten Hafen bildet es ein einmaliges Ensemble deutscher Schifffahrtsgeschichte. Dazu gehört das weltweit einzige erhaltene U-Boot des Typs XXI Wilhelm Bauer – ein Technikdenkmal von internationalem Rang. Mit dieser bahnbrechenden Neuentwicklung wurde 1943/44 der U-Boot-Bau revolutioniert. Auch die letzte originale Hansekogge gehört zu den Attraktionen. Hinzu kommen über 500 Modellschiffe, darunter prächtige Segler aus der Kolonialzeit, Walfänger und Dreimaster, auf denen Auswanderer ihrer neuen Heimat entgegensegelten. Ein Erweiterungsbau ist Polar- und Meeresforschung, Fischerei und Walfang sowie traditionellem Holzbootbau gewidmet.

Der Zoo am Meer in der Nähe des Großen Leuchtturms am Deich der Unterweser ist ein Themenzoo mit im Wasser lebenden und nordischen Tierarten. Hier sind Eisbären, Eiderenten, Robben und Basstölpel, aber auch lustige kleine Humboldtpinguine zu sehen. Das Nordseeaquarium zeigt Meeresbewohner aus den Revieren der Seehunde.

TOP-EVENT 2015

SAIL BREMERHAVEN
vom 12. bis 16. August 2015
Das Event ist längst eine internationale Institution in einer Stadt und Region, die der segelnden Schifffahrt traditionell eng verbunden ist. Über 250 große Tiefwassersegler wurden zwischen 1840 und 1926 auf den Werften von Rickmers und Tecklenborg gebaut. Schulschiffe wie die Krusenstern oder Statsraad Lehmkuhl segeln heute noch. Ganz zu schweigen von der Bark Alexander von Humboldt II, seit 2011 die schwimmende Botschafterin Bremerhavens.

Direkt am Hafen lassen sich historische Schiffe entdeken.

DAS BESTE AUF EINEN BLICK
4 STUNDEN BREMERHAVEN

➡ **Das Deutsche Auswandererhaus** dokumentiert die Geschichte von Millionen Auswanderern, die von Bremerhaven aus ihre Heimat für immer verließen. Es steht direkt am 1852 eröffneten Neuen Hafen. Allein hier gingen bis 1890 mehr als eine Million Menschen an Bord. Auch am Alten Hafen, den Kaiserhäfen und der Columbuskaje legten Auswandererschiffe ab. Die Wartehalle, das Tor zur Neuen Welt, vermittelt einen Eindruck der damaligen Hafenszenerie. Die Atlantiküberquerung und die Verhältnisse an Bord werden in nachgebauten Schiffsräumen detailliert veranschaulicht: Im düsteren Zwischendeck eines Seglers um 1850, in Schlafsälen und Sanitärräumen eines Schnelldampfers um 1880 und in der überraschend komfortablen Dritten Klasse des Oceanliners Columbus von 1929. Ende des 19. Jahrhunderts verschärften die USA ihre Einreisebestimmungen. Die größte Einwanderungsstation auf Ellis Island bekam den Namen „Insel der Tränen": Mehr als 16 Millionen Menschen passierten sie zwischen 1892 und 1954, und nicht alle erreichten New Yorks Grand Central Terminal, das „Tor zum amerikanischen Kontinent" ... Fahrkartenschalter, Fotos und persönliche Erinnerungsstücke machen diese Epoche unvergessen. Dazu passt ein Besuch im urigen „Treffpunkt Kaiserhafen", der letzten Kneipe vor New York!

➡ **Das Schaufenster Fischereihafen** an der Mündung der Weser ist eine maritime Erlebniswelt. Seit 1885 löschten Fischdampfer ihren Fang am Alten Hafen, wo der erste Fischmarkt entstand. 1892 wurde eine Fischauktionshalle eröffnet. In der einstigen Fischpackhalle IV, einem roten Klinkerbau, reihen sich heute Restaurants und Hafenkneipen, die Meeresdelikatessen in allen Variationen anbieten. Das 150.000-Liter-Meerwasseraquarium und historische Räucheröfen sind zu besichtigen. Auf dem aus Rostock stammenden Museumsschiff FMS Gera können Arbeitsabläufe und Ausstattung des letzten deutschen Seitentrawlers in Augenschein genommen werden, der ehemalige Lachsfänger KFK 185 ist ein Kriegsfischkutter und das „Pannkokenschiff", ein alter DDR-Eisbrecher, eine maritime Gaststätte.

FOTO-SPOTS

HIER MACHEN SIE DIE INTERESSANTEN FOTOS

Aussichtsplattform des Columbus Cruise Center. Kostenlos.

Aussichtsplattform Atlantic Hotel Sail City. Kostenlos.

Faszination Wattenmeer: Eine Wattwanderung ist eine beliebte Entdeckungstour.

DAS BESTE AUF EINEN BLICK **8 STUNDEN** BREMERHAVEN

➡ **Besuch der Freien Hansestadt Bremen.** Sie nennt sich stolz älteste Stadtrepublik Europas. UNESCO-Weltkulturerbe sind der prächtige Markt mit Roland, Rathaus und Dom. Böttcherstraße, Stadtmusikanten, Schütting, Schnoor und Schlachte sind sehenswert. Karl der Große ließ das Bistum Bremen gründen, der erste Bischof weihte den Dom dem Apostel Petrus, dessen Schlüssel das Wahrzeichen blieb. Ab 1260 wurde Bremen, als Mitglied der Hanse, eine wohlhabende Kaufmannstadt.

In der Hansestadt Bremen trifft man sich vor der Kulisse des Rathauses.

➡ **Ein Kleinod ist das Rathaus** mit Weserrenaissance-Fassade und Kupferdach, Sitz von Senat und Bürgermeister. In der Rathaushalle harmonieren Gotik und Renaissance miteinander. Seit 1545 treffen sich hier Kaufleute, Reeder und Kapitäne zum traditionellen Schaffermahl. Zeitzeugen sind Güldenkammer, Gobelinzimmer, Kaminsaal mit karmesinrotem Damast, Stuckdecke und Kristall-Lüster, Senatssaal und Festhalle. Ein Bremer Stadtweinkeller wurde 1342 urkundlich erwähnt. Im Ratskeller lagern wertvolle Weine, in der Schatzkammer werden die besten deutschen Gewächse aller Jahrgänge archiviert. Prunkfässer aus dem 17. und 18. Jahrhundert wurden von Bremer Bürgermeistern in ihrer Eigenschaft als Weinherren gestiftet. Kein berühmter Gast der Stadt versäumte es je, diese Gewölbe zu besuchen.

➡ **1041 ist Baubeginn von St. Petri**, heute eine dreischiffige Basilika mit doppeltem Chor und zwei Krypten. Ein Museum ist integriert. An der Südseite des Marktes befindet sich der Schütting im Stil der flämischen Renaissance, einst Gilde- und Kosthaus der Kaufleute, heute Sitz der Handelskammer. 1404 wurde der steinerne Roland, Symbolfigur für Freiheit und Recht, vor dem Rathaus errichtet. Die vier Stadtmusikanten warten an der Westseite. Von hier bis zum Weserufer verläuft die Böttcherstraße. Sie bewahrt traditionelle und expressionistische Backstein-Architektur aus den 1920er Jahren. Bauherr war Ludwig Roselius, Kaffeehändler und Erfinder der koffeinfreien Variante. Der Schnoor ist das mittelalterliche

Gängeviertel der Flussfischer und Schiffshandwerker. Um die Klosterkirche St. Johann ducken sich malerische Bürgerhäuser in verträumten Winkeln und verbreiten den Hauch von Romantik, in dem sich heute Boutiquen, nostalgische Kneipen und kuschelige Cafés wohlfühlen.

➡ **Museumsfreunde** finden im Roselius-Haus niederdeutsche Wohnkultur; im Paula Modersohn-Becker Museum sind Meisterwerke der Namensgeberin und Ausstellungen zur klassischen Moderne zu sehen. Zum Ausklang laden Terrassen und Biergärten an der Weserpromenade Schlachte ein.

HOTEL-TIPP

SO LÄSST SICH'S GUT SCHLAFEN

Atlantic Hotel Sail City
Das Vier-Sterne-Hotel bietet Specials in Kooperation mit dem Columbus Cruise Center.
+49 (0)471 309900
www.atlantic-hotels.de

Havenhostel Eine preiswerte und interessante Unterkunft für alle Altersklassen.
+49 (0)471 3096690
www.havenhostel.de

SO REISEN SIE AN

Anreise von der Bundesautobahn A 1 kommend am Bremer Kreuz auf die A 27 in Richtung Bremerhaven. An der Anschlussstelle 7 Abfahrt Bremerhaven-Zentrum auf die B 212. Weiter über die Grimsbystraße (B 212), im weiteren Verlauf die Straße Freigebiet und anschließend die Lloydstraße. Am Ende der Lloydstraße rechts in die Columbusstraße und der Beschilderung folgen.

Mit der Deutschen Bahn bis Bremerhaven-Hauptbahnhof. Direkt vor dem Bahnhof steht ein Bus mit der Zielbeschilderung „Kreuzfahrt-Terminal" zur Weiterreise bereit. Die Abfahrten erfolgen während der Saison bei jeder Schiffsreise um 12.40 Uhr, 13.40 Uhr, 14.40 Uhr, 15.40 Uhr und bei Bedarf. Erwachsene zahlen für die einfache Fahrt 5 Euro. Mitreisende Kinder bis einschließlich 15 Jahre fahren kostenlos. Die Tickets sind direkt beim Fahrer erhältlich.

Info www.bremerhaven-tourism.de, www.cruiseport.de

DAS BESTE AUF EINEN BLICK
2 STUNDEN LÜBECK/TRAVEMÜNDE

Im alten Fischereihafen von Travemünde, fußläufig erreichbar vom Cruise Terminal, sind Smutjes und Seeleute, Fischkutter, Verkaufsstände und kleine Restaurants zu Hause. Herzhafte Leckereien, wie Matjesbrötchen und heimischer Backfisch, sind täglich im Angebot. Bei diversen Veranstaltungen an der Hafenkante treten traditionelle Shantychöre auf und sind maritime Akkordeonklänge zu hören. Lohnenswert ist ein Abstecher in die Altstadt mit St.-Lorenz-Kirche, Seebadmuseum und Alter Vogtei.

Museumsschiff:
die Viermastbark Passat.

Ein Spaziergang vom Cruise Terminal am Ostpreußenkai über die neu gestaltete Travepromenade entlang der Einkaufs- und Flaniermeile Vorderreihe mit ihren traditionellen Giebelhäusern und schmucken Strandvillen führt zum Alten Leuchtturm von 1539. Seit er außer Dienst gestellt wurde, ist im historischen Backsteinturm ein maritimes Museum eingerichtet. Von hier geht's vorbei an der Lotsenstation zur Hafenmole, wo eine frische Ostseebrise weht und die ein- und auslaufenden Fähren und Fischkutter zu sehen sind. Travemünde zählt zu Europas größten Fährschiffhäfen.

Besuch der Viermastbark Passat. Dieser gut erhaltene Zeuge des Segelschiffzeitalters gehörte zu den legendären Flying P-Linern, den schnellen und robusten Großseglern der Hamburger Reederei Ferdinand Laeisz, die in der ersten Hälfte des 20. Jahrhunderts Salpeter aus Südamerika importierten. 1911 lief die Bark bei Blohm & Voss an der Elbe vom Stapel, seit 1959 ist der stolze Tiefwassersegler mit seinen 56 Meter hohen Masten das maritime Wahrzeichen von Travemünde. Zu Fuß vom Ostpreußenkai und mit der Priwall-Fähre erreichbar.

TIPP

Strandkörbe werden am feinsandigen und breiten Ostseestrand auch stundenweise vermietet.

Kurtaxe ist allerdings vor Betreten des Strandes und einem Bad in der Ostsee zu entrichten.

Travemünde zählt zu den beliebten Badeorten an der Ostseeküste.

DAS BESTE AUF EINEN BLICK
4 STUNDEN LÜBECK/TRAVEMÜNDE

➡ **Eine Schifffahrt auf der Trave** in die historische Hansestadt Lübeck gehört zu den Highlights in der westlichen Ostseeregion. Direkt neben dem Cruise Terminal legen die Dampfer der Könemann-Linie ab. Sie fahren 25 Flusskilometer traveaufwärts, vorbei am Skandinavienkai, wo die großen Fähren aus Finnland und Schweden festmachen, an Seeland- und Lehmannkai, wo Container- und Stückgutschiffe liegen. Sie passieren das Fischerdorf Gothmund mit seinen malerischen Reetdachhäusern und bunten Sommergärten am idyllischen schilfbestandenen Unterlauf der Trave und legen nach gut anderthalb Stunden mitten in der Lübecker Altstadt an.

➡ **Eine besondere Stadtführung** in Lübeck führt zu den für die Hansestadt typischen Höfen und Gängen. Die Gängeviertel liegen versteckt in den Altstadtgassen hinter den Vorderhäusern. In den engen malerischen Winkeln wohnten im Mittelalter Arbeiter und Tagelöhner. In Armengängen zahlte man keine Miete, musste aber täglich für das Seelenheil der Stifter beten. Über 80 Gänge mit teils winzigen Häuschen sind bis heute erhalten. Im romantischen, denkmalgeschützten Schifferhof an der Engelsgrube, der sich im Eigentum der Schiffergesellschaft zu Lübeck befindet, haben bis heute bedürftige Witwen von Lübecker Kapitänen ein unentgeltliches Wohnrecht. Vergleichbare soziale Einrichtungen sind auch die Stifthöfe, darunter der Flüchtingshof in der Glockengießerstraße 23–27.
www.stadtfuehrungen-in-luebeck.de

TOP-EVENT 2015

126. TRAVEMÜNDER WOCHE
VOM 17. BIS ZUM 26. JULI 2015

Die zehn tollen Tage im Ostseebad sind alljährlich eine gelungene Mischung aus Events zu Wasser und zu Lande. Hochrangige Regatten auf Ostsee und Trave sieht man vom Strand und von der Hafenmole aus, im Brüggmanngarten ist eine Festivalbühne aufgebaut, die Promenade wird zur Bummelmeile mit Buden und bunten Ständen. Ein fulminantes Feuerwerk folgt zum Abschluss.

www.travemuender-woche.com.

Runter vom Schiff, rein in die Stadt. An der Promenade wartet eine malerische Kulisse.

DAS BESTE AUF EINEN BLICK
8 STUNDEN LÜBECK/TRAVEMÜNDE

➡**Eine Stadtbesichtigung Lübecks** lässt sich leicht per Bus oder Bahn realisieren. Die spätgotischen Backsteinbauten, Speicher, Bürgerhäuser, Stadttore, verwinkelten Straßenzüge, Höfe, Gänge und zahlreichen Kirchen der Königin der Hanse sind UNESCO-Weltkulturerbe und in 30 Minuten erreicht.

Hinter der weißen Barockfassade des Buddenbrookhauses aus dem Jahr 1758 finden Sie eines der außergewöhnlichsten Literaturmuseen der Welt. In zwei Kaufmannshäusern des Biedermeier befindet sich das Museum Behnhaus Drägerhaus mit Gemälden von Caspar David Friedrich, Max Liebermann, Lovis Corinth und Edvard Munch. Im Holstentor, ehemals Teil der Befestigungsanlagen, beleuchtet eine Ausstellung die „Macht des Handels" in der Zeit, in der Lübeck die wichtigste und wohlhabendste Hansestadt Nordeuropas war. Im Garten und in den Eichenholz-Gelagen der historischen Halle im Giebelhaus der Schiffergesellschaft zu Lübeck, der 1401 gegründeten Bruderschaft der Kapitäne, kann man anschließend hervorragend speisen, im Café Niederegger und auf der Terrasse im historischen Rathaushof die weltberühmte Marzipantorte kosten.

Ein Besuch im Günter-Grass-Haus sollte man in Lübeck einplanen.

FOTO-SPOTS

HIER MACHEN SIE DIE INTERESSANTEN FOTOS

Alter Leuchtturm, Am Leuchtenfeld 1
Deutschlands ältester Leuchtturm. Eintritt 2 Euro, Kinder 1 Euro.

Viermastbark Passat, Passathafen. Eintritt 3 Euro. Beiderseits der Hafeneinfahrt an der Nordermole oder dem Priwall. Kostenlos.

➡**Eine Küsten-(Rad-)Wanderung** ins elegante Ostseeheilbad Timmendorfer Strand (10 km) bietet besonders schöne Ausblicke auf Ostsee, Lübecker Bucht und das bewaldete mecklenburgische Ufer. Über die Promenade und den Kurpark, vorbei an gepflegten Bädervillen, erreicht man durch einen kleinen Wald das Brodtener Steilufer und den malerischen Fischereihafen im Ostseebad Niendorf. Hier, an der Mündung der Aalbeek, liefern

die Kutter ganzjährig fangfrischen Fisch an, der vor Ort gebraten und serviert wird. Über kieferbeschattete Küstenwege erreicht man Timmendorf. 1867 entstand hier das erste Logierhaus, heute kommen jährlich 200.000 Gäste zu Bade- und Kuraufenthalten. An der 275 Meter langen Seebrücke legen Ausflugsdampfer an, in der Fußgängerzone warten zahlreiche Restaurants, Cafés und schicke Boutiquen. Zurück nach Travemünde kommt man auch per Bahn oder Linienbus.

HOTEL-TIPP

SO LÄSST SICH'S GUT SCHLAFEN

A-Rosa Resort Travemünde Fünf-Sterne-Hotel mit tollem Spa-Bereich und vielfältiger Gastronomie. +49 (0)4502 3070632 www.a-rosa.de

Strandschlösschen Gemütliches Drei-Sterne-Hotel direkt an der Promenade. +49 (0)4502 75035, www.hotel-strandschloesschen.de

Gästehaus am Priwall Einfache Unterkunft direkt am Priwallhafen, die gern von Seglern genutzt wird. +49 (0)4502 6396

SO REISEN SIE AN

Anreise Anfahrt aus Richtung Hamburg auf der A 1, am Autobahndreieck Bad Schwartau halb rechts auf die A 226 Richtung Travemünde. Die A 226 mündet in die B 75, der B 75 folgen bis zur Ausfahrt Skandinavienkai, rechts auf die Travemünder Landstraße K 20, links Zufahrt zum Hafenhaus.

Mit der Deutschen Bahn bis zur Station Skandinavienkai. Um das Hafenhaus zu erreichen, müssen Sie von dort durch die Unterführung zur Bushaltestelle. Die Buslinien 30, 31 und 40 fahren sowohl direkt von Lübeck als auch von der Bahnstation Skandinavienkai zum Hafenhaus (Haltestelle Skandinavienkai/Terminal, Check-in Reedereien).

Info www.luebeck-tourismus.de

KIEL

DAS BESTE AUF EINEN BLICK
2 STUNDEN KIEL

➡ **Ein Bummel an der Hafenspitze** gewährt Einblicke in Seewesen und Schiffsbau an der Förde. Zu Fuß erreicht man vom Norwegenkai, wo Kreuzfahrtschiffe und Fähren der Color Line festmachen, die Kieler Hörn, das Ende der Förde. Von der Dreifeldzug-Klappbrücke für Fußgänger und Radler hat man einen schönen Blick auf die Skyline und die Schiffe im Hafen. Im Museumshafen liegen traditionelle Arbeitsschiffe, gegenüber ist die Anlegestelle für Linienfähren auf der Förde. Nördlich der Hörn liegt HDW, die größte deutsche Werft, mit ihren hohen Kränen. Sie ist bekannt für den Bau von U-Booten.

➡ **Die Holstenstraße** trägt ihren Namen seit 1525 und ist die Fußgängerzone und traditionelle Einkaufsmeile der Landeshauptstadt. Bereits 1953 wurde sie für den Verkehr gesperrt. An ihrem nördlichen Ende liegt der Alte Markt mit der Nikolaikirche, einst Mittelpunkt des historischen Stadtkerns. Sehenswert in der wiederaufgebauten Kirche sind der Erzväter-Flügelaltar von 1460, das bronzene Taufbecken und die barocke Kanzel. Vor St. Nikolai steht der „Geistkämpfer", eine Großplastik des Expressionisten Ernst Barlach. Audio-Stadtführer gibt es bei der Tourist-Information.

➡ **Das Schifffahrtsmuseum Kiel** hat seinen Sitz in der ehemaligen Fischhalle unmittelbar an der Förde. Den eindrucksvollen Bau von 1910 zieren Sandsteinportale, Backsteinmauerwerk und ein mächtiges geschweiftes Spitzbogendach. Die große Halle wurde von einer gewölbten Holzdecke überspannt. Seit 1978 kann man hier die Geschichte der Hafen-, Marine- und Werftenstadt Kiel erkunden und Schiffsmodelle, nautische Instrumente, Galionsfiguren sowie Marinebilder aus der Kaiserzeit sehen, dazu Fotos der Kanaleröffnung 1895, ein Modell des Kieler Brandtauchers, des ältesten Unterseebootes der Welt, sowie die Rekonstruktion einer Wohnküche eines Werftarbeiters. An der Museumsbrücke sind der Seenotrettungskreuzer Hindenburg, das Feuerlöschboot Kiel und der Tonnenleger Bussard zu besichtigen.

FOTO-SPOTS

HIER MACHEN SIE DIE INTERESSANTEN FOTOS

Nord-Ostsee-Kanal. Aussichtsplattform an der Schleuse Kiel-Holtenau, Erwachsene 1 Euro, Kinder 0,5 Euro. Entlang der Kiellinie kostenlos.

Die Innenstadt mit der Fußgängerzone beginnt direkt am Hafen.

DAS BESTE AUF EINEN BLICK **4 STUNDEN** KIEL

➡ **Das Marine-Ehrenmal in Laboe** wurde dem Gedächtnis der im Ersten Weltkrieg Gefallenen der Kaiserlichen Marine gewidmet, später auch den Kameraden, die im Zweiten Weltkrieg ihr Leben ließen. Zum 20. Jahrestag der Skagerrak-Schlacht im Mai 1936 wurde das Bauwerk von Adolf Hitler und Vizeadmiral Adolf von Trotha eingeweiht. 1954 ging es in den Besitz des Deutschen Marinebundes e. V. über. Seither ist das Ehrenmal Gedenkstätte für die auf See Gebliebenen aller Nationen und zugleich Mahnmal für eine friedliche Seefahrt auf freien Meeren. Die weithin sichtbare Silhouette des 85 Meter hohen Turmes prägt die Kieler Außenförde. Zwei Aufzüge oder 340 Stufen führen zu einer Aussichtsplattform, von der aus sich ein einzigartiger Panoramablick über die Küsten bis zur Ostsee öffnet.

Vor dem Turm liegt das U-Boot U 995 aus dem Zweiten Weltkrieg, das heute als Museumsschiff dient. Der Geschichte der deutschen Marine ist eine Ausstellung gewidmet. Hin- und Rückfahrt mit den Linienfähren ab Kieler Hörn.

➡ **Der Nord-Ostsee-Kanal,** 1895 von Kaiser Wilhelm II. eröffnet, ist die meist befahrene künstliche Wasserstraße der Welt. Mehr als 30.000 Schiffe jährlich passieren heute den knapp hundert Kilometer langen Kanal zwischen den Schleusenanlagen Holtenau an der Kieler Förde und Brunsbüttel an der Elbe. Mehr als 8.000 Arbeiter bewegten 80 Millionen Quadratmeter Erdreich, um das 67 Meter breite und neun Meter tiefe Kanalbett auszuheben. Militärisch-strategische Gründe forcierten das Projekt. Schon Bismarck suchte nach einer Lösung, um die kaiserliche Flotte zügig von der Ostsee in die Nordsee zu verlegen, ohne dänischen Kanonen dabei nahezukommen. Das Museum auf der Schleuseninsel erzählt die Geschichte des Kanals. Der Leuchtturm in Kiel-Holtenau mit der Drei-Kaiser-Halle gehört zu den schönsten Leuchtfeuern an deutschen Küsten. Gleich neben der Schleuse befindet sich das Museum für Maschinenbaugeschichte, in dem technische Errungenschaften vom uralten Ottomotor bis zum dröhnenden U-Boot-Dieselmotor ausgestellt sind.

Das Marine-Ehrenmal im Ostseebad Laboe.

Segler gehören zum Stadtbild wie die Fährschiffe im Liniendienst.

DAS BESTE AUF EINEN BLICK **8 STUNDEN** KIEL

Das größte Freilichtmuseum Norddeutschlands befindet sich in Molfsee, sieben Kilometer östlich von Kiel, und ist mit öffentlichen Verkehrsmitteln gut zu erreichen. Schleswig-Holsteins unterschiedliche Landschaften, Inseln, Marschen, Nord- und Ostseeküsten und die dazugehörigen Wohn- und Lebensweisen vergangener Jahrhunderte werden lebendig auf einem idyllischen Gelände mit Wiesen, Gärten und Teichen dargestellt. Mehr als 70 historische Fachwerk- und Reetdachhäuser, Hofanlagen und Windmühlen mit Mobiliar, Hausrat und Arbeitsgeräten sind zu sehen. Korbmacher, Drechsler, Töpfer und Weberinnen führen ihr Handwerk vor, das Leben auf einer Hallig wird gezeigt sowie eine Ausrüstung für den Walfang. Eine Apotheke mit Kräutergarten erlaubt Einblicke in die Heilpflanzenkunde. Man kann mit einer Museumsbahn über das weitläufige Anwesen fahren, und für das leibliche Wohl sorgen Produkte aus der eigenen Meierei, dem Backhaus, der Räucherkate sowie der Fischräucherei.

Der Naturpark Holsteinische Schweiz lässt sich prima per Fahrrad erkunden.

HOTEL-TIPP

SO LÄSST SICH'S GUT SCHLAFEN

Maritim Bellevue
Top-Hotel direkt an der Kieler Förde mit atemberaubender Aussicht.
+49 (0)431 38940,
www.maritim.de

Hotel am Schwedenkai
Gepflegtes Hotel in zentraler Lage mit günstigem Parkservice für Kreuzfahrtgäste.
+49 (0)431 986420,
www.hotel-am-schwedenkai.de

Der Naturpark Holsteinische Schweiz befindet sich 25 Kilometer südöstlich von Kiel. Dieksee, Langensee, Behlersee, Höftsee und Edebergsee lassen sich bei der Fünf-Seen-Rundfahrt mit einem Ausflugsdampfer erkunden. Schattige Buchten, kleine Inseln, Buchenwälder und Schilfbänke bilden die wechselnde Kulisse. Die Anlegestellen Malente-Gremsmühlen, Niederkleveez, Timmdorf und Plön-Fegetasche werden passiert, und die zweistündige Fahrt kann einmal unterbrochen werden. Auch auf dem Kellersee, dem Gro-

ßen Plöner See und dem Eutiner See werden Rundfahrten angeboten, zudem gibt es herrliche Rad-, Wander- und Spazierwege entlang der Ufer. Eutin und Plön punkten mit historischem Altstadtflair, Backsteinkirchen und prächtigen Schlossanlagen, Bad Malente im Findlingsgarten mit tonnenschweren Felsblöcken, die Gletscher der letzten Eiszeit hierher transportierten.

TOP-EVENTS 2015

KIELER WOCHE
20. bis 28. Juni 2015

Die Segelregatta, die seit Ende des 19. Jahrhunderts ausgetragen wird, ist heute ein Wassersportereignis von Weltrang. Es zieht alljährlich Olympiasieger und Weltmeister vieler Bootsklassen und Millionen Besucher an. Maritimer Höhepunkt des Sommerfests auf See und an Land ist die große Windjammerparade. Am Sonnabend, dem 28. Juni, formieren sich rund 100 Groß- und Traditionssegler auf der Kieler Förde. Zahlreiche Dampfschiffe, Jollen und Yachten begleiten die Parade. **www.kieler-woche.de**

Entspannte Stimmung zur Kieler Woche.

SO REISEN SIE AN

Anreise von der Bundesautobahn A 7 kommend von Süden auf die A 215 bzw. von Norden auf die A 210 in Richtung Kiel.
Am Autobahnkreuz Kiel-West auf der A 215 bis zum Ausbauende. Weiter auf dem Schützenwall und der Beschilderung zum jeweiligen Terminal folgen.

Mit der Deutschen Bahn bis Kiel-Hauptbahnhof. Direkt vor dem Bahnhof stehen Taxis bereit. Die Kreuzfahrt-Terminals sind vom Bahnhof auch in 5 bis 10 Minuten zu Fuß zu erreichen.

Info www.kurskiel.de, www.port-of-kiel.de

ROSTOCK/WARNEMÜNDE

Beliebt für Tagesbesuche. Viele US-Reedereien nutzen Rostock als Ausgangspunkt für Ausflüge nach Berlin. Aber auch Warnemünde hat viel zu bieten.

DAS BESTE AUF EINEN BLICK
2 STUNDEN ROSTOCK/WARNEMÜNDE

➡ **Ein Spaziergang vom Cruise Center** an der Warnow-Mündung zum Ostseestrand gibt Einblicke in den Werdegang vom Fischerdorf zum mondänen Seebad. Vorbei am Fischmarkt an der Mittelmole (hier gibt's Räucherfisch und Matjesbrötchen) über den Alten Strom mit rotbäuchigen Kuttern und kleinen Katen geht's zum 1897 erbauten Leuchtturm, von dessen Plattform Sie eine herrliche Panoramasicht auf Promenade, schmucke Villen aus der Zeit des Kaiserreiches, Hafeneinfahrt, Yachthafenresidenz Hohe Düne und das Warnemünder Wahrzeichen „Teepott“ (Restaurant und Café) haben.

➡ **Das kleine Heimatmuseum** im denkmalgeschützten Fachwerkhaus beherbergt Exponate zu Fischerei, Seefahrt, Seenotrettung und Lotsenwesen. Auch das Haus selbst erzählt eine Geschichte. 1767 erbaut, besitzt es Däl (Diele), Vör-stuw (Stube), Koek (Küche), Achterstuw (Schlafstube) und zeigt, wie Warnemünder Fischer einst wohnten. Es liegt in der zweiten Reihe am Alten Strom in der historischen Gasse Achterregg (Hinterreihe), 500 Meter vom Cruise Center entfernt.

➡ **Eine Hafentour** vom Passagierkai Warnemünde direkt neben dem Cruise Center flussaufwärts in die Rostocker Innenstadt bietet der Strandliniendienst. Alle 30 Minuten pendeln die Ausflugsdampfer der Schütt-Linie zwischen dem Seebad und dem Stadthafen hin und her. Fahrtzeit für eine Strecke: 60 Minuten. Lässt sich wunderbar mit einem Landgang in der Hansestadt kombinieren. Entfernung vom Anleger in die Altstadt: 500 Meter.

➡ **Nichts ist erholsamer als ein paar Strandkorb-Stunden:** Am Ostseestrand von Warnemünde standen sie erstmals vor 130 Jahren, in Rostock wurden sie geflochten vom kaiserlichen Hof-Korbmacher Wilhelm Bartelmann. Seine Frau eröffnete 1882 die erste Strandkorb-Vermietung beim Alten Leuchtturm. Geschützt vor Sonne und Wind kann man das Seeklima zu (fast) allen Jahreszeiten genießen.

Die Hansestadt Rostock mit ihren Backsteinfassaden, alten Speicher und imposanten Kirchen.

DAS BESTE AUF EINEN BLICK
4 STUNDEN ROSTOCK/WARNEMÜNDE

➡ Das historische Zentrum der Hansestadt Rostock ist vom Cruise Center Warnemünde in 30 Minuten mit öffentlichen Verkehrsmitteln erreichbar. Backsteingotik, Kirchen, Stadttore, Kaufmannshäuser und die mittelalterliche Stadtmauer gehören zu den architektonischen Kostbarkeiten, fangfrischer Fisch und traditionsreiches Bier (Braugasthaus Zum Alten Fritz) zu den kulinarischen. Sehenswert sind der Neue Markt mit Rathaus und Möwenbrunnen und das Kröpeliner Tor. Sie sind die Endpunkte der „Kröpi", der Einkaufsstraße und einst ersten Fußgängerzone der DDR. In der gotischen Marienkirche befindet sich ein technisches Wunderwerk: die Astronomische Uhr. Weltweit einzigartig ist diese Uhr, da ihr mittelalterliches Uhrwerk von 1472 noch heute präzise funktioniert. Der Apostelumgang um 12 Uhr ist der Auftakt des Mittagsgebets in den Sommermonaten.

➡ Das Kulturhistorische Museum Rostock ist eine der umfangreichsten Sammlungen Mecklenburg-Vorpommerns und birgt neben einer reichen Kollektion zur Hanse- und Universitätsstadt vom Mittelalter bis zur Neuzeit auch Schätze wie historisches Spielzeug, Möbel und Malerei. Es befindet sich im mittelalterlichen Kloster zum Heiligen Kreuz. Das gotische Gemäuer der Zisterzienserinnen mitten in der Altstadt (500 Meter vom Neuen Markt entfernt), das später ein Wohnstift für unverheiratete Damen war, ist mit Refektorium, Basilika und Kreuzgang selbst ein Kleinod. Ein Klostercafé mit Terrasse lädt nach dem Besuch zum Verweilen ein. Kombinieren lässt sich der Museumsbesuch mit einer Panorama-Stadtrundfahrt (ca. 1 Stunde), alternativ mit einem Rundgang durch das historische Stadtzentrum (mit Audio-Guide).

FOTO-SPOTS

HIER MACHEN SIE DIE INTERESSANTEN FOTOS

Beiderseits des Fähranlegers Hohe Düne – Warnemünde. Fährpassage 1,30 Euro.

Promenade Yachthafenresidenz Hohe Düne. Kostenlos.

Hafenausfahrt an der Westmole. Kostenlos.

Lichterspiel: Nach Sonnenuntergang bietet sich ein besonderes Bild während des Auslaufens der Kreuzfahrer.

DAS BESTE AUF EINEN BLICK
8 STUNDEN ROSTOCK/WARNEMÜNDE

➡ **Die sportliche Ostsee-Tour:** Entlang der mecklenburgischen Küste – immer mit Blick aufs Meer – verläuft der Europäische Fernwanderweg E 9. Ob auf Schusters Rappen oder per Rad, hier lassen sich historische Seebäder, reizvolle Fischerorte, Flach- und Steilküste, Ufer mit Windflüchtern, Röhricht- und Heidelandschaften erwandern. Die Höhenunterschiede sind eher gering, Abwechslung ist garantiert. Südwestlich führt die Route zu den Seebädern Nienhagen, Heiligendamm und Kühlungsborn (25 km), nordöstlich mit der Fähre über die Warnow, dann ins vorpommersche Seeheilbad Graal-Müritz (15 km) und nach Ahrenshoop (30 km), einer Künstlerkolonie mit reetgedeckten Katen zwischen Dünen und Kiefernwäldern auf der Halbinsel Fischland-Darß-Zingst, die sich zwischen Ostsee und Bodden erstreckt. Fahrräder kann man vor Ort ausleihen.

HOTEL-TIPP

SO LÄSST SICH'S GUT SCHLAFEN

Yachthafenresidenz Hohe Düne Luxus-Hotel mit tollem Spa-Bereich und vielfältiger Gastronomie. +49 (0)381 50400, www.hohe-duene.de

Hotel Neptun Seit 40 Jahren der Klassiker. Direkt an der Promenade und dem Sandstrand. +49 (0)381 777-7777, www.hotel-neptun.de/

Residenz Seestern Kapitänshaus in zentraler Lage. +49 (0)381 548310, www.vogel-hotel.de

➡ **Ausflug nach Bad Doberan** und Fahrt mit der historischen Dampfeisenbahn „Molli". Das Moorheilbad liegt 15 km entfernt an der Europäischen Route der Backsteingotik. Im hohen Mittelalter gegründet, war die Kirche des Zisterzienserklosters als landesfürstliche Hauptgrablege schon damals von besonderer Bedeutung. Ihre reiche Innenausstattung mit Flügelaltar, Lettner und zahlreichen Grabplastiken ist ebenso einzigartig wie die französisch beeinflusste Architektur. Mitten durch den Ort dampft die „Molli" und bringt ihre Pas-

sagiere nach Heiligendamm, dem ersten und einst elegantesten Seebad Deutschlands, das den europäischen Hochadel samt Zarenfamilie zu seinen Sommergästen zählte, und weiter nach Kühlungsborn, das mit Bäderarchitektur, Kiefern und Sandstrand begeistert.

SO REISEN SIE AN

Mit dem Auto ist die Hansestadt Rostock bequem über die A 19 oder die A 20 erreichbar. Von der A 19 am Ausbauende auf die B 105 durch den Warnow-Tunnel. Hinter dem Bahnhof Lütten Klein rechts auf die B 103 bis Warnemünde. Von der A 20 am Abzweig 14 auf die B 103 bis Warnemünde. In Warnemünde sind die Parkplatzkapazitäten gerade im Sommer begrenzt.

Mit der Bahn bis Rostock-HBF und weiter mit der S-Bahn S 1 oder 2 bis Warnemünde.

Info www.rostock.de
www.warnemuende.de
www.rostock-port.de

TOP-EVENTS 2015

78. WARNEMÜNDER WOCHE
4. bis 12. Juli 2015
In einem der schönsten deutschen Segelreviere wetteifern Sportler um Weltranglisten-Punkte, während am Leuchtturm, an der Promenade und am Alten Strom Spektakel mit Waschzubern, Drachenbooten, Shantychören und ein buntes Sommerfest stattfinden.
www.warnemuender-woche.com

25. HANSE SAIL ROSTOCK
6. bis 09. August 2015
Museumsschiffe und historische Windjammer am Rostocker Stadthafen und in Warnemünde bringen romantisches Flair in dieses maritime Ostseefest. Die Regatta beim weltweit größten Treff der Traditionssegler, Feuerwerk, Musik und bunte Märkte sorgen für Stimmung an Land. **http://www.hansesail.com**

WISMAR

Der historische Marktplatz mit Brunnenhaus und dem Restaurant „Alter Schwede".

DAS BESTE AUF EINEN BLICK
2 STUNDEN WISMAR

➡ **Ein Stadtbummel** führt in die Wismarer Geschichte. Im Westfälischen Frieden wurde die Hansestadt an Schweden abgetreten. 1675 wurde sie von Dänemark erobert, doch die Schweden kamen zurück und bauten Wismar zur größten Festung Europas aus. 1711 waren die Dänen wieder da und ließen die Mauern abtragen. Die Schweden holten sich die gebeutelte Stadt zurück und verpfändeten sie 1803 für 1.250.000 Taler dem Herzog von Mecklenburg. 100 Jahre später wurde Wismar wieder Teil des Deutschen Reiches. Das Schabbellhaus, ein Wohn- und Brauhaus der Renaissance, beherbergt das Stadtgeschichtliche Museum und Wismars wahre Schatzkammern. Abschließend empfiehlt sich ein Besuch in der 1878 in einem gotischen Backstein-Giebelhaus eingerichteten Gaststätte „Alter Schwede".

➡ **Bärenstarkes Bier:** Bestes Wasser aus nahen Seen, Getreidefelder und Hopfengärten vor den Toren begründeten eine Tradition. Über 180 Brauherren waren hier im 15. Jahrhundert ansässig. Ihr Bier exportieren sie europaweit, und zwar etwa 4,5 Mio. Liter jährlich. Der „Rote Erik" war zur Hansezeit beliebt in Skandinavien, die „Wismarer Mumme", ein malzaromatisches Vollbier, der absolute Exportschlager. Im Brauhaus am Lohberg, direkt am Alten Hafen, wird in althergebrachter Qualität und nach einem 550 Jahre alten Rezept gebraut.

➡ **Große Weintradition:** Weine wurden importiert und umgeschlagen; 1648 wurde unter schwedischer Hoheit die Weinhandlung Michaelis gegründet. Das war die Geburtsstunde der Hanse Sektkellerei Wismar. Noch heute werden Grundweine aus aller Welt in riesigen Eichenholzfässern gelagert und ausgebaut. Sekt wird im traditionellen Flaschengärverfahren hergestellt. Im „Alten Gewölbe", der nördlichsten Sektkellerei Deutschlands, finden Verkostungen statt. Hanseatische Weintradition wird seit Mitte des 14. Jahrhunderts auch in Mecklenburgs wohl schönster Renaissance-Hausdiele gepflegt, im Restaurant „Zum Weinberg" hinter dem Rathaus.

FOTO-SPOTS

HIER MACHEN SIE DIE INTERESSANTEN FOTOS

Mecklenburgischer Segelverein an der Hafeneinfahrt.

Alter Holzhafen an der Kaikante vor dem Technologie-Zentrum.

DAS BESTE AUF EINEN BLICK
4 STUNDEN WISMAR

Stadtrundgang: Malerische Baudenkmäler finden sich an vielen Stellen und sind beliebte Fotomotive.

➡ **Sakralarchitektur der Hansezeit** aus gebrannten Steinen zeigen St. Georgen, St. Marien und St. Nikolai. Hoch, stolz und mächtig sind ihre Kirchtürme, die von Land und See schon von Weitem sichtbar sind. Millionen Backsteine wurden hier verbaut – in schwindelerregender Höhe. „Wege zur Backsteingotik – Bauten der Macht" heißt die ständige Ausstellung in St. Marien. Sie präsentiert Techniken des mittelalterlichen Handwerks. Von dieser Kirche ist nur der mächtige, 80 Meter hohe Turm erhalten. Wer diesen besteigt, wird mit einem prachtvollen Rundblick belohnt. St. Georgen neben dem Fürstenhof beeindruckt mit überragenden Querhausgiebeln, spitzbekrönten, achteckigen Treppentürmen, hohen Fenstern, Gesimsen und Portalbögen mit glasierten Terrakotten. St. Nikolai, die Kirche der Seefahrer und Fischer nahe am Hafen, hat eine reiche barocke Innenausstattung. Gebälk und Gewölbe unter dem Kirchendach können besichtigt werden. Dabei sieht man hinunter in das 37 Meter hohe Mittelschiff.

➡ **Wismar repräsentiert idealtypisch** eine Seehandelsstadt nach Lübischem Recht im 14. Jahrhundert. Der historische Hafen und die Altstadt haben ihren mittelalterlichen Charakter nahezu unverändert bewahrt. Gotische Giebelhäuser, Backsteinkirchen, Renaissancefassaden, barocke Orgeln, Kanzeln und Altäre dokumentieren die politische Bedeutung und den enormen Reichtum der Ostseestädte, St. Georgen, St. Marien und St. Nikolai die hohe Kirchenbaukunst zur Zeit der Hanse.

Am Marktplatz, einem der größten Norddeutschlands, steht das klassizistische Rathaus (im gotischen Kellergewölbe die Ausstellung „Wismar – Bilder einer Stadt") und ein 400 Jahre altes Brunnenhaus, das der Trinkwasserversorgung diente. In der Krämerstraße steht ein viergeschossiger Jugendstilbau, Stammhaus der Karstadt AG. Es wird gesäumt von reichverzierten Giebelhäusern mit hübschen Geschäften und Cafés.

Traditionspflege: Zu einigen Anläufen erscheint sogar ein Empfangskomitee in historischen Uniformen.

Stadt der kurzen Wege. Vom neuen Terminal sind es nur wenige Schritte in die malerische Altstadt.

DAS BESTE AUF EINEN BLICK
8 STUNDEN WISMAR

➡ **Die Insel Poel,** die unentdeckte Perle der Mecklenburger Bucht, war wie Wismar lange Zeit schwedisch. Im Heimatmuseum Kirchdorf ist diese Zeit dokumentiert. Sehenswert ist die romanisch-gotische Dorfkirche. Im Chor befindet sich eine Grabplatte aus gotländischem Kalkstein. Sie trägt ein frühchristliches Scheibenkreuz, wie es sonst nur in Dänemark und auf Gotland vorkommt. Gleich daneben im Hafen wird frischer Fisch direkt von Bord verkauft. Poel und die Naturschutzinseln Langenwerder und Walfisch bieten Brutplätze für viele Watt- und Wasservögel.

Im Nordosten der Insel, nahe der Steilküste, liegt Timmendorf mit Leuchtturm, Lotsenhaus und bunten Fischkuttern. Über einen Damm zwischen Salzhaff und Wohlenberger Wiek erreicht man von Wismar aus die Insel mit den langen Sandstränden bequem per Rad. Ausflugsschiffe passieren während der einstündigen Überfahrt auch den Überseehafen und den Holzterminal, die modernste Dockhalle Europas. Fahrräder werden an Bord mitgenommen.

Das Erbe der Hanse wird in Wismar liebevoll gepflegt.

➡ **Schloss Schwerin**, Landeshauptstadt und Seenplatte sind in 30 Min. per Bus oder Bahn erreicht. Im Märchenschloss, einst Sitz mecklenburgischer Herzöge, tagt heute der Landtag. Wohn- und Repräsentationsräume, der prunkvolle Thronsaal und die meisterlich gestalteten Gärten sind zu besichtigen. Das Rathaus am Altstädtischen Markt ist im Tudorstil erbaut, das Löwendenkmal erinnert an die Gründung der Stadt, in die Alte Markthalle ist ein Café eingezogen. Dahinter ragt der mächtige Dom empor. Neben dem gotischen Kreuzaltar birgt er das Triumphkreuz von 1420 aus der Wismarer Marienkirche. Sein Turm schenkt Besuchern – nach 220 Stufen – eine grandiose Aussicht.

Die Schelfstadt mit dem großen Ensemble historischen Baubestands wurde von Herzog Friedrich Wilhelm 1705 als Neustadt angelegt. Unzählige Fachwerkhäuser säumen den Schelfmarkt mit der schmucken Barockkirche. In ihrer Gruft ruhen Mitglieder des großherzoglichen Hauses, darunter die 1735 verstorbene Sophie Louise, Königin von Preußen.

SO REISEN SIE AN

Mit dem Auto am Autobahnkreuz Wismar auf die A 14 in Richtung Wismar. Dann rechts ab auf die B 105 und am Kreisverkehr die 1. Ausfahrt. Hinter der Hochbrücke rechts in Richtung Bahnhof/Hafen. An der 2. Ampelkreuzung in die Kopenhagener Straße und dann links in die Stockholmer Straße zum Kreuzfahrtterminal.

Mit der Bahn bis Wismar-HBF. Verlassen Sie den Bahnhof nicht durch das Hauptgebäude, sondern gehen Sie am Bahnsteig entlang Richtung Fahrradverleih und dann weiter bis zur Poeler Straße und überqueren diese. Dann weiter bis über die Kopenhagener Straße hinaus in die Stockholmer Straße. Auf der linken Seite liegt das Kreuzfahrtterminal.

Info www.wismar.de, www.cruiseport.de

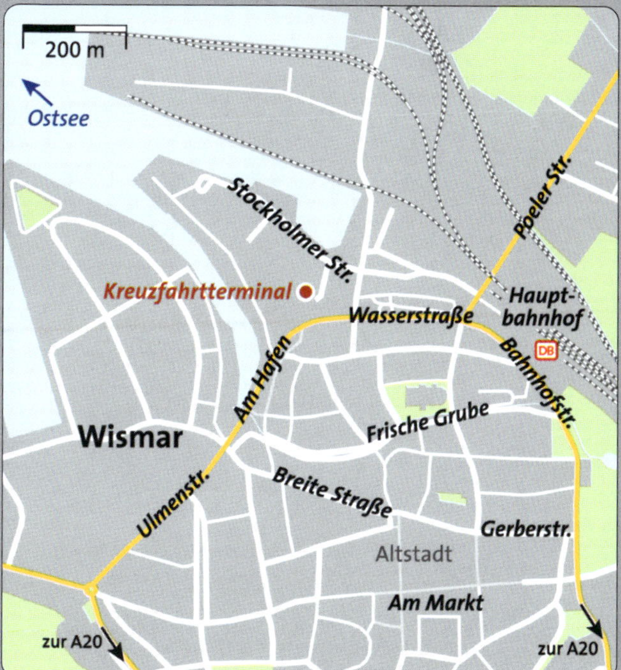

TOP-EVENTS 2015

WISMARER HAFENTAGE
vom 11. bis 14 Juni 2015

Am Alten Hafen von Wismar findet alljährlich ein bunter Jahrmarkt statt. Dabei sorgen Buden, Handwerker und Künstler für abwechslungsreiche Tage an der Kaikante. Traditionssegler wie der Schoner Atalanta und die Wissemara, ein Nachbau der Poeler Kogge, laden zu Ausfahrten in die Wismarbucht, und zum Abschluss erleuchtet ein beeindruckendes Höhenfeuerwerk die maritime Kulisse und die Kirchen der Hansestadt.

SCHWEDENFEST
vom 20. bis 23. August 2015

Die „Schwedenköpfe" an der Hafeneinfahrt, die Gaststätte „Alter Schwede" im mittelalterlichen Bürgerhaus am Markt oder das barocke Provianthaus erinnern an die 155-jährige Zugehörigkeit der Hansestadt zum schwedischen Königreich. Auf dem Marktplatz wird ein historisches Heerlager eingerichtet, Exerzierübungen finden statt, Buden bestücken die Gassen zwischen Altem Hafen und Altstadt.

ROTTERDAM

Erasmusbrücke, markanter Blickfang der Skyline. Der geknickte Pfeiler verpasste der eigenwilligen Konstruktion den Beinamen „Der Schwan".

DAS BESTE AUF EINEN BLICK **2 STUNDEN** ROTTERDAM

Stadtrundfahrt mit der historischen Straßenbahn Linie 10, mit und ohne Unterbrechungen, Tickets gibt's beim Schaffner. Das Highlight ist die facettenreiche Architektur der Stadt.

Die Skyline mit der Erasmusbrücke an der Maas ist ein beliebtes Fotomotiv, die älteste Fußgängerzone Europas lockt zum Shoppen. An der Wilhelminapier stehen hochmoderne Wolkenkratzer neben dem historischen Hotel New York, der neue Hauptbahnhof ist spektakulär, der Millennium-Turm sieht aus wie das Empire State Building, ausgefallenes Design macht das farbenfrohe Luxor-Theater zum echten Hingucker. Der Bleistiftturm und die Kubushäuser mit den schrägen Würfelwohnungen sind längst Touristenattraktionen und können besichtigt werden.

Stadterkundung zu Wasser und zu Lande. Splash Tours bietet Ausflüge mit Amphibienfahrzeugen an. Diese Spaßtour beginnt am Euromast, dem höchsten Aussichtsturm der Niederlande, und dauert 75 Minuten. Sie fahren erst über die asymmetrisch konstruierte Erasmusbrücke, das jüngste Wahrzeichen der Stadt, dann auf dem Strom darunter durch. Die Skyline der spektakulären Uferbebauung von Nord bis Süd, Laurentiuskirche, Willemsbrücke, eine Kleinausgabe der Golden Gate, die berühmten Kubushäuser und das Weiße Haus, erster Wolkenkratzer Europas und heute UNESCO-Weltkulturerbe, sind charakteristisch für das „Manhatten an der Maas".

TOP EVENT

NORTH SEA JAZZ FESTIVAL 10.–12.7.2015

Ahoi Rotterdam! Dieses Festival ist Jazzfreunden weltweit bekannt und vereint drei Tage lang Jazzvarianten aus Vergangenheit, Gegenwart und ... Zukunft.

Ein abwechslungsreiches Programm wird garantiert, für jeden Geschmack etwas geboten. Die ganze Stadt jazzt und swingt!

„Mann ohne Herz", Skulptur des russischen Künstlers Ossip Zadkine, Symbol der zerstörten Stadt. Das neue Herz von Rotterdam schlägt für Gegenwart und Zukunft.

DAS BESTE AUF EINEN BLICK
4 STUNDEN ROTTERDAM

SS Rotterdam, Flaggschiff der Holland America Line, 228 m lang, das größte in den Niederlanden gebaute Passagierschiff. Heute Hotel für „Sehleute".

➡ **Maritime Welten.** Mitten in der City befinden sich Hafenmuseum und Maritim-Museum. Am Kai stehen historische Hafenkräne und sorgfältig restaurierte Kontorhäuser. Mehr als eine halbe Million nautische Objekte sind zu sehen, Schiffsmodelle, Seekarten, Navigationsinstrumente, Schiffsmobiliar ... Ein Schmuckstück ist das Marineschiff „De Buffel" außerhalb des Museums. Es war im 19. Jh. für die Königlich Holländische Marine im Einsatz. Sie sehen Kanonen, Kammern, Waschräume, Küche, Dampfmaschinenräume und das Gefängnis. Anschließend bummeln Sie über die Stege im Museumshafen, viele historische Schiffe darf man betreten. Die „Hercules", ein ehemaliger Schlepper, macht Rundfahrten im Hafen von Rotterdam. Sie ist Baujahr 1900, ein Dampfschiff, wird aber längst von einem Diesel angetrieben.

➡ **Klassischer Ozeanliner** SS Rotterdam. An der Kop van Katendrecht im Herzen des Hafens liegt Hollands Stolz: Das Dampfschiff Rotterdam, das von der Holland America Line, deren Hauptquartier das heutige Hotel New York war, in Dienst gestellt wurde. Königin Juliana taufte das Schiff 1958, Beatrix ging als Kronprinzessin auf Jungfernfahrt nach New York, Frank Sinatra stand an Bord auf der Bühne. Heute ist sie Hotelschiff, alle Decks können besichtigt werden. Bei der Komplett-Tour tauchen Sie für 90 Minuten ab in den Bauch dieses legendären Kreuzfahrtschiffes. Maschinenräume, Kesselraum, Funkstation, Steuerpanel mit Hebeln und Schaltern, Kabinen der 1950er Jahre ... Bars und Restaurants erwarten die Besucher.

Maritim-Museum: drinnen nautische Exponate, draußen historische Schiffe, Dampfschlepper, Leuchtturm und Kräne. Seefahrerromantik vergangener Tage.

Blau-weiße Fayencen, handbemalte Fliesen und Gefäße aus Ton mit Zinnglasur sind weltweit Inbegriff niederländischer Wohnkultur.

DAS BESTE AUF EINEN BLICK
8 STUNDEN ROTTERDAM

➡ **Delfshaven** blickt auf eine große Vergangenheit zurück. Der historische Stadtteil von Rotterdam mit pittoresken Giebelhäusern und alten Holzschiffen war wichtiger Standort der Niederländischen Ostindien-Kompanie. Die Pilgerväter, aus England geflüchtete Puritaner, schifften hier ein, segelten nach Southampton und von dort mit der „Mayflower" nach Amerika. Die Pelgrimsvaderkerk am Voorhaven erinnert an dieses Ereignis. Piet Hein, dem Freibeuter und Volkshelden, wurde ein Denkmal errichtet. Als Vizeadmiral der Niederländischen Westindischen Compagnie kaperte er 1628 die spanische Silberflotte. Delfshaven ist gelebte Nostalgie, ein Klein-Holland mit Wasser, Grachten, geschichtsträchtigen Gebäuden, zauberhaften Höfen und malerischen Brücken. Hier kann man nach Herzenslust bummeln, in schmucken Ateliers und gut bestückten Antiquariaten stöbern, anschließend im Straßencafé die Aussicht genießen.

Delfshaven ist Holland: historische Holzschiffe, Giebelhäuser, Zugbrücken, Pilgerkirche und Schiffswerft.

➡ **Delft**, eine halbe Stunde entfernt von Rotterdam, ist eine der malerischsten Städte Südhollands, ein steinernes Symbol des Goldenen Zeitalters. Blau steht für Keramik, Oranje für die Königsfamilie.

Die Nieuwe Kerk ist seit 1584 die Grablege der niederländischen Monarchen. Die Oude Kerk mit ihren schönen Glasfenstern ist von historischer Bedeutung, auf ihrem Friedhof liegen Delfts bekannte Maler und berühmte Seehelden wie Maarten Tromp und Piet Hein. Johannes Vermeer wurde hier geboren, das Atelier vom Meister des niederländischen Lichts wird gezeigt. Kunst aus dem 17. Jh. ist im Prinsenhof ausgestellt, dem Kloster, in dem Willem van Oranje die Revolte gegen die Spanier anzettelte. Eine faszinierende Kollektion alter Keramiken und delftblaue Antiquitäten finden sich im Museum und in zahlreichen Andenkenläden rund um den zauberhaften Marktplatz mit dem Renaissance-Rathaus. Eine Grachtenrundfahrt entführt in die Geschichte der Seefahrernation.

SO REISEN SIE AN

Mit dem Flugzeug ist Airport Rotterdam The Hague von deutschen Flughäfen erreichbar. Entfernung zum Rotterdam Cruise Terminal, Wilhelminakade 699: Taxi 15 Min.

Mit dem Auto ist Rotterdam über die Autobahn A 20 via Arnheim-Utrecht zu erreichen. Langzeitparken möglich bei der SS Rotterdam, 3e Katendrechtsehoofd 25 (13,- Euro/Tag). Kostenloser Shuttle Service zum/vom Rotterdam Cruise Terminal.

Mit dem Zug ist Rotterdam optimal erreichbar. Am HBF Centraal halten Intercitys und der Hochgeschwindigkeitszug Thalys, von Paris und Brüssel kommend. Entfernung zum Rotterdam Cruise Terminal: Taxi 10 Min.

Info
http://de.rotterdam.info
http://www.cruiseportrotterdam.com/

Reisen mit LAND & MEER

LAND & MEER 2015:
Seit 22 Jahren das Reisemagazin für Ausflüge und Urlaub – auch per Schiff – an Nord- und Ostseeküste sowie nach Nordeuropa!

LAND & MEER zeigt Ihnen die schönsten Plätze im Norden, empfiehlt gute Restaurants, Hotels oder Museen und liefert die besten Ausflugstipps und Ziele, inklusive Fährpassagen und Minikreuzfahrten.
...und vieles mehr vom Meer!

Senden Sie uns eine Mail:
mail@landundmeer.de

oder bestellen Sie im Shop auf:
www.landundmeer.de

Bestellen Sie die Jahresausgabe!

LAND & MEER inklusive Sylt-Special (8,90 Euro) erhalten Sie portofrei direkt bei:
LAND & MEER-Verlag, Neumühlen 46, 22763 Hamburg, Tel.: 040/390 76 8-1, Fax -2,
mail@landundmeer.de, www.landundmeer.de

IHRE SPEZIALISTEN FÜR URLAUB IM NORDEN

KALENDER 2015

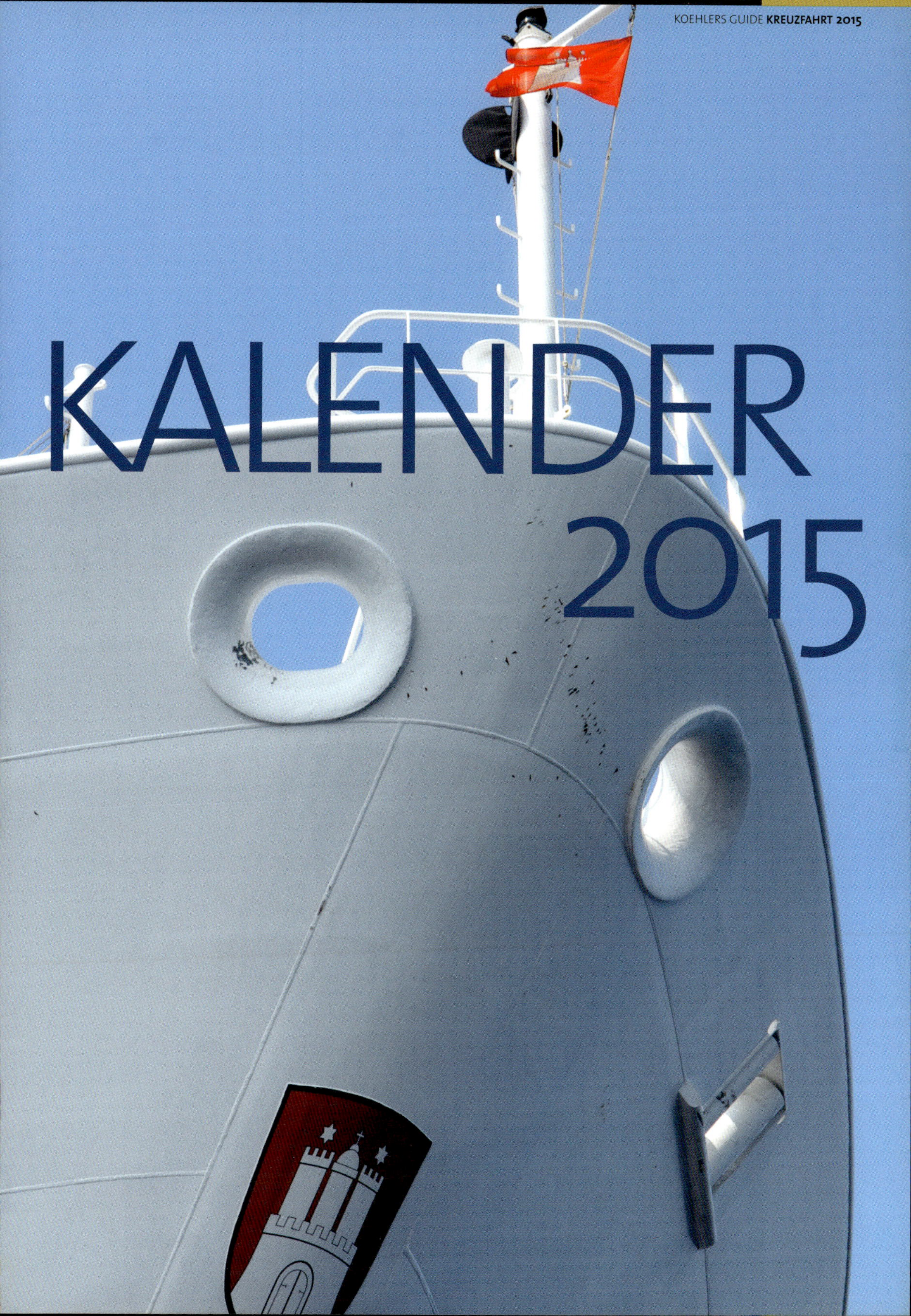

01 SAMSTAG

02 SONNTAG

03 MONTAG

04 DIENSTAG

05 MITTWOCH

06 DONNERSTAG

HAMBURG Queen Mary 2

07 FREITAG

08 SAMSTAG

HAMBURG MSC Magnifica

09 SONNTAG

10 MONTAG

11 DIENSTAG

HAMBURG Queen Mary 2

12 MITTWOCH

13 DONNERSTAG

14 FREITAG

15 SAMSTAG

16 SONNTAG

HAMBURG Aida Sol

17 MONTAG

18 DIENSTAG

19 MITTWOCH

20 DONNERSTAG

21 FREITAG

22 SAMSTAG

23 SONNTAG

24 MONTAG

25 DIENSTAG

26 MITTWOCH

27 DONNERSTAG

28 FREITAG

29 SAMSTAG

30 SONNTAG

01 MONTAG

02 DIENSTAG

03 MITTWOCH

04 DONNERSTAG

BREMERHAVEN Boudicca

05 FREITAG

06 SAMSTAG

07 SONNTAG

08 MONTAG

HAMBURG Artania

09 DIENSTAG

HAMBURG Artania

10 MITTWOCH

11 DONNERSTAG

12 FREITAG

ROTTERDAM Rotterdam

13 SAMSTAG

HAMBURG Boudicca

14 SONNTAG

15 MONTAG

16 DIENSTAG

HAMBURG Adonia, Artania

17 MITTWOCH

HAMBURG Adonia, Artania

18 DONNERSTAG

19 FREITAG

20 SAMSTAG

21 SONNTAG

HAMBURG Artania
ROTTERDAM Rotterdam

22 MONTAG

23 DIENSTAG

24 MITTWOCH, HEILIGABEND

25 DONNERSTAG, 1 WEIHNACHTSTAG

26 FREITAG, 2. WEIHNACHTSTAG

27 SAMSTAG

28 SONNTAG

29 MONTAG

30 DIENSTAG

31 MITTWOCH, SILVESTER

01 DONNERSTAG

02 FREITAG

03 SAMSTAG

04 SONNTAG

05 MONTAG

06 DIENSTAG

ROTTERDAM Rotterdam

07 MITTWOCH

ROTTERDAM Rotterdam

08 DONNERSTAG

HAMBURG Queen Elizabeth

09 FREITAG

10 SAMSTAG

11 SONNTAG

12 MONTAG

13 DIENSTAG

14 MITTWOCH

15 DONNERSTAG

16 FREITAG

17 SAMSTAG

18 SONNTAG

19 MONTAG

20 DIENSTAG

21 MITTWOCH

22 DONNERSTAG

23 FREITAG

24 SAMSTAG

25 SONNTAG

17. bis 25. Januar
Boot Düsseldorf

26 MONTAG

27 DIENSTAG

28 MITTWOCH

29 DONNERSTAG

30 FREITAG

31 SAMSTAG

01 SONNTAG

02 MONTAG

03 DIENSTAG

04 MITTWOCH

05 DONNERSTAG

06 FREITAG

07 SAMSTAG

08 SONNTAG

09 MONTAG

10 DIENSTAG

11 MITTWOCH

12 DONNERSTAG

13 FREITAG

14 SAMSTAG

15 SONNTAG

16 MONTAG

17 DIENSTAG

18 MITTWOCH

19 DONNERSTAG

20 FREITAG

21 SAMSTAG

22 SONNTAG

23 MONTAG

24 DIENSTAG

25 MITTWOCH

26 DONNERSTAG

27 FREITAG

28 SAMSTAG

01 SONNTAG

02 MONTAG

03 DIENSTAG

04 MITTWOCH

ITB Berlin
4.-8. März

05 DONNERSTAG

ROTTERDAM Aida Mar

06 FREITAG

ROTTERDAM Aida Mar

07 SAMSTAG

HAMBURG Aida Mar

08 SONNTAG

09 MONTAG

10 DIENSTAG

11 MITTWOCH

12 DONNERSTAG

13 FREITAG

14 SAMSTAG

HAMBURG Aida Mar

15 SONNTAG

16 MONTAG

17 DIENSTAG

18 MITTWOCH

19 DONNERSTAG

20 FREITAG

21 SAMSTAG

HAMBURG Aida Mar

22 SONNTAG

23 MONTAG

24 DIENSTAG

25 MITTWOCH

26 DONNERSTAG

16. bis 19. März
Cruise Shipping Miami

27 FREITAG

28 SAMSTAG

HAMBURG Aida Mar

29 SONNTAG

30 MONTAG

31 DIENSTAG

12. April
Rotterdam
Marathon

01 MITTWOCH

02 DONNERSTAG

03 KARFREITAG

04 SAMSTAG

HAMBURG Aida Mar, Aida Luna
KIEL Aida Cara

05 OSTERSONNTAG

06 OSTERMONTAG

HAMBURG Breamar

07 DIENSTAG

ROTTERDAM Rotterdam

08 MITTWOCH

HAMBURG Aida Luna

09 DONNERSTAG

10 FREITAG

11 SAMSTAG

HAMBURG Aida Mar, Europa 2
KIEL Aida Cara

12 SONNTAG

HAMBURG Aida Luna
ROTTERDAM Breamar

13 MONTAG

ROTTERDAM Braemar

14 DIENSTAG

15 MITTWOCH

16 DONNERSTAG

HAMBURG Aida Luna

17 FREITAG

18 SAMSTAG

HAMBURG Aida Mar
KIEL Aida Cara

19 SONNTAG

20 MONTAG

KIEL Aida Luna

21 DIENSTAG

HAMBURG Aida Diva
BREMERHAVEN Fram
ROTTERDAM Rotterdam

22 MITTWOCH

23 DONNERSTAG

24 FREITAG

HAMBURG Europa 2
KIEL Aida Luna

25 SAMSTAG

HAMBURG Aida Mar
KIEL Aida Cara

26 SONNTAG

27 MONTAG

28 DIENSTAG

KIEL Aida Luna, Costa Pacifica

29 MITTWOCH

30 DONNERSTAG

BREMERHAVEN Fram, National Geographic, Explorer
HAMBURG Regal Princess

01 FREITAG, TAG DER ARBEIT

HAMBURG MSC Splendida

02 SAMSTAG

BREMERHAVEN Astor
HAMBURG Aida Bella, Aida Mar, Europa 2
KIEL Aida Cara, Aida Luna
ROTTERDAM MSC Splendida

03 SONNTAG

04 MONTAG

HAMBURG Aida Diva, Hamburg

05 DIENSTAG

HAMBURG MSC Splendida, Queen Elizabeth
ROSTOCK/WARNEMÜNDE Regal Princess, Celebrity Silhouette

06 MITTWOCH

07 DONNERSTAG,

HAMBURG Amadea
ROTTERDAM Royal Princess

08 FREITAG

HAMBURG Europa 2
ROSTOCK/WARNEMÜNDE Aida Diva

08. bis 10. Mai
Hafengeburtstag
Hamburg

09 SAMSTAG

BREMERHAVEN Astor
HAMBURG Aida Bella, Artania, Queen Elizabeth
KIEL Aida Luna, Costa Pacifica, Eurodam
ROSTOCK/WARNEMÜNDE Aida Mar
ROTTERDAM Rotterdam, MSC Orchestra

10 SONNTAG

BREMERHAVEN Artania
HAMBURG Aida Sol, Amadea, Europa 2
ROTTERDAM MSC Orchestra

11 MONTAG

12 DIENSTAG

KIEL MSC Orchestra
LÜBECK/TRAVEMÜNDE Braemar
ROSTOCK/WARNEMÜNDE Norwegian Star, Aida Diva

13 MITTWOCH

BREMERHAVEN Astor
ROSTOCK/WARNEMÜNDE Costa Luminosa

14 DONNERSTAG, CHRISTI HIMMELFAHRT

HAMBURG Aida Sol, Ocean Diamond
KIEL Europa 2

15 FREITAG

HAMBURG Hamburg
ROSTOCK/WARNEMÜNDE Marco Polo

16 SAMSTAG

BREMERHAVEN Artania
HAMBURG Aida Bella, MSC Splendida, Sea Spirit
KIEL Aida Cara, Aida Luna, MSC Orchestra
ROTTERDAM Rotterdam **ROSTOCK/WARNEMÜNDE** Regal Princess, Aida Mar

17 SONNTAG

HAMBURG Sea Spirit
ROSTOCK/WARNEMÜNDE MSC Sinfonia

18 MONTAG

HAMBURG Aida Sol, Sea Spirit
ROSTOCK/WARNEMÜNDE Eurodam

19 DIENSTAG

HAMBURG Hamburg
ROSTOCK/WARNEMÜNDE Arcadia, Saga Sapphire

20 MITTWOCH

HAMBURG Costa Neo Romantica, Mein Schiff 1
KIEL Costa Pacifica
LÜBECK/TRAVEMÜNDE Braemar
ROTTERDAM Explorer of the Seas

21 DONNERSTAG

HAMBURG Prinsendam
KIEL Europa 2, Eurodam
ROSTOCK/WARNEMÜNDE Celebrity Silhouette, Queen Elizabeth

22 FREITAG

HAMBURG Aida Sol, Prinsendam
ROSTOCK/WARNEMÜNDE Viking Star, Aida Diva, Costa Favolosa

23 SAMSTAG

HAMBURG Aida Bella, Prinsendam
BREMERHAVEN Artania
KIEL Aida Luna, MSC Orchestra
ROSTOCK/WARNEMÜNDE Aida Mar

24 PFINGSTSONNTAG

BREMERHAVEN Astor
ROSTOCK/WARNEMÜNDE Prinsendam, MSC Sinfonia

25 PFINGSTMONTAG

HAMBURG Amadea, Mein Schiff 1
LÜBECK/TRAVEMÜNDE Deutschland

Travemünde JAZZT
22.– 25. Mai

26 DIENSTAG

HAMBURG Aida Sol, Balmoral

27 MITTWOCH

HAMBURG MSC Splendida
ROSTOCK/WARNEMÜNDE Regal Princess

28 DONNERSTAG

ROSTOCK/WARNEMÜNDE Norwegian Star

29 FREITAG

HAMBURG Europa 2
LÜBECK/TRAVEMÜNDE Seabourn Quest
ROSTOCK/WARNEMÜNDE Costa Favolosa

30 SAMSTAG

HAMBURG Aida Bella, Aida Sol
KIEL MSC Orchestra, Aida Cara, Aida Luna, Hamburg
ROTTERDAM Rotterdam
ROSTOCK/WARNEMÜNDE Eurodam, Aida Mar

ELB JAZZ Hamburg
29.– 30. Mai

31 SONNTAG

BREMERHAVEN Astor
KIEL Costa Pacifica
ROSTOCK/WARNEMÜNDE MSC Sinfonia

01 MONTAG

HAMBURG Costa Neo Romantica
ROSTOCK/WARNEMÜNDE Aida Diva

02 DIENSTAG

KIEL Eurodam
ROSTOCK/WARNEMÜNDE Ocean Dream

03 MITTWOCH

KIEL Aida Luna, Ocean Majesty

04 DONNERSTAG

BREMERHAVEN Artania
KIEL Mein Schiff 4
ROSTOCK/WARNEMÜNDE Ocean Dream

01. bis 05. Juni
World Ports Conference
Hamburg

05 FREITAG

HAMBURG Bremen
KIEL Mein Schiff 4
ROSTOCK/WARNEMÜNDE Costa Favolosa
WISMAR Voyager

06 SAMSTAG

BREMERHAVEN Marina **HAMBURG** Aida Bella, Mein Schiff 1 **KIEL** Mein Schiff 4, MSC Orchestra
LÜBECK/TRAVEMÜNDE Braemar
ROTTERDAM Rotterdam
ROSTOCK/WARNEMÜNDE Aida Mar

07 SONNTAG

HAMBURG Amadea, Breamar, MSC Splendida
KIEL Aida Luna, Artania
ROSTOCK/WARNEMÜNDE Regal Princess, Viking Star, MSC Sinfonia

08 MONTAG

BREMERHAVEN Astor
HAMBURG Breamar, Saxonia
ROSTOCK/WARNEMÜNDE Marco Polo

09 DIENSTAG

HAMBURG Aida Sol, Saxonia
KIEL Hamburg

10 MITTWOCH

HAMBURG Saxonia
ROSTOCK/WARNEMÜNDE Marina

11 DONNERSTAG

KIEL Aida Luna, Costa Pacifica
ROSTOCK/WARNEMÜNDE Erodam, Aida Diva, Celebrity Eclipse

12 FREITAG

HAMBURG Deutschland, Hanseatic, Queen Mary 2
ROSTOCK/WARNEMÜNDE Costa Favolosa

13 SAMSTAG

BREMERHAVEN Albatros
HAMBURG Aida Bella, Costa Neo Romantica
KIEL Aida Cara, MSC Orchestra, Ocean Majesty
ROSTOCK/WARNEMÜNDE Aida Mar
ROTTERDAM Rotterdam

14 SONNTAG

KIEL Eurodam, Mein Schiff 4
ROSTOCK/WARNEMÜNDE MSC Sinfonia

15 MONTAG

HAMBURG Hanseatic

16 DIENSTAG

ROSTOCK/WARNEMÜNDE Rotterdam

17 MITTWOCH

HAMBURG Europa, Mein Schiff 1
KIEL Artania

18 DONNERSTAG

HAMBURG Sea Cloud II
KIEL Mein Schiff 4
ROSTOCK/WARNEMÜNDE Regal Princess, Serenade of the Seas

19 FREITAG

HAMBURG Aida Sol
ROSTOCK/WARNEMÜNDE Seven Seas Voyager, Viking Star, Costa Favolosa

20 SAMSTAG

HAMBURG Aida Bella
KIEL Astor , MSC Orchestra, Ocean Majesty
ROSTOCK/WARNEMÜNDE Aida Mar

21 SONNTAG

HAMBURG MSC Splendida
KIEL Astor
ROSTOCK/WARNEMÜNDE Aida Diva, MSC Sinfonia

22 MONTAG

KIEL Costa Pacifica

23 DIENSTAG

HAMBURG Sans Souci
ROSTOCK/WARNEMÜNDE Eurodam, Celebrity Silhouette

24 MITTWOCH

ROSTOCK/WARNEMÜNDE Celebrity Eclips

25 DONNERSTAG

HAMBURG Amadea, Costa Neo Romantica
LÜBECK/TRAVEMÜNDE Deutschland

26 FREITAG

KIEL Amadea, Eurodam, Sea Cloud II
ROSTOCK/WARNEMÜNDE Marina, Costa Favolosa

27 SAMSTAG

HAMBURG Aida Bella
KIEL Aida Cara, MSC Orchestra, Sea Cloud II
ROSTOCK/WARNEMÜNDE Norwegian Star, Aida Mar
ROTTERDAM Rotterdam

28 SONNTAG

KIEL Aida Luna, Astor
ROSTOCK/WARNEMÜNDE Marina, MSC Sinfonia

Kieler Woche 20. bis 28. Juni

29 MONTAG

HAMBURG Aida Sol, Deutschland
BREMERHAVEN Astor
KIEL Mein Schiff 4
ROSTOCK/WARNEMÜNDE Regal Princess

30 DIENSTAG

HAMBURG Queen Mary 2

10. bis 12. Juli
North Sea Jazz Festival
Rotterdam

Warnemünder Woche
04. bis 12. Juli

01 MITTWOCH

BREMERHAVEN Albatros
HAMBURG Mein Schiff 1
ROSTOCK/WARNEMÜNDE Aida Diva

02 DONNERSTAG

HAMBURG Queen Elizabeth
KIEL Artania, Ocean Majesty
ROSTOCK/WARNEMÜNDE Costa Favolsosa

03 FREITAG

HAMBURG MSC Splendida
KIEL Costa Pacifica

04 SAMSTAG

HAMBURG Aida Bella
KIEL MSC Orchestra
ROTTERDAM Rotterdam
ROSTOCK/WARNEMÜNDE Aida Mar

05 SONNTAG

BREMERHAVEN Artania **KIEL** Europa
LÜBECK/TRAVEMÜNDE Europa
ROSTOCK/WARNEMÜNDE Erodam, Seven Seas Voyager, Viking Star, MSC Sinfonia, Celebrity Silhouette **WISMAR** Empress

06 MONTAG

ROSTOCK/WARNEMÜNDE Norwegian Star

07 DIENSTAG

KIEL Mein Schiff 4

08 MITTWOCH

KIEL Eurodam
ROSTOCK/WARNEMÜNDE Azores

09 DONNERSTAG

HAMBURG Aida Sol

10 FREITAG

HAMBURG Costa Neo Romantica
LÜBECK/TRAVEMÜNDE Amadea
ROSTOCK/WARNEMÜNDE Regal Princess, Costa Favolosa
WISMAR Amadea

11 SAMSTAG

HAMBURG Aida Bella
KIEL Aida Cara, MSC Orchestra, Queen Elizabeth
ROSTOCK/WARNEMÜNDE Aida Mar
ROTTERDAM Rotterdam

12 SONNTAG

HAMBURG Amadea
LÜBECK/TRAVEMÜNDE Sea Cloud II
ROSTOCK/WARNEMÜNDE MSC Sinfonia, Ocean Majesty, Prinsendam

13 MONTAG

HAMBURG Deutschland
LÜBECK/TRAVEMÜNDE Prinsendam
ROSTOCK/WARNEMÜNDE Disney Magic

14 DIENSTAG

KIEL Costa Pacifica
ROSTOCK/WARNEMÜNDE Rotterdam, Wind Surf, Celebrity Eclipse

15 MITTWOCH

BREMERHAVEN Astor
KIEL Aida Luna
ROSTOCK/WARNEMÜNDE Norwegian Star, Sea Cloud

16 DONNERSTAG

ROSTOCK/WARNEMÜNDE Marina

17 FREITAG

BREMERHAVEN Berlin **HAMBURG** Europa, MSC Splendida, Saxonia **KIEL** Mein Schiff 4 **ROSTOCK/WARNEMÜNDE** Eurodam, Viking Star, Aida Diva, Costa Favolosa **WISMAR** Empress

18 SAMSTAG

HAMBURG Aida Bella, Mein Schiff 1, Saxonia
KIEL MSC Orchestra
ROSTOCK/WARNEMÜNDE Aida Mar

19 SONNTAG

BREMERHAVEN Albatros
HAMBURG Aida Sol, Ocean Majesty, Saxonia
ROSTOCK/WARNEMÜNDE MSC Sinfonia

20 MONTAG

KIEL Eurodam

21 DIENSTAG

KIEL Europa
ROSTOCK/WARNEMÜNDE Regal Princess

22 MITTWOCH

BREMERHAVEN Artania
HAMBURG Costa Neo Romantica

23 DONNERSTAG

ROSTOCK/WARNEMÜNDE Voyager

24 FREITAG

LÜBECK/TRAVEMÜNDE Aurora
ROSTOCK/WARNEMÜNDE Norwegian Star, Costa Favolosa

25 SAMSTAG

BREMERHAVEN Cap San Diego
HAMBURG Aida Bella **KIEL** Costa Pacifica, Mein Schiff 4, MSC Orchestra, Aida Cara
ROSTOCK/WARNEMÜNDE Aida Mar
ROTTERDAM Rotterdam

26 SONNTAG

BREMERHAVEN Cap San Diego
HAMBURG Amadea, Deutschland
ROSTOCK/WARNEMÜNDE MSC Sinfonia

Travemünder Woche
17. bis 26. Juli

27 MONTAG

BREMERHAVEN Astor
ROSTOCK/WARNEMÜNDE Seven Seas Voyager, Aida Diva

28 DIENSTAG

ROSTOCK/WARNEMÜNDE Celebrity Eclipse

29 MITTWOCH

HAMBURG Aida Sol, Hamburg, MSC Splendida
ROSTOCK/WARNEMÜNDE Eurodam, Celebrity Silhouette

30 DONNERSTAG

BREMERHAVEN Berlin
ROSTOCK/WARNEMÜNDE Silver Cloud

31 FREITAG

HAMBURG Star Legend
BREMERHAVEN Albatros, Cap San Diego
ROSTOCK/WARNEMÜNDE Costa Favolosa

Hamburg Cruise Days 1.–3. August

01 SAMSTAG

BREMERHAVEN Cap San Diego **HAMBURG** Aida Bella, Mein Schiff 1 **KIEL** Aida Luna, MSC Orchestra **LÜBECK/TRAVEMÜNDE** Star Legend **ROTTERDAM** Rotterdam **ROSTOCK/WARNEMÜNDE** Regal Princess, Aida Mar

02 SONNTAG

KIEL Mein Schiff 4
LÜBECK/TRAVEMÜNDE Azamara Quest
ROSTOCK/WARNEMÜNDE Star Legend, Viking Star, Norwegian Star, MSC Sinfonia
WISMAR Empress

03 MONTAG

WISMAR Azamara Quest

04 DIENSTAG

05 MITTWOCH

BREMERHAVEN Artania
KIEL Costa Pacifica
ROSTOCK/WARNEMÜNDE Serenade oft he Seas

06 DONNERSTAG

Hanse Sail Rostock 06. bis 09. August

HAMBURG Costa Neo Romantica
ROSTOCK/WARNEMÜNDE Aida Diva, Marina

07 FREITAG

BREMERHAVEN Amadea, Astor
ROSTOCK/WARNEMÜNDE Costa Favolosa

08 SAMSTAG

HAMBURG Aida Sol, Ocean Majesty
KIEL Aida Cara, Aida Luna, Eurodam, MSC Orchestra
ROSTOCK/WARNEMÜNDE Aida Mar, Amadea
ROTTERDAM Rotterdam

Sail Bremerhaven 12. bis 16. August

09 SONNTAG

BREMERHAVEN Albatros
ROSTOCK/WARNEMÜNDE Arcadia, Saga Sapphire, MSC Sinfonia

10 MONTAG

KIEL Hamburg
WISMAR Nautica

11 DIENSTAG

BREMERHAVEN Berlin
HAMBURG Deutschland, Queen Elizabeth
ROSTOCK/WARNEMÜNDE Rotterdam, Windsurf, Norwegian Star, Celebrity Eclipse

12 MITTWOCH

HAMBURG Mein Schiff 1, MSC Splendida
KIEL Mein Schiff 4
ROSTOCK/WARNEMÜNDE Regal Princes

13 DONNERSTAG

HAMBURG Sea Cloud II
BREMERHAVEN Amadea, Insignia

14 FREITAG,

BREMERHAVEN Amadea
ROSTOCK/WARNEMÜNDE Silver Cloud, Costa Favolosa
WISMAR Empress

15 SAMSTAG, MARIÄ HIMMELFAHRT

BREMERHAVEN Albatros, Amadea
HAMBURG Aida Bella, Saxonia
KIEL Aida Luna, MSC Orchestra
ROSTOCK/WARNEMÜNDE Marina, Crystal Symphony, Aida Mar

16 SONNTAG

BREMERHAVEN Albatros, Amadea
HAMBURG Saxoinia
KIEL Costa Pacifica
ROSTOCK/WARNEMÜNDE Aida Diva, MSC Sinfonia

17 MONTAG

HAMBURG Europa, Saxonia, Sea Cloud II
ROSTOCK/WARNEMÜNDE Eurodam, Crystal Syphony

18 DIENSTAG

HAMBURG Aida Sol, Costa Neo Romantica
WISMAR Horizon

19 MITTWOCH

BREMERHAVEN Astor, Artania
HAMBURG Hamburg
ROSTOCK/WARNEMÜNDE Azores

20 DONNERSTAG

BREMERHAVEN Berlin
HAMBURG Ocean Majesty
KIEL Queen Elizabeth
LÜBECK/TRAVEMÜNDE Braemar
ROSTOCK/WARNEMÜNDE Norwegian Star

21 FREITAG

ROSTOCK/WARNEMÜNDE Costa Favolosa
ROTTERDAM Wind Surf

22 SAMSTAG

KIEL Aida Cara, Aida Luna, Mein Schiff 4, MSC Orchestra
ROSTOCK/WARNEMÜNDE Aida Mar
ROTTERDAM Rotterdam

23 SONNTAG

HAMBURG Deutschland , Mein Schiff 1, MSC Splendida
ROSTOCK/WARNEMÜNDE Regal Princess, MSC Sinfonia

24 MONTAG

ROSTOCK/WARNEMÜNDE Celebrity Silhouette

25 DIENSTAG

26 MITTWOCH

KIEL Aida Luna
ROSTOCK/WARNEMÜNDE Nautica, Star Legend, Aida Diva,

27 DONNERSTAG

BREMERHAVEN Berlin
HAMBURG Crystal Symphony
KIEL Costa Pacifica , Eurodam, Mein Schiff 1
LÜBECK/TRAVEMÜNDE Star Legend

28 FREITAG

HAMBURG Crystal Symphony
ROSTOCK/WARNEMÜNDE Costa Favolosa

29 SAMSTAG

HAMBURG Aida Bella
KIEL MSC Orchestra
ROSTOCK/WARNEMÜNDE Norwegian Star, Aida Mar, Marina
ROTTERDAM Rotterdam

30 SONNTAG

BREMERHAVEN Ocean Majesty
HAMBURG Costa Neo Romantica, Deutschland
KIEL Astor, Mein Schiff 4
WISMAR Empress

31 MONTAG

HAMBURG Mein Schiff 1
KIEL Europa
ROSTOCK/WARNEMÜNDE Aida Diva, MSC Sinfonia, Prinsendam

01 DIENSTAG

ROSTOCK/WARNEMÜNDE Costa Luminosa

02 MITTWOCH

03 DONNERSTAG

BREMERHAVEN Berlin
HAMBURG Aida Diva, MSC Splendida
ROSTOCK/WARNEMÜNDE Regal Princess, Silver Whisper

04 FREITAG

ROSTOCK/WARNEMÜNDE Nautica
WISMAR Adonia

05 SAMSTAG

HAMBURG Aida Bella
KIEL Aida Cara, MSC Orchestra
ROSTOCK/WARNEMÜNDE Eurodam, Aida Mar
ROTTERDAM Rotterdam

06 SONNTAG

ROSTOCK/WARNEMÜNDE MSC Sinfonia

07 MONTAG

KIEL Costa Pacifica, Mein Schiff 4
ROSTOCK/WARNEMÜNDE Saga Sapphire, Norwegian Star
ROTTERDAM Royal Princess

08 DIENSTAG

HAMBURG Deutschland
ROTTERDAM Royal Princess

09 MITTWOCH

KIEL Astor

10 DONNERSTAG

BREMERHAVEN Albatros, Amadea, Artania,
ROSTOCK/WARNEMÜNDE Balmoral, Marco Polo

11 FREITAG

HAMBURG Amadea, Costa Neo Romantica
ROTTERDAM Corinthian
WISMAR Empress

12 SAMSTAG

HAMBURG Aida Bella, Deutschland, Europa, Mein Schiff 4
KIEL MSC Orchestra
ROSTOCK/WARNEMÜNDE Aida Mar
ROTTERDAM Rotterdam

13 SONNTAG

BREMERHAVEN Astor
HAMBURG MSC Splendida, Queen Mary 2
ROTTERDAM Ryndam

14 MONTAG

15 DIENSTAG

16 MITTWOCH

ROSTOCK/WARNEMÜNDE Norwegian Star

Deutschland-
Tage 2015
08. bis 12. Sept.

17 DONNERSTAG

BREMERHAVEN Albatros, Artania

18 FREITAG

HAMBURG Queen Mary 2
ROSTOCK/WARNEMÜNDE Saga Pearl II

19 SAMSTAG

HAMBURG Aida Bella
KIEL Aida Cara, Europa, MSC Orchestra
LÜBECK/TRAVEMÜNDE Europa
ROSTOCK/WARNEMÜNDE Aida Mar, Seven Seas Voyager

20 SONNTAG

21 MONTAG

22 DIENSTAG

23 MITTWOCH

BREMERHAVEN Astor
HAMBURG Aida Bella, Mein Schiff 4

24 DONNERSTAG

BREMERHAVEN Artania

25 FREITAG

26 SAMSTAG

ROSTOCK/WARNEMÜNDE Aida Mar
ROTTERDAM Norwegian Star, Rotterdam

27 SONNTAG

HAMBURG Aida Bella

28 MONTAG

ROTTERDAM Astor

29 DIENSTAG

BREMERHAVEN Astor

30 MITTWOCH

HAMBURG Europa, Hanseatic

24. bis 26. September
Seatrade Europe
Hamburg

Jungfernfahrt
Aida Prima
01. Oktober

01 DONNERSTAG,

HAMBURG Aida Bella, Europa

02 FREITAG,

03 SAMSTAG, TAG DER DEUTSCHEN EINHEIT

KIEL Aida Cara
ROSTOCK/WARNEMÜNDE Aida Mar

04 SONNTAG

05 MONTAG

HAMBURG Aida Bella

06 DIENSTAG

BREMERHAVEN Astor

07 MITTWOCH

08 DONNERSTAG

09 FREITAG

HAMBURG Aida Bella

10 SAMSTAG

HAMBURG Sans Souci
ROSTOCK/WARNEMÜNDE Aida Mar

11 SONNTAG

12 MONTAG

13 DIENSTAG

HAMBURG Aida Bella

14 MITTWOCH

15 DONNERSTAG

HAMBURG Europa

16 FREITAG

17 SAMSTAG

KIEL Aida Cara
ROSTOCK/WARNEMÜNDE Aida Mar

18 SONNTAG

19 MONTAG

20 DIENSTAG

HAMBURG Queen Mary 2
KIEL Aida Cara

21 MITTWOCH

HAMBURG Hanseatic

22 DONNERSTAG

23 FREITAG

HAMBURG Norwegian Escape

24 SAMSTAG

25 SONNTAG

HAMBURG Norwegian Escape

26 MONTAG

27 DIENSTAG

28 MITTWOCH

29 DONNERSTAG

30 FREITAG

31 SAMSTAG, REFORMATIONSTAG

BREMERHAVEN Albatros

HANSEBOOT
Hamburg
24. Oktober bis 01. November

KOEHLERS GUIDE KREUZ FAHRT

... den neuen Koehlers Guide Kreuzfahrt 2016 besorgen

01 SONNTAG, ALLERHEILIGEN

02 MONTAG

03 DIENSTAG

04 MITTWOCH

05 DONNERSTAG

06 FREITAG

07 SAMSTAG

08 SONNTAG

09 MONTAG

10 DIENSTAG

11 MITTWOCH

12 DONNERSTAG

13 FREITAG

14 SAMSTAG

15 SONNTAG

16 MONTAG

17 DIENSTAG

BREMERHAVEN Albatros

18 MITTWOCH, **BUSS- UND BETTAG**

19 DONNERSTAG

20 FREITAG

21 SAMSTAG

22 **SONNTAG**

23 MONTAG

24 DIENSTAG

25 MITTWOCH

26 DONNERSTAG

27 FREITAG

28 SAMSTAG

29 **SONNTAG**

30 MONTAG

STAND 28.09.2014

Angaben der Reedereien und Veranstalter.
Ohne Gewähr, Irrtümer und Änderungen vorbehalten.

AKTUELLE INFORMATIONEN finden Sie ab Anfang 2015 auch auf den Internetseiten der Häfen

BREMERHAVEN www.cruiseport.de

HAMBURG www.hamburg.de/kreuzfahrtschiffe

LÜBECK/TRAVEMÜNDE www.luebeck-tourismus.de

KIEL www.port-of-kiel.de

ROSTOCK/WARNEMÜNDE www.rostock-port.de

WISMAR www.cruiseport.de

ROTTERDAM www.cruiseportrotterdam.com

ISLAND PRO CRUISES

GRÖNLAND & ISLAND

Neuer Veranstalter startet 2015

Die Ocean Diamond wird die nächsten drei Jahre in der Sommersaison im Norden kreuzen.

Der größte Island-Spezialist auf dem deutschsprachigen Markt, Island ProTravel, steigt in das Kreuzfahrtgeschäft ein. Der Veranstalter mit deutscher Niederlassung in Hamburg hat die auf dem deutschen Markt gut eingeführte Superyacht Ocean Diamond für drei Jahre gechartert. Das Expeditionsschiff wird in der Sommersaison 2015 für Iceland ProCruises fahren, in der Wintersaison ist die Ocean Diamond für Quark Expeditions im Einsatz. Damit werden erstmals von einem isländischen Unternehmen Kreuzfahrten durchgeführt, was auch auf der Insel selbst für Aufmerksamkeit sorgt.

Insgesamt zwölf Kreuzfahrten von Mai bis September 2015 stehen auf dem Programm, darunter auch ein auf dem

Im Angesicht der Naturgewalten: Der donnernde Wasserfall erzeugt am Fuße einen Regenbogen.

Rund um Island ist eine der spannenden Routen des neuen Anbieters.

NATURERLEBNIS IM NORDEN

deutschsprachigen Markt neues Produkt: eine Kreuzfahrt rund um Island mit insgesamt neun isländischen Häfen. Denn dem Island-Spezialisten ist es wichtig, dass seine Passagiere Kultur und Natur der Insel ausführlich kennenlernen. Die Kreuzfahrten haben einen soften Expeditionscharakter und werden von einem rein isländischen Expeditionsteam, welches natürlich Deutsch und Englisch spricht, sowie in Grönland von einem deutschen Lektor begleitet. Auf den Ausflügen werden neben den touristischen Höhepunkten Islands auch Geheimtipps präsentiert, die eben nur ein Spezialist kennt.

Das auf dem deutschsprachigen Markt so neue Produkt „Island-Umrundung" führt ab Reykjavik zu den Häfen Stykkisholmur, Isafjördur, Siglufjördur, Akureyri, Flatey, Seydisfjördur, Höfn, Vestmannaeyjar und zurück nach Reykjavik. Die zehntägige (neun Nächte) Reise wird an sechs Abfahrtterminen von Anfang Juni bis Ende Juli angeboten.

Neben Island steht Grönland im Mittelpunkt, drei Kreuzfahrten sind im Sommer 2015 im Programm. „Auf den Spuren der Wikinger" bewegen sich die Passagiere auf der zweiten Grönlandreise, die ab/bis Reykjavik mit drei isländischen Häfen nach Südgrönland mit einer Durchquerung des Prins Christian Sund und den Häfen Qaqortoq, Narsarsuaq sowie Nanortalik führt. Die elftägige Kreuzfahrt findet vom 6. bis 16. August statt.

Zu den Naturwundern der Westküste Grönlands führen zwei Kreuzfahrten. Vom 16. bis zum 27. August geht es ab Reykjavik über Stykkisholmur nach Narsarsuaq, dem Hafen von Qassiarsuk, der vom Wikinger Erik dem Roten gegründet wurde. Über Grönlands Hauptstadt Nuuk führt die Route nach Ilulissat mit seinem

Im Sommer wird die Nacht zum Tag und mit etwas Glück zeigt sich auch das Polarlicht.

Eisfjord, der zum UNESCO-Weltnaturerbe zählt, über Ummannaq mit dem beeindruckenden Eqip-Gletscher zum Zielhafen Kangerlussuaq. Von Kangerlussuaq zurück nach Reykjavik führt die zweite Reise vom 27. August bis zum 7. September, deren Häfen sind identisch.

Gestartet wird die Saison am 14. Mai 2015 in Hamburg mit einer Kreuzfahrt zu den Schlössern und Gärten Großbritanniens und Irlands. Die elftägige Kreuzfahrt bis zum 24. Mai führt über Honfleur, Falmoouth, Hugh Town, Waterford, Portaferry, Iona, Isle of Skye und Loch Ewe nach Oban mit Ausflügen zu den berühmtesten und schönsten Gärten, Anwesen und Schlössern dieser Region.

Zwischen dem 24. Mai und dem Start der Island-Umrundungen am 3. Juni ist die Ocean Diamond bereits durch den Vollcharter eines britischen Veranstalters belegt.

Imposante Bauwerke und unberührte Natur lassen sich auf Island erleben.

CRYSTAL CRUISES
6-STERNE GRAND HOTELS AUF SEE*

Paul Gauguin CRUISES
6-STERNE SÜDSEETRÄUME

KOEHLERS
GUIDE
KREUZ
FAHRT

NAME

MEINE KREUZFAHRTEN

2015

BORDSTEMPEL

DIE REISEN

SCHIFF

REISEDATUM

REISEROUTE

SCHIFF

REISEDATUM

REISEROUTE

SCHIFF

REISEDATUM

REISEROUTE

KOEHLERS
GUIDE
KREUZ
FAHRT
2015

TSCHÜS, PETER!

Was bleibt, wenn einer der Besten gegangen ist?

Mit Peter Tönnishoff verstarb einer der beliebtesten und besten deutschen Kreuzfahrt-Journalisten im Alter von 70 Jahren.

Neben vielen Erinnerungen an gemeinsame Pressereisen vor allem die Bewunderung für den feinen Charakter und die charmante, liebenswürdige Art des Menschen Peter Tönnishoff. Und die Hochachtung für den professionellen Schreiber, die Kollegen, Reedereien, Veranstalter und begeisterte Leser gleichermaßen teilten. Seine Artikel waren geprägt durch eine umfassende und detaillierte Fachkenntnis, die lockere, aber präzise Schreibe und eine immer faire Berichterstattung.

Nahezu jeder, der in der Branche zu Hause ist, hatte mit Peter zu tun oder war mindestens einmal mit dem fröhlichen Bremer unterwegs. Er war weltweit bei allen wichtigen Persönlichkeiten der Kreuzfahrt bekannt, aber auch wer neu war oder das erste Mal über Schiffe schrieb, weil die Zeitung den Sportredakteur auf Pressereise schickte, wurde von ihm herzlich aufgenommen und genauso behandelt wie er mit den VIPs aus Vorständen und Geschäftsführung, Reedern oder Eignern umging. Wem man auch begegnete, kam die Sprache auf Peter Tönnishoff, waren sich alle einig: Er war wegen seiner sympathischen und optimistischen Art überall äußerst geschätzt und beliebt.

Schiffe faszinierten Peter bereits seit frühester Jugend, sein Großvater mütterlicherseits war Direktor beim Norddeutschen Lloyd, sein Vater fuhr als Offizier auf dem Lloyd-Flaggschiff Bremen. Nach der Schule ging Peter zunächst für drei Jahre auf die Werbeakademie Kassel. Bei einer der Heimfahrten lernte er seine Frau Gerlinde kennen, die er als Tramperin mitnahm. Nach Stationen als Mediaplaner und Werbeleiter wurde der Wunsch, vom Schreiben zu leben, immer stärker, und so machte er ein Volontariat bei den „Westfälischen Nachrichten" und wurde als Redakteur übernommen. Nebenbei durfte er Kreuzfahrtartikel für andere Zeitungen schreiben, und bald erschienen seine Stücke in mehr als 50 Titeln in Deutschland, Österreich und der Schweiz. Um sich ganz den geliebten Schiffen widmen zu können, wurde er zunächst stellvertretender Chefredakteur des „Seereisenmagazins". Mit der 1999 erstmals herausgegebenen Zeitschrift „Welcome Aboard" schuf Peter dann gemeinsam mit Ehefrau Gerlinde das erste Special-Interest-Magazin, welches dem Leser den Überblick über ein gesamtes Kreuzfahrtjahr bot.

Nachdem er das Heft zum Erfolg geführt und 2012 an seine Nachfolgerin Susanne Müller übergeben hatte, widmete sich der begeisterte Sammler von Schiffsmodellen einer neuen Aufgabe: Zusammen mit seiner Frau Gerlinde stattete er maritim designte Ferienwohnungen an Deutschlands Küsten aus, die er zur Vermietung anbot. Von Kreuzfahrtschiffen aber konnte er nicht lassen, Peter schrieb weiterhin mit seinem fundierten Hintergrundwissen und nahm an Pressereisen teil. Keiner der Kollegen bemerkte etwas von der kurz vorher entdeckten akuten Leukämie, nur wenige wussten darum. Peter kämpfte und machte, typisch für ihn, kein großes Aufheben um seine Befindlichkeit.

Gerade als es aussah, als habe sich Peter erholt, verschlechterte sich durch eine Infektion sein Gesundheitszustand dramatisch. Die letzten Wochen seines Lebens im heimischen Augustdorf mit Gerlinde und dem Labradorrüden Lucky zu verbringen war ihm leider nicht vergönnt. Der 70-Jährige musste ins Uni-Klinikum Göttingen verlegt werden. Dort machte Peter am 14. Juni zum letzten Mal die Leinen los zur Reise in die Ewigkeit.

Nun ist Peter Tönnishoff auf seine letzte große Fahrt gegangen, was bleibt, sind seine oft richtungweisenden Reportagen sowie sein Stil und Verhalten als Mensch, beides wird noch lange den Kurs der Kollegen prägen. Bestattet wurde er – wie könnte es anders sein – auf See vor Bremerhaven, 53° 39´ Nord, 8° 26´Ost. Wer Peter kannte, weiß, dass es ihm hier gefallen hätte: die Schifffahrtsstraße mit den vorbeiziehenden, geliebten Ozeanriesen immer im Blick.

KOHLERS GUIDE KREUZFAHRT 2015
KREUZFAHRTTRÄUME
Oliver P. Mueller (Herausgeber)

CHEFREDAKTION
Oliver P. Mueller

GESTALTUNG
Peter Plasberg | Sozietät für Kommunikation | Hamburg

KARTEN
iGrafik | Stefan Wolf | Holger Bennewitz | Frankfurt/Bonn

REDAKTION
HH79 offices,
Hein-Hoyer-Straße 7–9 | 20359 Hamburg
Tel. +49 (0)40 39903800 | Fax +49 (0)40 39903832
guide@kreuzfahrtlive.com | Internet www.kreuzfahrtlive.com

AUTOREN

KATHARINA BAHLCKE ist Weltreisende aus Leidenschaft und verbrachte schon ihre Semesterferien vorzugsweise als Studienreiseleiterin. Nach dem Übersetzer-Diplom in Französisch und Spanisch arbeitete sie in Südeuropa, Marokko und Ägypten, später einige Jahre auf der Arabischen Halbinsel. Heute ist sie in Hamburg zu Hause – und schreibt vor allem über Seereisen weltweit.
S. 96-101, 198-205, 216-221, 264-267, 272-295

ANGELICA BUCERIUS ist promovierte Volkswirtin und arbeitet als freie Autorin, Redenschreiberin und Journalistin. Drei K stehen für ihre journalistischen Schwerpunkte: Kreuzfahrten, Kulinarik und Kultur. Unter anderem schreibt und fotografiert sie für die Welt, Welt am Sonntag, die Frankfurter Allgemeine Zeitung, Freizeitmagazine und Fachzeitschriften.
S. 48-76, 102-109, 138-143, 190-197, 206-215

OLIVER P. MUELLER gehört zu den international bekannten deutschen Kreuzfahrt-Experten. Vor fünfzehn Jahren hat der Journalist das Bewertungssystem für Kreuzfahrtschiffe entwickelt und mit einem Team von Fachjournalisten eine der umfangreichsten Datenbanken aufgebaut. Seine Reportagen und Analysen erscheinen regelmäßig in Tageszeitungen, Magazinen und Fachblättern.

ALEXANDER MÜHLENBURG Der gebürtige Düsseldorfer, Jahrgang 1959, ist ein klassischer Autodidakt. Seit 1994 arbeitet Mühlenburg hauptberuflich als freier Journalist, Autor und Producer. In seinen unzähligen publizistischen Arbeiten behandelt er sehr unterschiedliche Themen, das Spektrum reicht von Luft- und Seefahrt bis zu Computer und Internet.
S. 13-20

ULLA ORTLEPP hat vor vielen Jahren ihre Leidenschaft für die Kreuzfahrt entdeckt und sich dabei auf Flusskreuzfahrten und Kulinarikreisen spezialisiert. Mit Leidenschaft und Sachkenntnis nimmt die Journalistin die Leser mit auf Genussreisen weltweit. Die 42-Jährige lebt mit Mann und Sohn in Hamburg.
S. 13-20

BERND SCHILLER hat als Mitarbeiter großer Magazine und Tageszeitungen alle Kontinente intensiv bereist und alle Weltmeere befahren, auch als Lektor und immer wieder als neugieriger Passagier. Unzählige Artikel sowie zwei Dutzend Bücher sind das Ergebnis seiner ungebrochenen Reiselust.
S. 40-47, 112-121, 180-189

OLIVER SCHOLL steht für packende Reportagen über individuelle Kreuzfahrten, exotische Destinationen und die Menschen vor Ort. Dabei steht ein Aspekt immer im Vordergrund: So authentisch wie möglich zu berichten, damit der Leser auf seiner eigenen Reise keinen Schiffbruch erleidet. Oliver Scholl lebt und arbeitet in Hamburg und in Es Sivinar auf Mallorca.
S. 13-20

MICHAEL SCHWEER, freier Journalist und seit 1984 Eigentümer eines schwedischen Sommerhauses, ist auf den Fähren der Ostsee des Kattegats und des Skagerraks seit Jahren zu Hause. Über Skandinavien berichtet er in der Publikums- und in der Fachpresse. Erfahrungen sammelte er in allen Hamburger Großverlagen u. a. auch als Chefredakteur.
S. 144-159

INGO THIEL ist Reisejournalist, Buchautor und Pressesprecher für Cunard Line. Seit Jahrzehnten veröffentlicht er Reise- und andere Reportagen in Tageszeitungen, Illustrierten und Fachmagazinen. Während zahlreicher Pressereisen lernte der Hamburger viele Schiffe unterschiedlicher Reedereien kennen, darunter auch alle Queens der Cunard Line.
S. 36-40, 82-87, 122-131, 335

EIGEL WIESE schreibt und fotografiert als Schifffahrtsjournalist u. a. für das Hamburger Abendblatt. Seit 1989 ist er auch als Buchautor und Lektor tätig. „Wenn andere am Ufer stehen und die großen Schiffe bestaunen, dann kann man sicher sein, dass Eigel Wiese schon an Bord ist, um über diese Schiffe zu berichten", schrieb eine Tageszeitung über ihn.
S. 13-20